DENISE SCHINDLER
MIT MANFRED OTZELBERGER

VOM GLÜCK, PECH ZU HABEN

Wie man an einem Schicksalsschlag
wachsen kann

Meine 10 Grundsätze der Resilienz

Mit einem Vorwort von Johannes B. Kerner

mosaik

Penguin Random House Verlagsgruppe FSC® N001967

Dieses Buch ist auch als E-Book erhältlich.

1. Auflage
Originalausgabe Juli 2021
Copyright © 2021: Mosaik Verlag, München,
in der Penguin Random House Verlagsgruppe GmbH,
Neumarkter Str. 28, 81673 München
Umschlag: Sabine Kwauka
Umschlagmotiv: © Joe Spies
Umschlagmotive innen: © shutterstock/YuriyAlt_Art
Redaktion: Martha Wilhelm
Satz: Satzwerk Huber, Germering
Druck und Bindung: CPI books GmbH, Leck
Printed in Germany
EB · IH
ISBN 978-3-442-39373-2
www.mosaik-verlag.de

Besuchen Sie den Mosaik Verlag im Netz

Inhalt

Vorwort

Die Abende des Ball des Sports in Wiesbaden sind für mich immer etwas ganz Besonderes. Aus vielerlei Gründen. Hier treffen sich die besten Sportlerinnen und Sportler aus den verschiedensten Disziplinen, und ich kann mich bis in den frühen Morgen über Olympia, Weltmeisterschaften, Höhen, Weiten und Bestzeiten unterhalten. Das allein ist beinahe schon ausreichend für einen schönen Abend. Aber was mir immer in Erinnerung bleiben wird, ist das Zusammentreffen der olympischen und paralympischen Sportlerinnen und Sportler. Hier stehen beide Gruppen gleichermaßen im Rampenlicht, so wie sie es verdient haben. Das macht den Ball des Sports so außergewöhnlich.

Eine Begegnung werde ich dabei nie vergessen: Denise Schindler ist paralympische Radrennfahrerin und eine der Besten in ihrem Sport. Dreifache Weltmeisterin, Siegerin und ein Vorzeigeprofi. Sie hat aus ihrem Schicksal, sehr früh in ihrem Leben bei einem Unfall einen Unterschenkel verloren zu haben, mehr als das Beste gemacht. Ein Tipp: Verabreden Sie sich nicht zu einer Fahrradtour mit ihr. Nach wenigen Metern ist sie nur noch am Horizont zu sehen.

Denise steht für Willensstärke, Kraft, Ausdauer, Fairness und das unbedingte Ziel, die Beste ihres Sports zu sein. Sie vereint die Grundwerte des Sports in einer Person und ist damit ein Vorbild für die Jugend. Jeder kann etwas von ihr lernen, wenn es darum geht, nicht aufzugeben, sich immer wieder zu prüfen und eine positive Einstellung zum Leben zu haben.

Mit ihrem Buch *Vom Glück, Pech zu haben* gibt sie ihre Strategie für mehr Resilienz an uns alle weiter. Ihre Grundsätze sind erprobt am echten Leben, das nicht immer einfach ist, aber wunderschön, wenn man lernt im Regen zu tanzen.

Johannes B. Kerner

Einleitung
Warum mein Leben leuchtet

Ich könnte es mir leicht machen: Das Leben ist nicht fair. Das Leben ist voller Zumutungen. Das Leben serviert einem jede Menge Rückschläge. Alles richtig, aber eben nur die halbe Wahrheit. Die Kehrseite der Rückschläge sind die Vorschläge. Die Sonderangebote des Schicksals. Die Glücksfälle, die man erst nach einiger Zeit als solche erkennt. Davon bietet das Leben auch reichlich, wenn man mit offenen Augen durch die Welt läuft und Zumutungen als Herausforderungen sehen kann. Auch und erst recht in Corona-Zeiten. Ein Virus kann die Welt verändern. Uns maskieren und irritieren. Es kann uns aber auch zum Kern unserer Persönlichkeit führen: Wer bin ich? Was brauche ich wirklich? Wofür lebe ich eigentlich? Wer ist mir wahrhaft nah? Umbruchzeiten sind auch immer Zeiten der Erkenntnis.

Deshalb möchte ich vom Glück, Pech zu haben, erzählen. Von dem Zusammenprall, der mein Leben im Alter von zwei Jahren ein bisschen ungemütlicher machte, aber nicht zerstörte. Von der besten Zeit meines Lebens, die erst nach dem völligen Begreifen meiner Behinderung begann. Von dem Wunder, das aus einer Wunde entstand. Mein Leben leuchtet, nicht nur wegen der vielen Medaillen, die ich gewonnen habe.

Weltmeisterin und Medaillengewinnerin bei den Paralympics wäre ich ohne mein Handicap nie geworden. Und ob ich es bis nach Olympia geschafft hätte: Wer weiß? Im Leben gibt es kein »Hätte, wäre, wenn«. Heute kann ich sagen: Mein Zusammenstoß mit der Straßenbahn in der verschneiten Karl-Marx-Stadt, heute Chemnitz, war wohl das beste Unglück, das mir je passiert ist. Klingt paradox, ich kann auch nur für mich sprechen. Aber vielleicht finden sich in meiner Geschichte Menschen wieder, die Ähnliches hinter sich haben. Oder noch mittendrin sind. Denn jeder Einschnitt in unserem Leben formt unseren Charakter. Ich bin mir sicher, ich wäre ohne den Unfall heute nicht die gleiche Person.

Das Leben besteht bei jedem Menschen zu einem gewissen Teil aus Ausrutschern. Schon als Kleinkind üben wir das Stürzen, und auch später gibt es immer wieder Hindernisse, die sich uns in den Weg stellen. Kein Leben verläuft völlig geradlinig und glatt. Der Unterschied zwischen den meisten Ausrutschern und meinem ist, dass meiner nicht am nächsten Tag vergessen war. Das Leben hat mir früh eine Herausforderung mit auf den Weg gegeben. Ein Schicksal, das sich eben nicht einfach korrigieren lässt. Der rechte Unterschenkel ist amputiert, der linke Fuß wird ein Leben lang nur eingeschränkt funktionsfähig sein. Ich finde, ein Beinbruch hätte es bei mir auch getan, um das Stürzen zu üben, aber so habe ich eben als geborene Zweibeinerin die Aufgabe angenommen, mit eineinhalb Beinen durch die Welt zu gehen.

Dieser Wintertag im Februar 1988 hat mein Leben von heute auf morgen unwiderruflich verändert. Gerade noch an der Hand der Mutter zu sein und dann von einer Straßenbahn mitgerissen zu werden hätte eine solide Basis für ein Lebenstrauma werden können.

So wurde ich vor 35 Jahren genötigt, im Leben einen Intensivkurs Resilienz zu belegen – ohne dass ich diesen Begriff lange überhaupt gekannt hätte. Inzwischen ist Resilienz ein Modewort geworden. Es bezeichnet in seinem eigentlichen Kern die Möglichkeit, eine ungeahnte innere Stärke zu entwickeln, nach Schicksalsschlägen wieder aufzustehen, sich neu zu orientieren, möglicherweise sogar gestärkt daraus hervorzugehen. Friedrich Nietzsche hat das mal in dem Spruch verdichtet: »Was uns nicht umbringt, macht uns stärker.« Er beschreibt etwas, was wir uns alle wünschen: dass wir an Gefahren wachsen. Uns dahin trauen, wo es wehtut. Unkaputtbar – aber nicht unberührbar – im Herzen werden. Es geht darum, wetterfest zu werden für die Stürme des Lebens und selbst nach Entwurzelungen wieder seine Zweige sortieren und zum Blühen bringen zu können. Resilienz ist die Stehaufkraft, die Wunder wirken musste und mich selbst überrascht hat. Niemand ist den äußeren Umständen ausgeliefert, niemand muss resignieren. Das ist meine feste Überzeugung und Erfahrung, auch wenn ich meine Lebensgeschichte nicht 1:1 auf andere übertragen kann. Die Resilienz ist für mich so etwas wie eine seelische Ritterrüstung, in der man geschützt ist, sich aber gleichzeitig elegant und leichtfüßig bewegen kann. Leichtfüßig – da muss ich innerlich lachen.

Meine Haltung ist dem Journalisten Manfred Otzelberger aufgefallen, als wir uns 2019 beim Ball des Sports in Wiesbaden zum ersten Mal begegneten. Der Mann von der *BUNTEN* ist ein Reporter, der gern über die Tagesaktualität hinaus etwas tiefer schürft, er nimmt sich Zeit und will ans Eingemachte gehen, an die Bruchstellen, an den Schmerz, den man nicht gleich jedem offenbart. Vom Trauma zum Traum ist es nur ein Buchstabe. Verletzungen gehören zum Leben – davon ist er überzeugt. Vielleicht sind unsere Reaktionen darauf das Interessanteste, was wir erleben können. Warum blühen manche nach so einer Erfahrung auf? Und andere zerbrechen daran? Kann ein Schicksalsschlag Fluch und Segen zugleich sein?

Genau darum geht es in diesem Buch. Wir wollen über unseren geistigen Tellerrand hinausschauen, das große Thema Resilienz anhand meiner eigenen Lebensgeschichte erklären – aber nicht nur. Dieses Buch soll mehr sein als meine Biographie. Resilienz geht jeden etwas an, und um ihr Wesen zu vermitteln, bedarf es Glaubwürdigkeit. Mein Weg zu den Paralympics und zu einem glücklichen Leben war schmerzlich, aber auch erfüllend. Es geht in diesem Buch nicht nur um Wachstum durch Sport, sondern um persönliche Entwicklung auf allen Ebenen. Ich teile mit Ihnen meine zehn ganz persönlichen Resilienzgrundsätze: von Akzeptanz bis Zielsetzung, von Geborgenheit bis Leidenschaft, von Optimismus bis Empathie, von Selbstwirksamkeit bis Selbstvertrauen, vom Scheitern als Chance bis hin zur Liebe. Mein Wunsch: dass Sie nach dem Lesen dieses Buches genauso viel Lebenslust in jeder Faser haben wie ich. Das Leben ist schön. Von einfach kann aber nicht die Rede sein.

Mein Co-Autor Manfred Otzelberger hat zum Thema Resilienz viele Menschen befragt, von Forschern bis zu Praktikerinnen, die beispielgebend sind und von denen wir lernen können. Nach jedem Kapitel, in dem ich meine Entwicklung zu einem gesunden Selbstwertgefühl erzähle, versucht er, meine im wahrsten Sinn des Wortes »erlebten« Prinzipien in einem »Resilienz-Guide« etwas weiter zu fassen. Sie werden staunen. Beim Lesen darf gelacht und geweint werden. Wir lernen nun mal durch Geschichten. Das Prinzip »Ach so, so kann man es auch machen« wirkt besser als Aspirin und Ibuprofen.

Resilienz ist die Lehre von den Stehaufmännchen. Sie sind nicht umzuwerfen, weil sie einen tiefen Schwerpunkt haben.

Und eine Rückholfeder. Bei uns Menschen wird diese Mechanik nicht serienmäßig verbaut, aber man kann durch einen klaren Kopf und ein kühnes Herz trotzdem eine große Widerstandsfähigkeit erwerben. Resilienz im besten Sinn gegen die bizarren Zumutungen des Lebens.

Wie schön, dass im Wort »Zumutung« schon der Mut enthalten ist. Wir brauchen ihn. Damit aus Krisen keine Katastrophen werden und sich das Leben federleicht statt bleischwer anfühlt.

Hier also meine ganz persönliche Geschichte. Über mein ziemlich spannendes Leben, das ich für kein Geld der Welt gegen ein anderes eintauschen möchte.

Meine 10 Grundsätze der Resilienz

Was ein Stehaufmensch braucht

1. Akzeptanz:
Wie eine Straßenbahn (nicht) zu meinem Schicksal wurde

Ich bin eher Kämpferin als Grüblerin. Anstatt mich zu fragen, was wäre wenn, erkenne ich die gegebenen Umstände an und nehme den Kampf mit ihnen auf. Das geht nur, weil ich nicht mit mir selbst hadere. Ich habe Frieden mit mir und meinen Ansprüchen geschlossen. Ich akzeptiere die reale Welt und mich selbst. Das ist nicht leicht, und natürlich ist es auch völlig in Ordnung, sich zu beklagen, wenn man Schmerzen hat oder das Leben einen anderen Weg nimmt, als man es sich vorgestellt hat. Aber auf Dauer bringt das nach meiner Erfahrung niemanden weiter. Fakt ist, dass diese Akzeptanz ein Prozess ist. Er verlangt viel Ehrlichkeit mit sich selbst. Akzeptanz entsteht nicht von heute auf morgen, aber sie ist erlernbar. Das ist die gute Nachricht.

Akzeptanz war Teil meines Lebens, noch bevor ich das Wort kannte oder überhaupt aussprechen konnte. Natürlich habe ich bereits als Kind gemerkt, dass ich anders bin. Oft wurde ich begafft wie im Zoo. Der Gang im Freibad bis zum Wasserbecken – ein Spießrutenlauf. Ich habe meiner Mutter als Kind all diese Fragen gestellt: Wieso ich? Warum bin ich anders? Was wäre, wenn …?

Die einfache, aber so wichtige Antwort meiner Mutter hat sich mir bis heute eingebrannt: »›Wenn‹ und ›warum‹ gibt es nicht.«

Darin steckt so viel Wahrheit. Wir können uns immer wieder zermürbende Fragen dazu stellen, warum gerade uns so ein Schicksalsschlag widerfahren musste: Warum hatte gerade ich einen Unfall mit der Straßenbahn, der mich das halbe rechte Bein kostete und mein linkes Sprunggelenk zerschmetterte? Wie wäre mein Leben verlaufen, wenn ich nicht in diesem Moment ausgerutscht wäre?

Oder wir können unser Schicksal umarmen und es als Chance verstehen: Welches Glück ich doch hatte, diesen Unfall zu überleben! Jeden Morgen die Augen aufschlagen und die Welt auf eineinhalb Beinen erkunden zu dürfen. Meiner Mutter Blumen vorbeibringen zu können – nicht nur zum Muttertag. Denn uns verbindet ein unsichtbares Band. Ich habe meine Mutter immer als sehr starke Persönlichkeit empfunden. Sie hat immer Souveränität und Stärke ausgestrahlt. In meiner Gegenwart hat sie nie mit dem Unfall gehadert. Sie hat dafür gesorgt, dass das Klagen nicht als Dauerton in meinem Kopf stecken blieb. Denn so ist das Leben: Wir können uns nicht vor allen Eventualitäten schützen. Leben ist lebensgefährlich – und der Versuch, sich vor allem Unglück abzuschirmen, zum Scheitern verurteilt.

Man kann es als Gnade des Schicksals sehen oder als Defizit meines Gedächtnisses: Mein Unfall ist nicht auf meiner Festplatte abgespeichert. Ich kann mich nicht daran erinnern. Nicht an den Schmerz, nicht an den Schock. Nicht an den verzweifelten Schrei meiner Mutter. Auch nicht an die nachfolgenden Monate im Krankenhaus. Auf der Intensivstation, an Schläuche angeschlossen und künstlich ernährt. Alles ist gelöscht. Es gibt kein Vorher und Nachher. In diesem Fall war die Vergesslichkeit ein Segen. Sie war die beste Basis für meine Akzeptanz eines an sich unbegreiflichen und furchterregenden Geschehens, das nur unzureichend mit »Pech gehabt« beschrieben werden kann.

Akzeptanz – in diesem Wort steckt das Wort Tanz. Ein schönes Wort, ein Stück Leichtigkeit bei einem schweren Thema. Es ist ein Schlüsselbegriff der Resilienz: Wer sich gegen sein Schicksal, und erscheine es noch so unerträglich, aufbäumt und es nicht annehmen will, wird es kaum bewältigen. Wir müssen Einschnitte im Leben nicht gutheißen, aber wir können sie wie einen ungebetenen Besucher akzeptieren, dadurch verlieren sie ihren Schrecken.

Die Zeit heilt nicht alle Wunden, aber die Wunden heilen besser mit der Zeit, und die Narben können sich durch die Zeit wie ein Mosaik zu etwas Neuem zusammensetzen. Der zeitliche Abstand hat mir oft geholfen zu verstehen und mein Glück im Pech zu erkennen. Ich kenne sehr glückliche Menschen, die eine Behinderung haben und sie bestens in ihr Leben integriert haben. Der Mensch ist nun mal ein Gewohnheitstier. Und wir haben das Talent, uns auch an die größten Schicksalsschläge zu gewöhnen und uns mit ihnen zu arrangieren.

Und das zwingt mich und jeden anderen, der an seiner persönlichen Weiterentwicklung interessiert ist, zur Auseinandersetzung mit sich selbst. Die geht lebenslänglich weiter. Wer glaubt, etwas zu sein, hat aufgehört, etwas zu werden. Ich habe an mich geglaubt und allen gezeigt, dass Sport mein Leben ist, meine große Liebe, auch mit Behinderung. Dass ich mehr bin als meine Behinderung. Ich bin stolz auf das, was ich, Stand heute, erreicht habe, aber auch ich muss täglich an mir arbeiten. »Weiterentwicklung« ist jederzeit möglich. Von der Wiege bis ins hohe Alter. Und mich beeindrucken am meisten die Menschen, die selbst im hohen Alter nie stehen geblieben sind.

Mein Unfall ist für mich heute eine Erzählung, kein Erlebnis. Bewusst habe ich kein Bild davon vor Augen. Aber klar ist: So etwas beeinflusst nie nur einen Menschen. Für mich waren die Folgen eine Herausforderung, für meine Mutter eine Katastrophe. Ich habe ihr nie einen Vorwurf daraus gemacht, dass sie mich nicht halten konnte, dass sie beim Anfahren dieser unglückseligen Straßenbahn nur noch meinen Fäustling in der Hand hatte und nicht mehr mich. Es war eine Verkettung unglücklicher Umstände. Nicht eine einzige Sekunde habe ich daran gedacht, meine Mutter dafür verantwortlich zu machen. Schuldzuweisungen halten uns davon ab, Dinge und Umstände zu akzeptieren.

Mein Schicksalstag im Winter

Meine Mutter erinnert sich gut: »Einmal im Monat hatten die Frauen in der DDR einen sogenannten Haushaltstag, ich musste nicht in den Betrieb. Ich wollte mit Denise zum Einkaufen in die Stadt fahren und dem Getümmel in der Stadtmitte von Chemnitz ausweichen, in dem es oft schwer war, mit einem Schlitten eine Straßenbahn zu besteigen. Deshalb sind wir an der Annaberger Straße, Ecke Südring ausgestiegen. Es lag Neuschnee, der noch nicht geräumt worden war. Ich hatte Denise an der Hand, die in einen dicken Schneeanzug eingemummelt war. Meine Tasche und einen Schlitten, auf den sich meine Tochter setzen sollte, trug ich mit der anderen Hand.«

Es sind Bilder, die meine Mutter nie vergisst. Ich würde ihr diese Last gern abnehmen, aber diese Bilder haben sich tief eingebrannt. »Ich bin ja schon groß, ich kann schon stehen«, soll ich gesagt haben, erinnert sich meine Mutter: »Einen eige-

nen Kopf hatte meine Tochter schon immer. Sie tollte auf ihren
Moonboots, die wenig Profil hatten, auf der Verkehrsinsel an
einer Stelle ohne Geländer herum, als die Straßenbahn losfuhr.
Plötzlich rutschte sie weg, und die Straßenbahn riss sie mit.
Es waren wohl 50 Meter, bis jemand die Notbremse zog und
Denise unter dem Waggon hervorgezogen wurde. Ich rannte zu
meiner Tochter, sie hatte nur Schnittverletzungen im Gesicht.
Aber die Füße waren stark betroffen. Das linke Sprunggelenk
war gebrochen, und am rechten Bein war von den scharfen
Kanten der Straßenbahn der Vorderfuß abgetrennt worden.
Dass meine Tochter mich tröstete, drang in meiner Schock-
starre kaum mehr zu mir durch. »»Mama, wo warst du? Ist
doch alles gut!‹«

Im Polizeiauto ging es ins Krankenhaus, es war eine einzige Rutschpartie bei dem Winterwetter. Ein Polizist trug mich
zum Auto, und er informierte auch meinen Vater, der in der
Arbeit war. Der setzte sich sofort in Bewegung, wie er heute
erzählt: »Ich stand wie unter Strom. Ich bin zum Krankenhaus
gerannt und dachte, dass meine Tochter tot sei. Ich war wahnsinnig erleichtert, als ich in der Klinik meine Frau umarmte
und erfuhr, dass unsere Tochter am Leben war, wenngleich sie
mit schweren Verletzungen sofort in den Operationssaal kam.
Eine Hautverpflanzung wurde am rechten Fuß versucht, aber
der Körper nahm sie nicht an, die Wunde war zu stark ver-
schmutzt, es bestand ein lebensgefährliches Infektionsrisiko.
Wir standen vor einer fürchterlichen Entscheidung: Entweder
halten wir daran fest, dass ihr Füßchen erhalten bleibt, und
gehen das Risiko ein, dass sie an der Infektion stirbt. Oder wir
geben die Zustimmung zur Amputation, eine unwiderrufliche
Entscheidung für das weitere Leben unserer Kleinen. Auf drin-
genden Rat der Ärzte entschieden wir uns zur Amputation. Die

Zehen von Denise waren schon abgestorben, die Wunde drohte sich tödlich zu infizieren. Diese Verantwortung konnten wir nicht tragen. Es war ein Zustand der totalen Hilflosigkeit. Jede Entscheidung schien falsch zu sein.«

Meine Mutter hat sich von dem Schock dieser Tage gut erholt. Sie war nie eine traumatisierte Mutter, die in ihrem Alltag nicht zurechtkommt. Auch wenn sie die Last tragen kann, die ihr aufgebürdet wurde, sagt diese so starke Frau selbst: »Das krieg ich nie ganz weg. Wenn ich diese Schublade zumache, öffnet sie sich wieder von allein. Damit muss ich leben. Es ist ein Schmerz, der nie endet.« Mein Vater weiß, dass es ein wahnsinnig sensibles Thema ist: »Wir haben nie darüber geredet, ich hatte Angst, dass jedes Wort meine Frau verletzen könnte. Es war ein Tabuthema. Natürlich würde ich ihr nie einen Vorwurf machen. Es war einer dieser saublöden Augenblicke, die tausendmal gut ausgehen und einmal nicht. Wenn die Straßenbahn fünf Sekunden früher angefahren oder fünf Sekunden später gekommen wäre, wäre gar nichts passiert. So etwas kann jedem passieren. Auch wenn man denkt, es trifft immer nur die anderen. Niemand hat das Recht, leichtfertig darüber zu urteilen. Einen absoluten Schutz für ein Kind gibt es nun mal nicht, und unser Pech war, dass ein Geländer erst später angebracht wurde, eben aufgrund dieses Unfalls. Es hätte wohl das Schlimmste in unserem Fall verhindert.«

Leider muss immer erst etwas passieren, damit Abhilfe geschaffen und das Nötige getan wird. Ein gesellschaftlicher Fortschritt, der für mich zu spät kam.

Behinderung wurde für mich Alltag. Ein manchmal nerviger Alltag, der nicht ganz normal sein konnte, denn ich sah ja, dass bei meinen Freunden und Schulkameradinnen zwei Beine normal waren. Aber ich schuf mir meine eigene Normalität in

meiner kleinen Welt. Das Gedächtnis ist bei Kindern flüchti-
ger als bei Erwachsenen. Den ganzen Trauerprozess, der bei
Erwachsenen nach einem schweren Unfall einsetzt, habe ich
mir glücklicherweise gespart. Die Unfallszene, die eine Sekunde, die alles änderte, wirkt nicht in mir nach. Es kann nie einen
Flashback geben.

Woher ich die Kraft nahm, als kleines Mädchen monatelang
ohne meine Eltern auf der Intensivstation zu leben, weiß ich
nicht mehr. Meine Eltern wurden schier verrückt, weil sie mich
nur durch Glas betrachten, aber nicht umarmen konnten. Meine Mutter: »Es war ein Ausnahmezustand und die schlimmste
Geduldsprobe meines Lebens. Täglich war ich im Krankenhaus
und dachte: Wenn ich nicht zu Denise reinkomme, dreh ich
durch. Ich hatte Angst, dass wir uns entfremden, irgendwann
hat sie auf unser Winken nicht mehr reagiert. Dann fing sie
an zu weinen, es war die Hölle für uns. Als wir sie dann nach
Monaten endlich besuchen durften, nachdem sie in einem normalen Krankenzimmer war, waren wir erleichtert. Sie rüttelte
an ihrem Gitterbett und war auch auf einem Bein sehr beweg-
lich. Notfalls krabbelte sie auf allen vieren. Kinder sind so flexibel, sie können so etwas besser akzeptieren als ein Erwachsener, sie hinterfragen es erst mal nicht, sie überspringen die
Trauer.«

Das stimmt. Heute klingt es wie ein Wunder, aber ich trug
keine Traumatisierung davon. Das Einzige, was ich bis heute
nicht ausstehen kann, ist Krankenhausluft. Diese sterile Atmo-
sphäre. Da stellen sich mir die Haare auf. Ich habe zu viele Krankenhäuser von innen gesehen. Allein 13 Operationen in meiner
Jugendzeit, das hat sich doch eingeprägt. Das heißt nicht, dass
ich Angst vor Krankenhäusern habe. Aber ein Unbehagen ist
geblieben, das tief sitzt.

Das zweite Glück, das zu meiner für die Resilienz so wichtigen Akzeptanz beitrug: Ich hatte keine Jammereltern, sondern Tateltern. Sie lebten mir Courage, Konsequenz und Disziplin vor. Ihre eigenen Interessen haben sie immer hinter meinen zurückgestellt. Wenn sie meinetwegen Kummer hatten, zeigten sie ihn mir nicht. Sie gaben mich nicht in die Obhut spezieller Einrichtungen für Behinderte, sie wollten mich immer mit den Nichtbehinderten zusammenbringen. Sie widerstanden der Versuchung, mich in Watte zu packen und bloß nicht zu belasten. Im Gegenteil: Sie stellten mir immer neue Aufgaben. Natürlich hatte ich den Tisch zu decken, auch wenn dabei einige Tassen runterfielen. Ich war in der dritten Klasse und mal wieder gerade frisch aus dem Krankenhaus zurück und wusste nicht, wie ich den Rollstuhl bedienen sollte, um mich am Tisch nützlich zu machen. Ich lernte es. Ich musste auch staubsaugen und abspülen, um mir Taschengeld zu verdienen, bekam keine mildernden Umstände. Ich wurde eher abgehärtet als geschont.

Meine Eltern versuchten stets, mich für alle möglichen Lebenssituationen fit zu machen. Sie waren ganz sicher keine Helikoptereltern, die ihrem Kind alles abnehmen. Sie folgten dem richtigen Erziehungskonzept: Fortschritt durch Konfrontation, Besserung durch Herausforderung, Erfolgserlebnis durch Ausprobieren. Das Wörtchen »wenn« war verboten, ebenso wie der weinerliche Satz »Ich kann das nicht«. So war meine Kindheit eine einzige Challenge. Zum Jammern blieb mir keine Zeit, auch wenn ich meine Eltern manchmal als gemein und überfordernd empfand. Heute verstehe ich, warum sie mich ständig so aktivieren wollten und auch auf gute Schulnoten geachtet haben. Sie wussten, dass ich keinen Beruf ausüben kann, bei dem ich lange stehen muss.

Deshalb sollte ich unbedingt Abitur machen, um eine größere Auswahl an möglichen Berufen zu haben.

Ich hatte wenig Kindheit, zumindest wenn man darunter eine unbeschwerte Zeit versteht, und musste schnell reifen. Nur so konnte ich einsehen, dass ich in den Ferien oft für Operationen ins Krankenhaus musste, während meine Schulkameraden es sich gut gehen ließen und draußen herumtollten. Oder mit ihren Eltern ans Meer fuhren. Ich verbrachte diese Zeit oft im Krankenbett oder im Rollstuhl, immer in der Hoffnung, dass jede Operation meine Lebensqualität Stück für Stück verbessern würde. Ich begriff früh, dass ich in meinem Leben für mein persönliches Glück mehr investieren musste als andere.

Für meinen Krankengymnasten war ich ein Glückskind

Wichtig für mein inneres Wachstum waren auch Menschen außerhalb der Familie, die mir Selbstvertrauen, das Gefühl von Heimat und Identität gaben: zum Beispiel mein Krankengymnast und Süßigkeitenlieferant Gerhard Lautenschlager. Er war das, was man eine Bezugsperson nennt. Gerd hatte zwei Töchter, ich war quasi seine dritte, die er im Herzen adoptiert hatte. Bei ihm war ich nicht das bemitleidenswerte behinderte Mädchen. Er machte mir klar, dass das Leben mit einer Prothese etwas ganz Normales ist, etwas, für das sich keiner schämen muss. Als 32 Drähte in mein Bein eingesetzt wurden, um den Knochen über dem Stumpf zu verlängern, munterte er mich auf. Solche Menschen, die auch in der Dunkelheit immer ein Licht in dir anzünden können, sind Gold wert.

Gerd hat mir das Gefühl vermittelt, dass ich in der Lotterie gewonnen habe. Mein Gewinn: eine zweite Familie. Nach der Schule war ich oft bei ihm, meine Eltern arbeiteten ja in Vollzeit. Ich durfte mitessen, er hatte auch immer eine Süßigkeit für mich in der Tasche. Er ging immer singend und pfeifend durch die Praxis und hat mir beigebracht, ein Stück weit über meine Situation zu lachen. Manchmal machten wir derbe Witze darüber. Wenn nichts mehr ging nach den vielen Operationen, die ich erdulden musste, hat er mir immer wieder auf die Beine geholfen. Ich habe ihm vollkommen vertraut, auch wenn er schmerzhafte Übungen mit mir machte. Dass er mir nebenbei noch Nachhilfe in Französisch gab, ergänzte sein All-inclusive-Angebot für mich.

Aber es war ein Geben und Nehmen, wie Gerd heute erzählt: »Ich habe von Denise viel zurückbekommen, es war eine Freude mit ihr. Sie war für mich keine Patientin, sondern ein temperamentvolles, aber auch pragmatisches Kind. Ich habe sie nie jammern gehört. Sie war nicht trostbedürftig, sie war ein allzeit fröhliches Mädchen. Trübsal blasen ist nicht ihr Ding. Und so wie man in den Wald hineinruft, so schallt es zurück. Deshalb war sie immer beliebt.«

Gerd hat öfter Patienten, die er als »Trauerweiden« bezeichnet. Weil sie bemitleidet werden wollen und sich selbst in ihrem Schicksal gefangen halten. In ihrer angeblichen Hilflosigkeit und ständigen Grübelei (»Warum ausgerechnet ich?«) bauen sie eine schier unüberwindbare Mauer vor sich auf. Sie haben aufgegeben, für sich selbst zu kämpfen. Ich dagegen war Gerds Sonnenschein. Natürlich habe auch ich mich bei ihm sehr abplagen müssen. Mein Fußgelenk am linken Fuß, meinem sogenannten guten Fuß, war ein Trümmerhaufen. Die Wachstumsfuge am Knochen war beschädigt. Das ist die einzige Stelle, wo der Knochen wachsen kann. Gerd machte mir klar, dass mein Fuß eine lebenslange Baustelle bleiben würde, ich aber trotzdem prima damit leben könnte. Die Krankengymnastik war da ganz wichtig, um die restliche minimale Funktionalität im Gelenk zu erhalten. Er hat meinen Fuß gedehnt, er hat ihn massiert, er hat ihn strapaziert. Damit ich, für meine Verhältnisse, leichtfüßig werden konnte. Heute bin ich ihm sehr dankbar für all diese Plagestunden.

Natürlich hat Gerd etwas gebangt, als ich mich so exzessiv dem Sport verschrieben habe. Da wirken schon Kräfte auf meinen Körper ein, die nicht unbedingt gesund sind. Aber Gerd sagte zu mir: »Denise, du bist nicht behindert, du bist vielen Gesunden voraus. Bei allem Pech bist du doch ein Glückskind.«

Manchmal schaute ich mich vor dem Spiegel an. Der Unterschenkel war unwiderruflich weg, kräftige Wadln, wie man in Bayern sagt, waren für mich unerreichbar. Schön fand ich mich nicht. Aber welches Mädchen tut das schon? Wir alle leiden darunter, dass wir die scheinbaren Mängel, die ja in Wahrheit keine sind, viel zu wichtig nehmen. Ich war eben wie alle anderen auch eine unsichere Teenagerin, die aber von einem überzeugt war: Ich habe ein Recht darauf, akzeptiert zu werden, so wie ich bin. Und das nicht nur aus Mitleid. Ich musste mich immer mehr um Normalität bemühen als andere Teenager. Ich kann mich an eine Szene auf dem Fahrrad erinnern, als ich eine meiner ersten Ausfahrten mit meiner Radprothese im Bayerischen Wald machte. Die Prothese war ein echtes Technikteil: Ganz pragmatisch führte ein Stahlrohr unter dem Schaft am Stumpf ins Klickpedal meines Rennrads. Das Einklinken gelang dank eines passenden Cleats (Verbindungsstück zwischen Fahrradschuh und Klickpedal) am Ende des Stahlrohrs. Beim Fahrradfahren überholte mich ganz langsam ein Auto, ich wurde von den Insassen wie eine Zooattraktion beäugt. Das werde ich nie vergessen. Das war selbst für mich unangenehm, die an Blicke gewöhnt ist. Ich schämte mich nicht, weil meine Radprothese ein ganz wichtiges Hilfsmittel war, aber mir wurde klar, dass diese Gaffer mich auf mein Handicap reduziert hatten. Als Frau wollte ich natürlich gern feminin sein, attraktiv, ein Blickfang. Ein kaltes Stahlrohr verhindert augenscheinlich einen anmutigen Eindruck. Es ist erst mal alles andere als sexy, es ist einfach nur funktional. Aber so wollte ich nicht gesehen werden.

Akzeptanz ist eine lebenslange Aufgabe, sie ist nicht einmal erledigt und bleibt dann für immer erhalten. Irgendeine Kränkung kann uns triggern, und schon springt vor dem inneren Auge ein ganzer Film wieder an, den man längst im Archiv des Lebens abgelegt zu haben glaubte. So bin ich achtsam geworden und springe nicht wie ein Reh über Straßenbahnschienen, sondern gehe behutsam darüber.

Bei der Akzeptanz meiner Behinderung hat mir folgender Gedanke sehr geholfen: Wenn du eine Schwäche hast, mach sie zu deiner Stärke. Zu deinem Alleinstellungsmerkmal. Zu deiner Siegermentalität. Es ist doch so: Man kann sich bemitleiden wegen einer Schwäche und sich in diesem Zustand einrichten. Ist eben so, ist nichts zu machen. Oder man nimmt die Schwäche als Sparringspartner spielerisch an. Dann ist jeden Tag was zu machen, dann wird man auch etliche Kämpfe mit ihr gewinnen. Sicher nicht alle, aber man wird sich immer weiter verbessern. Es ist ein Perspektivenwechsel. Man kann wie ein Käfer auf dem Rücken strampeln und über seine Hilflosigkeit klagen. Oder die nächsten Krücken nehmen und davonhumpeln.

Oder die Flugkunst der Hummeln beobachten, die ihr Leben mit der Einstellung »Geht nicht? Gibt's nicht!« führen.

Hummeln sind phantastische Flugkünstler – obwohl ihre Flügel eigentlich viel zu klein sind, um den enorm dicken Körper zu tragen. Aber die physikalische Unmöglichkeit kümmert sie nicht. Ihr Trick besteht darin, dass ihre Flügel bis zu 200-mal in der Sekunde schlagen und sich durch ihre Beweglichkeit dabei drehen und winden. Das erzeugt Luftwirbel. Wie bei einem Tornado: Die Luftwirbel saugen den Flügel in die Höhe, und so fliegt die Artistin der Lüfte eben doch. Was für ein geniales Prinzip der Natur.

Laut meiner Mutter hatte ich schon als Kleinkind ziemlich viele Hummeln im Hintern. »Manchmal hätte ich mir eine Hundeleine für dich gewünscht, du hattest überall deine Nase drin, auch da, wo sie nicht hingehörte. Unglaublich, was du allein aus Schränken rausgeholt hast«, sagt sie lachend zu mir. Stimmt, ich war sehr aufgeweckt, ja hyperaktiv. Das hat mich zwar mein rechtes Bein gekostet, weil ich an der Straßenbahnhaltestelle nicht brav auf meinem Schlitten sitzen wollte, sondern lieber herumgehampelt habe. Aber mein körperlicher Bewegungsdrang ist auch die Grundbedingung für meinen Widerstandsgeist. Eine Couch-Potato war ich noch nie. Ich liebe Bewegung, Dynamik, Geschwindigkeit. Das schönste Gefühl auf Erden ist für mich, auf dem Rad zu sitzen, mit der Rennmaschine eins zu werden.

Erich Winklers Leben nach dem Crash: Der Mensch braucht eine Vision

Im Kreis der paralympischen Athleten gibt es viele Menschen, die für mich Vorbilder sind. Weil sie es etwas schwerer hatten und durch ein Unglück mitten aus ihrem normalen Leben gerissen wurden. Erich Winkler zum Beispiel, einer meiner liebsten Kollegen. Ich habe so manchen Teamwettbewerb mit ihm bestritten und ihm einige Nutellabrote geschmiert, das kann ich besser als er. Wir sind eine Familie, verbunden durch den schwarzen Humor, mit dem wir über unsere Schicksale und Behinderungen reden können. Erich steht auch für den roten Faden dieses Buches: vom Glück, Pech zu haben. Er klagt nicht, er macht einfach. Wenn ich ihn ansehe mit seiner einzigartigen Erscheinung – er hat nur noch einen Arm, ein Bein –, denke ich, dass ich nur einen kleinen Kratzer davongetragen habe. Ein Blick zu ihm bringt mich immer auf den Boden der Tatsachen zurück.

Erich machte am Karfreitag 2001 einen Motorradausflug mit einem Kumpel, bei dem er sich überschätzte. Die Yamaha R1 war 150 PS stark, in einer Kurve schlitterte er weg und rutschte gegen eine scharfkantige Leitplanke. »Dass ich überlebte, war ein Wunder, der Blutverlust war groß. Da hatte ich dann das erste Mal Glück im Unglück. Mein Onkel, ein ausgebildeter Arzt, kam zufällig zeitgleich an der Unfallstelle vorbei, er hatte ein Notfallset im Auto und hat mich versorgt. Mit dem Hubschrauber wurde ich dann ins Krankenhaus geflogen, mehrfach blieb dabei mein Herz stehen. Ich wurde reanimiert. Es war so knapp, ich stand wirklich am Übergang vom Leben zum Tod.«

Im Krankenhaus wachte Erich Winkler nach vier Wochen im Koma auf und merkte rasch: Der rechte Arm war weg. Und das linke Bein auch. Ein Schock, etwas schwer Begreifliches. Und der kraftstrotzende Handwerksmeister plötzlich ein »Krüppel« – so verächtlich nannte man solche Menschen in der Nachkriegszeit, als es viele Kriegsverletzte gab. Aber das war kein Krieg, das war nur eine feuchte, rutschige Straße, sagt Erich Winkler. »Die ersten Tage dachte ich darüber nach: Will ich so leben? Warum kann ich nicht sterben? Aber dann spürte ich, dass das Leben auch unter diesen Bedingungen lebenswert ist. Und dann sagte ich mir: entweder gescheit oder gar nicht. Ich lasse mich nicht hängen.«

Es war gut für ihn und seine Akzeptanz, dass er sich – so wie ich – nicht an seinen Unfall erinnern kann. »Ich hatte einen Filmriss. Das Letzte, an das ich mich erinnere, ist, dass wir Fisch gegessen haben am Karfreitag. Aber deshalb hatte ich auch nie Albträume, die Bilder waren nicht in meinem Kopf gespeichert.«

Natürlich stellte sich auch Erich Winkler anfangs die Frage »Warum ich?«, aber darauf gibt es nie eine Antwort. »Ich sah meine Kinder an, die eine Tochter war neun, die andere ein Jahr alt, und ich spürte, dass ich allein schon für diese beiden Kinder stark sein musste. Vorher hatte ich sehr wenig Zeit für sie, weil ich oft auf Montage war. Jetzt konnte ich mit ihnen spielen, das war ein Vorteil der Behinderung. Ich habe immer auch die kleinen Extras dieses neuen Lebens gesehen.«

Die Freude über das Überleben überwog die Trauer wegen des Verlusts der Gliedmaßen: »Um ein Haar wäre ich nicht mehr da gewesen.« Seine Frau gab ihm Kraft, ihre bedingungslose Liebe war ganz entscheidend. Aber warum hat sie ihm so beigestanden? Weil Erich ein toller Mensch geblieben ist, sich nicht hängen ließ, nicht aus Frust gesoffen hat, nicht behauptete, dass alle anderen an seinem schlimmen Leben schuld wären. Seine Freunde machten mit ihm eine Grillparty in der Reha, von Tag zu Tag blühte er wieder auf. Er wurde nicht ausgegrenzt, denn er war nie ein Außenseiter gewesen, dem Kontakt schwerfiel.

Erich ließ sich eine Prothese anpassen, mit der er auch wieder Sport treiben wollte: »Ich war immer sportlich, habe Fußball und Tennis gespielt. Das ging jetzt nicht mehr, deshalb bin ich auf das Radfahren umgestiegen. Es dauerte eine gewisse Zeit, bis ich ein neues Gleichgewicht gefunden hatte, mehr als einmal stürzte ich. Aber ich hatte eine neue Leidenschaft gefunden.« Im April hatte er den Unfall, Ende Oktober wurde er schon nach Hause entlassen. Die Ärzte hatten prophezeit, dass das ein Jahr dauern würde. Nach sechs Monaten fuhr er das erste Rennen. Das spricht für seinen Lebenshunger, seine Lust auf Wiederauferstehung.

Die Behinderung hat Erich im Gegensatz zu mir nie versteckt, jeder durfte seine Prothese sehen, anfassen, bewundern. »Wir müssen es den Menschen auch leichter machen, indem wir unverkrampft auf sie zugehen, dann reagieren sie auch ganz natürlich. Mich durfte jeder berühren. Wenn man gut mit den Leuten umgeht, gehen sie auch gut mit einem selbst um.« Da ist sie wieder: die Übernahme von Verantwortung, die resiliente Menschen auszeichnet. Sie warten nicht ab, bis ihnen etwas angeboten wird, sie sorgen in ihrem Umfeld selbst für ein gutes Klima, gehen in Vorleistung. Im Gymnasium der Region, das für Bemühungen um Inklusion von Behinderten ausgezeichnet wurde, durfte Erich Winkler seine Geschichte erzählen. Es gibt keinen glaubwürdigeren Festredner als ihn. Sein Lebenswille ist authentisch. Und was er als Person geschafft hat, herausragend.

Bei Erich Winkler gibt es ein Leben davor und danach. Im Leben davor war er Parkettleger und hatte zwölf Angestellte in seiner Firma. Diesen Job musste er aufgeben, mit der Behinderung war das nicht mehr zu machen, auch weil er zu gern mittendrin war und immer mitarbeitete. Eine Zeit lang betrieb er eine Tankstelle. Heute ist er Trainer für Behindertensport. Der ideale Job für Erich. »Da gibt es so viele Erfolgserlebnisse, und die Menschen wissen, dass ich alles aus eigener Erfahrung kenne. Der Gedanke, dass ich mal bei den Paralympics antreten wollte, kam sehr rasch nach meiner Verletzung. Ich habe mir diesen Traum erfüllt. Schon 2002 fuhr ich die ersten Radrennen. Der Mensch braucht eine Vision. Der beste Arzt ist der eigene Instinkt. Der entscheidet darüber, was möglich ist und was nicht.«

Erich Winkler war viermal bei den Paralympics, er hat viel erlebt in seinem Sportlerleben. Das er ohne seine Behinderung ganz sicher nicht gehabt hätte. Er läuft heute mit elektrischen Kniegelenken und computergesteuerten Beinprothesen. Den Motorradführerschein hat er nicht mehr verlängert. Er ist nie mehr auf dieses Gerät gestiegen, das so viel Lust und Tod bringen kann, auch nicht als Beifahrer. Für ihn war das gesund. Andere, die so einen Unfall hatten, sehen es anders. Beides ist okay. Ich bewundere Erich Winkler. Er ist ein Großmeister der Akzeptanz. Und Erich hat mich auf jeden Fall eines gelehrt: 99 Prozent unserer Grenzen sind in unserem Kopf, nicht in der Realität.

MEIN RESILIENZ-TIPP TO GO
Akzeptiere Umstände, die du in deinem Leben nicht beeinflussen kannst. Beginne jetzt, dich darauf zu fokussieren, was du ändern kannst!

Resilienz-Guide **Akzeptanz**

Wenn man mit fünf Resilienzforschern spricht, hört man manchmal zehn verschiedene Meinungen über Persönlichkeitsbildung, über Trainingsformen, über Messbarkeit. Es ist eine Wissenschaft, die erst am Anfang steht. Aber alle sind sich in einem einig: Akzeptanz ist für sie ein Wert, der ganz wesentlich dazu beiträgt, Menschen belastbar zu machen.

»Nur wenn die Krise erkannt und akzeptiert wird, kann sie auch angegangen werden. Damit ist die Akzeptanz die Vorstufe zur Bewältigung der Krise«, schreibt die deutsche Psychotherapeutin Micheline Rampe in ihrem Buch *Der R-Faktor – das Geheimnis unserer inneren Stärke*. Salopp gesagt: Akzeptanz ist nicht alles, aber ohne Akzeptanz bringt alles nichts. Das, was man eigentlich von sich fernhalten wollte, einen Unfall, eine Belastung, eine Krise, muss man in sein Weltbild integrieren, wenn es nun mal da ist. Und nicht mehr weggeht. Man kann dieses Ereignis nicht ungeschehen machen, man kann es nur unterschiedlich interpretieren.

Wichtig in der Phase der Akzeptanz ist, dass man sich genügend Zeit lässt. Wie viel das ist, ist bei jedem unterschiedlich. Die Resilienztrainerin Jutta Heller, Autorin des Buches *Resilienz – 7 Schlüssel für mehr innere Stärke*, hat dafür ein besonders schönes Bild gefunden: »Vielleicht hilft Ihnen die Strategie des Hummers: Er muss sich, um zu wachsen, seines alten Panzers entledigen. Dafür sucht er sich eine schützende Höhle und wartet ein paar Tage ab, bis der nachgewachsene Chitinpanzer ausgehärtet ist. Achten Sie auf Ihre inneren Zweifel und Einwände, werfen Sie nicht alles über Bord. Manches muss vielleicht erst reifen. Je klarer Sie sich dann entscheiden, desto mehr Energie werden Sie für das Neue haben.«

Wir müssen lernen, den Kopf wieder hoch zu tragen, aber der gut gemeinte Ratschlag »Kopf hoch!« ist da wenig hilfreich, vor allem wenn man gerade den Kopf unter dem Arm trägt. Aber es gibt Momente, die auf einmal etwas lösen. Plötzlich richten wir uns wieder auf, stehen gerade, spüren unsere seelische Muskulatur, die verbliebenen Ressourcen, die uns keiner nehmen kann. Es ist der berühmte Moment, in dem wir den Kerzenschein in der Dunkelheit wahrnehmen. Der Satz »Die Hoffnung stirbt zuletzt« ist längst ein geflügeltes Wort geworden, ja eine klischeehafte Phrase, aber darum geht es. Die Hoffnung auf Entwicklung trägt resiliente Menschen durchs Leben.

Aber vor der begründeten Hoffnung steht die Akzeptanz. »Wir können eine Sache nicht verändern, wenn wir sie nicht akzeptieren«, sagt Carl Gustav Jung, der Begründer der Analytischen Psychologie. Wobei akzeptieren nicht resignieren heißt. »Wer seine Situation akzeptiert, schließt seinen Frieden mit ihr, statt mit seinem Schicksal zu hadern. Akzeptieren heißt jedoch nicht aufgeben und den Kopf in den Sand stecken. Genauso wenig heißt akzeptieren, sich alles schönzureden und das Problem zu verleugnen«, sagt die Resilienztrainerin Petra Weber vom Coachingzentrum Heidelberg. Sie weiß, wovon sie redet. 2014 starb ihr Mann, 2015 erkrankte sie an Krebs. »Das war heftig. Ich dachte mir, o. k., was heißt das nun für mich? Ich wusste, wie es mir geht, beeinflussen zu 50 Prozent die Gene, nur zehn Prozent die Lebensumstände, aber 40 Prozent kann ich durch mein Handeln beeinflussen. Diese 40 Prozent eigene Einflussmöglichkeiten wollte ich bestmöglich nutzen. Ich bin auch während meiner Chemotherapie gejoggt und habe weitergearbeitet an den Tagen, an denen ich mich gut gefühlt habe. Mit Perücke habe ich Vorträge gehalten. Heute kann ich sagen, dass ich den Krebs besiegt habe. Toi, toi, toi.«

Ein Spaziergang sei der Weg zur Akzeptanz natürlich nicht, negative Gefühle seien typische Begleiterscheinungen, meint Petra Weber: »Dass Gefühle wie Trauer und Wut oder auch Ängste aufkommen, ist ganz normal. Diese Gefühle sind berechtigt und sollten nicht verdrängt werden. Wem es jedoch dauerhaft nicht gelingt, die Situation zu akzeptieren, der verbittert. Die Flucht in das Selbstmitleid verbraucht auf Dauer viel Energie, die dann für das Handeln fehlt.«

Sibylle Jatzko: wie man nach dem Horror die Lebensfreude wiederfinden kann

Wie unterschiedlich Menschen Leid akzeptieren oder eben auch nicht, weiß eine Frau, die schon ganz vielen Menschen weitergeholfen hat: Sybille Jatzko, Psychotherapeutin und Gründerin der Stiftung Katastrophennachsorge, einer weltweit einmaligen Organisation, deren Motto wegweisend ist: »Es reißt einem den Boden unter den Füßen weg. Betroffene brauchen Begleitung, einen Ort, Gestaltung und auch Zeit.« Seit 1988 kümmert sich Sibylle Jatzko um Opfer und Hinterbliebene von schweren Unglücken, ihre Arbeit begann mit dem Flugzeugunglück bei der Militärshow in Ramstein. Flugzeugabstürze wie der einer Birgen-Air-Maschine 1996, als 176 Passagiere zu Tode kamen, oder der Absturz einer Maschine von Germanwings, den 2015 ein psychisch kranker Pilot verursachte, Seilbahnunglücke wie das aus dem Jahr 2000 in Kaprun, der Amoklauf eines Schülers am Gutenberg-Gymnasium in Erfurt 2002 mit 17 Toten, der Tsunami in Thailand 2004, Terroranschläge wie der auf den Weihnachtsmarkt in Berlin 2016 oder auf die jüdische Synagoge in Halle 2019 – all diese Ereignisse prägen zahlreiche Menschen, und um diese Betroffenen kümmert sich Sybille Jatzko mit ihrer jahrelangen Erfahrung.

Sie warnt davor, von den Menschen zu schnell zu viel Akzeptanz für das Chaos in ihren Seelen zu fordern: »Akzeptanz ist eine Entwicklung, das kann man nicht trainieren nach dem Motto: Wenn was Schlimmes geschieht, rufe ich diese Lösung ab. Hier geht es um fundamentale Reifungsgefühle, die durchdacht und durchlebt werden müssen. Die kann man nicht einfach unterdrücken oder canceln, wenn sie nicht im Hintergrund als Störbilder wiederauftauchen sollen. Aber viele Menschen können nach einiger Zeit wieder ihre Lebensfreude finden – sogar mit einer neuen Intensität.«

Aber der Weg dorthin muss gegangen werden. Er ist steinig. Es sei völlig normal, dass Menschen nach einem Schicksalsschlag diesen nicht wahrhaben wollen: »Manchen erscheint das Geschehene wie ein böser Traum. Das Gehirn kann es nicht begreifen. Es ist eine Reizüberflutung. Das Gehirn kann das neue Geschehen nicht verknüpfen, weil es dafür keine Erinnerungsspur gibt. Es findet sich kein Kästchen dafür.«

Die Fähigkeit, das Erlebte begreifbar zu machen, es akzeptieren zu lernen, in die eigene Lebensgeschichte einzuordnen, ist sehr individuell ausgeprägt, weiß Sybille Jatzko. »Grundsätzlich positiv eingestellte Menschen, die auch beziehungsfähig sind, tun sich leichter. Die Wahrscheinlichkeit, dass sie das Unglück akzeptieren und einordnen können, ist bei ihnen höher. Es geht darum, wie offen Menschen grundsätzlich mit Gefühlen umgehen. Manche Menschen verdrängen, verpacken und verstecken alles, machen ihr Unglück mit sich aus. Andere reden viel darüber, mit Menschen, die ihnen helfen können, und schaffen damit neue Verbindungen im Gehirn. Gespräche schalten Gefühl und Ratio ein. Ich vergleiche das mit dem Neubau einer Straße. Die ist schneller fertig, wenn andere Arbeiter daran mitbauen. Es ist ein Unterschied, ob man dann auf dem weiteren Lebensweg eine sechsspurige Autobahn hat oder nur einen kleinen dunklen Pfad im Dschungel, bei dem man ständig über Wurzeln und Sträucher stolpert und von wilden Tieren angefallen werden kann.«

**»Reiß dich zusammen!«
ist kein Satz, der einem Menschen
in der Krise weiterhilft.**

Es gebe Sätze, die Gift seien für schwer belastete Menschen, sagt Sybille Jatzko: »Zum Beispiel: Denk mal positiv. Oder: Reiß dich zusammen, komm aus dem Loch raus. Über diese Bewertungen von außen nehmen Menschen bloß ihre augenblickliche Unfähigkeit wahr, das Unglück zu akzeptieren und eine positive Selbstwahrnehmung wiederzuerlangen. Akzeptanzdruck kann ja auch belastend sein. Die Umwelt fordert oft viel mehr Akzeptanz des Leids, als es den Betroffenen aktuell möglich ist, sie kann deren Trauer, für deren Bewältigung es keine festgelegte Zeit gibt, nicht akzeptieren.«

Das übliche Trauerjahr kann auf jeden Fall zu kurz sein, um Leid voll zu akzeptieren. »Jeder braucht seine Zeit. Wenn die Jahrestage kommen, beginnt bei manchen die Trauer oft erst so richtig. Dann wird alles wieder aktuell.« Manche Menschen tun sich sogar leichter mit der Akzeptanz, wenn sie das schreckliche Geschehen ganz verdrängen: »Manchen gelingt das auf diese Weise besser. Sie haben Angst vor Flashbacks und den bösen Geistern in ihrem Kopf, die sie nicht mehr loswerden. Wenn ihr Leidensdruck dadurch sinkt oder ganz verschwindet, ist das für sie richtig. Nicht jedes Trauma muss bearbeitet werden.«

Besonders fruchtbar für den Aufbau von Akzeptanz und Resilienz sei es, wenn man seine Erfahrungen und Lösungswege an andere weitergeben könne, meint Jatzko. »Helfen ist für einen selbst heilsam. Man nimmt die Metaebene ein, steckt nicht nur im eigenen Leid. Das sind Menschen, die gelernt haben, Leid auszuhalten und damit konstruktiv umzugehen. Mit ihnen zu sprechen tut den anderen, die noch nicht so weit sind, gut, weil sie wissen, wovon sie reden. Sie haben Erlebniskompetenz, sie sind im Kreis der Eingeweihten.«

Sybille Jatzko spricht gern in Bildern: »Wenn man sich das Leben als Bierdeckel vorstellt, sind bei manchen nach einem Unglück drei Viertel des Bierdeckels weg, da klafft ein Loch. Was machen diese Menschen, um sich wieder rund zu fühlen? Manche knüpfen einen Teppich aus alten und neuen Beziehungen, um das Loch wieder zu schließen. An den Jahrestagen der Katastrophe fühlt sich dieser Teppich jedoch wie dünnes Eis an, und Einbrüche sind möglich. Manche leben auch auf einem halben Bierdeckel und arrangieren sich damit. Das ist auch eine Art von Akzeptanz.«

Fazit von Sybille Jatzko: Die Akzeptanz des Unglücks ist möglich und sinnvoll, aber sie hat viele Gesichter, und sie ist nicht im Schnellkurs zu bewältigen. So unterschiedlich die Menschen sind, so variabel ist auch ihr Tempo dabei. Dafür gibt es keinen Tempomaten.

Aber es gibt Auswege. Und Wege zu einem neuen Selbst, zu einer Akzeptanz des Unglücks, das man uminterpretieren kann. »Auch die Lotusblüte braucht Schlamm, um zu gedeihen. Sie wächst nicht auf Marmor. Wer vor dem Leid wegläuft, kann kein Glück finden«, sagt der vietnamesische Buddhist Thich Nhat Hanh, ein Weisheitslehrer mit großer Autorität. Man kann es auch weniger poetisch sagen, etwa so wie Micheline Rampe, Autorin des Buches *Der R-Faktor. Das Geheimnis unserer inneren Stärke*. Sie weist darauf hin, dass Akzeptanz als Teil jeder Resilienz harte Arbeit ist: »Mit der Resilienz ist es wie mit dem Glück: Ein bisschen bekommt jeder als Geschenk mit auf den Weg, den Rest, das entscheidende ›Mehr‹ muss jeder sich selbst erarbeiten.«

2. Geborgenheit:
Familie und Freunde – die Wurzeln meines Erfolgs

Geborgenheit ist das große Los, das man im Leben ziehen kann: Wer von seiner engsten Umgebung menschliche Wärme erfährt, wird sich viel besser entwickeln können. Wer bedingungslose Liebe geschenkt bekommt, hat das beste Potenzial, selbst liebesfähig zu werden. Die Freuden des Nehmens und Gebens in der Familie und im selbst gewählten Freundeskreis sind das ABC unseres Daseins. Ich hatte das große Glück, in dieser Hinsicht eine wunderbare Grundausstattung mitzubekommen. Zum einen mit meiner Familie und zum anderen mit wundervollen Gefährten und Gefährtinnen, die ich in meinem Leben kennenlernen durfte. Mit interessanten, anregenden Menschen in Beziehung zu treten ist mir nie schwergefallen, ich plappere gern einfach mal drauflos. Und ich bin mir sicher, dass mich die Begegnungen mit besonderen Menschen in meinem Leben am meisten geprägt haben. Ich hatte Menschen um mich, die mir immer Orientierung gegeben haben, wenn mein Leben gerade einer Achterbahn glich und mir den einen oder anderen Resilienztest vorsetzte.

Es ist die Lotterie des Lebens: Wo werde ich geboren, wer ist an meiner Seite, wie sind meine Lebensbedingungen, ist es ein Ort mit Tücken oder ein Paradies? Im Fall meiner Eltern liegt die Antwort auf die letzte Frage wohl irgendwo dazwischen.

Offiziell kamen sie im Arbeiter- und Bauernparadies zur Welt, in der Realität war die DDR eine Diktatur, die ihre Bewohner einmauern musste, damit sie nicht in Scharen abwanderten. Millionen verließen den zweiten deutschen Staat vor dem Fall der Mauer, auch viele Verwandte meines Vaters waren darunter. Meine Eltern waren typische DDR-Bürger. Sie waren tüchtig und angepasst, soweit es nötig war, um einigermaßen ruhig zu leben, aber sie unterstützten diesen Staat nicht, von Leidenschaft für den kommunistischen Menschengroßversuch keine Spur. Beide hatten ehrbare Berufe. Mein Vater war Werkzeugmacher beim VEB Drahtziehmaschinenwerk Chemnitz. Dass er heute dank viel Weiterbildung einen sehr guten Job in der Entwicklungsabteilung des Chipherstellers Infineon hat, macht mich stolz. Mein Vater hat Spaß an Weiterentwicklung.

Meine Mutter machte eine Ausbildung im Druckhaus der *Freien Presse Chemnitz*, der führenden Regionalzeitung, die natürlich von lupenreinen SED-Journalisten gelenkt war, was Pressefreiheit ausschloss. Sie war Setzerin, Korrektorin und Mädchen für alles. Eigentlich musste man in dieser Position politisch hundertprozentig linientreu sein, aber meine Mutter war das nicht. Wenn sie Besuch aus dem Westen bekam, stellte sie sich Fragen: Warum können wir nicht auch mal zu unseren Verwandten hinüberfahren? Später trat sie aus der Jugendorganisation FDJ aus, der »Freien Deutschen Jugend«. Die Eltern mussten sich für das rebellische Verhalten ihrer Tochter rechtfertigen. Aber sie kam damit durch. Es gab Spielräume, auch in einer Diktatur. Niemand musste sich völlig verbiegen. Dass meine Mutter immer für ihre Werte einstand, lässt mich bis heute mit Stolz zu ihr aufblicken.

Meine Eltern sind gleich jung, beide Jahrgang 1964. Mit 17 lernten sie sich kennen, mit 20 heirateten sie. Allein schon, um eine Wohnung zu bekommen. Erst mal renovierten sie eine heruntergekommene Behausung, die feucht war, dann stiegen sie gesellschaftlich auf: Sie zogen in eine Plattenbausiedlung, eine Trabantenstadt. 100 000 Menschen lebten in der Fritz-Heckert-Siedlung – quadratisch, praktisch, gut.

»Uns ging es für DDR-Verhältnisse nicht schlecht«, erinnert sich mein Vater. »Denise war unser Wunschkind, wir waren eine harmonische kleine Familie. Wir wohnten in der Platte und hatten einen Trabi, aber wir hatten keine Lebensziele mehr. Um beruflich aufzusteigen, hätten wir uns in der Partei engagieren müssen, das lehnten wir ab. Und wenn uns unsere Westverwandten die Quelle-Kataloge zeigten, wussten wir, dass diese Waren bei uns im Osten produziert worden waren, wir aber nichts davon sahen. Unser Staat war krank, wir machten uns unsere Gedanken, sagten aber offen nichts dazu. Politische Kritik war sehr gefährlich. Als in meiner Firma einer ›Scheiß-Honecker‹ an die Wand geschrieben hatte, verhaftete ihn sofort die Polizei, er wurde nicht mehr gesehen. Natürlich hat uns das abgeschreckt.«

1987 stellten meine Eltern einen ersten Ausreiseantrag. Sie wollten in den anderen deutschen Staat und pochten darauf, dass auch die DDR als UNO-Mitglied internationale Verträge unterschrieben hatte, die Freizügigkeit garantierten. Allein, die DDR-Bürokraten dachten gar nicht daran, ihren Bürgern verständnisvoll entgegenzukommen. »Wir sind jede Woche aufs Amt und haben genervt, indem wir unser Anliegen vertreten haben«, erzählt mein Vater. »Erst versuchten sie, uns zu ignorieren, aber wir fragten jede Woche nach dem Bearbeitungsstand. Und immer wieder wurden wir vertröstet. Getrennt wurden meine Frau und ich verhört, warum wir dieses sozialistische Paradies, den angeblich überlegenen deutschen Staat, verlassen wollten.«

Bewegung in den Ausreisewunsch meiner Eltern kam, so perfide es sich auch anhört, erst nach meinem Unfall. Ich hatte in der DDR nur eine sehr mangelhafte Prothese aus Holz angepasst bekommen, die Orthopädietechniker hatten einfach wegen des schlechten Materials kaum andere Möglichkeiten. Das Argument, dass ich nach meinem tragischen Unfall eine viel bessere medizinische Betreuung im technisch überlegenen Westen haben könnte, stand nun im Vordergrund. »Wir waren jetzt wild entschlossen, diesen Unrechtsstaat zu verlassen. Die Sachbearbeiter prophezeiten uns, dass wir im Westen alles bei der medizinischen Versorgung unserer Tochter selbst bezahlen müssten, das könnten wir uns gar nicht leisten, aber wir wussten ja von unseren Verwandten, dass es dort eine gute Krankenversicherung gab«, meint mein Vater.

Im Juni 1989, als viele DDR-Bürger das Land über Ungarn oder die Tschechoslowakei verlassen wollten, starteten meine Eltern eine Verzweiflungsaktion. Sie spazierten mit pochendem Herzen in die Ständige Vertretung der Bundesrepublik in Ostberlin, etwas, was sehr ungern gesehen wurde. Das Anklopfen beim Klassenfeind war ein Tabu. Aber wir wollten auf eine Liste von Ausreisewilligen kommen, die von der BRD-Regierung dem SED-Politbüro vorgelegt wurde. Natürlich wurden meine Eltern von Volkspolizisten kontrolliert, natürlich landete ihre Aktion sehr schnell auf dem Schreibtisch ihrer Sachbearbeiter. Ein paar Tage später passierte das Wunder. Meine Eltern bekamen einen Brief: »Ihre Angelegenheit wird in Ihrem Sinn geregelt. Aber unternehmen Sie keine weiteren Aktionen.« Was bei normalen Menschen durchschnittlich vier Jahre dauerte, der erfolgreiche Abschluss eines Ausreiseantrags mit allen möglichen Demütigungen und Repressalien, war bei uns in zwei Jahren geschehen.

Es dauerte noch Wochen, bis wir in den Zug Richtung Westen einsteigen konnten. Erst mal musste ein »Laufzettel« vom Amt abgestempelt werden, in dem bestätigt wurde, dass wir keine Schulden in der DDR hinterließen. In der leeren Wohnung – die Möbel waren schon verkauft bzw. eingelagert – warteten wir auf das Go. Es kam immer erst einen Tag vorher. Rührselige Abschiedsfeiern sollte es nicht geben. Die DDR-Oberen wollten ihre Bürger bis zuletzt im Ungewissen lassen, sie hatten Angst vor einer Ausbreitung des Ausreisevirus.

Am 28. September 1989 war es dann so weit. Als Staatenlose, die aus der Staatsbürgerschaft der DDR entlassen worden waren, bestiegen wir den Zug nach Fulda, unsere Reise endete im Aufnahmelager Gießen. Von da aus ging es nach Bayern in die Oberpfalz, wo meine Großeltern lebten. Meine Eltern fanden sofort Arbeit und eine schöne Wohnung, die sie am 9. November 1989 besichtigten. Zur gleichen Zeit, als in Berlin die Mauer fiel. »Wir dachten nie, dass so etwas passieren würde, und reagierten völlig ungläubig. Aber Gorbatschow hat entschieden, dass die russische Armee nicht eingreift. Wir trauten dem Frieden anfangs nicht. Erst ein halbes Jahr später sind wir wieder nach Chemnitz in unsere Heimatstadt gereist. Aber ein Zurück gab es nicht mehr. Dafür fühlten wir uns in Bayern schon zu wohl«, erzählen meine Eltern.

Ein klein wenig, finde ich, haben meine Eltern die Mauer auch zum Einsturz gebracht. Der enorme Ausreisedruck, an dem sie teilhatten, hat dem SED-Staat den Garaus gemacht, ihm jede Legitimation genommen. »Der Letzte macht das Licht aus«, hieß ein alter DDR-Witz. Da war viel Wahres dran.

Und ich? Ich darf mich freuen. Denn ich bin am 9. November geboren, dem deutschen Schicksalstag. Neben dem Mauerfall sind noch drei weitere Großereignisse der deutschen Geschichte mit diesem Tag verbunden: 1918 wurde im Berliner Reichstag nach der Abdankung des Kaisers die Demokratie ausgerufen, 1923 scheiterte ein Putsch von Adolf Hitler, 1938 kam es zu den Judenverfolgungen in der Reichspogromnacht. Ein historisch sehr bedeutsamer Tag, der von sehr positiven, aber auch finsteren Ereignissen geprägt ist.

Ich bin ein Kind der Helligkeit und kann an meinem Geburtstag jedes Jahr zusätzlich den Mauerfall, dieses Wunder unserer Zeit, feiern. Ich bin ein Kind der Freiheit – dank meiner mutigen Eltern, die unbedingt rauswollten, um ihr Leben nicht hinter einer riesigen Mauer zu verbringen. Sie haben mich Beharrlichkeit gelehrt. Und ganz viel Resilienz, gemeinsam mit vielen Werten, denen sie immer treu geblieben sind. Geschenke, die ich auf meinem Lebensweg gut gebrauchen konnte.

In der DDR wäre mein Leben ganz anders verlaufen. Ob ich ein Rädchen im System geworden wäre oder eine Rebellin? Ich tippe mal eher auf Rebellin. Aber jetzt lebte ich in einem bayerischen Dorf namens Reichenbach auf der Sonnenseite des Lebens. Auch wenn ich das mit vier Jahren noch gar nicht wusste. Erwache und lache – das wurde mir täglich vorgelebt. Weil ich in lachende Gesichter meiner hart arbeitenden Eltern sah, bei denen es Stück für Stück voranging. Aber ihr größter Wohlstand war meine gute Entwicklung, das machten sie mir immer klar.

Von meinen Eltern bekam ich auch eine andere wichtige Erkenntnis vermittelt: Es gibt in vielen Bereichen des Lebens auch eine falsche Akzeptanz, eine Akzeptanz, die krank macht. So war es richtig meine Behinderung zu akzeptieren – nicht richtig wäre es gewesen, die Beschränkungen des Mauerstaates zu akzeptieren. Meine Eltern haben deshalb auf ihre ruhige Art dagegen rebelliert. Widerstandskämpfer waren sie deswegen nicht, aber sie haben innerhalb der gesetzlichen Regeln Nein gesagt.

Mich macht das stolz. Akzeptanz im Sinne von »einfach alles hinnehmen« ist also keineswegs immer gut. Akzeptanz ohne Weiterentwicklung lehne ich ab. Vor allem wenn es um die großen unverhandelbaren Werte geht, für die man einstehen will. Das, was veränderbar ist, sollten wir auch zu verändern versuchen. Viele Grenzen existieren nur in unserem Kopf. Und da gilt der schöne Satz: Wer nicht an Wunder glaubt, ist kein Realist. Die Maueröffnung ist nur ein Beispiel dafür, was möglich ist.

Dank des Muts meiner Eltern, dank ihrer Zähigkeit, dank ihres Kampfgeistes wuchs ich also in Bayern auf. Im goldenen Westen, der mir allerdings nicht ganz so glamourös erschien. Mitten in der Oberpfalz, nicht in einer größeren Stadt. Eine damals noch »strukturschwache Region«, in der viele fleißige Leute sich etwas aufbauen konnten. Es war Provinz, also ein Ort, an dem der Fortschritt immer erst etwas später ankam als in den Metropolen. Nach Regensburg zu fahren war schon eine kleine Weltreise. Ich war das einzige behinderte Kind bei uns in der Straße. Das einzige behinderte Kind an der Schule. Das erste Mädchen mit einer Amputation, das später am Gymnasium Abitur machte. Und ich war schon deshalb Außenseiterin, weil ich keinen bayerischen Dialekt sprach. Wie auch? Meine Eltern kamen als »Zugereiste« aus Sachsen und sprachen ein relativ sauberes Hochdeutsch.

Ich ging ganz normal in die Kita der katholischen Kirche im Ort. Ich war bestens integriert, konnte alles mitmachen, in dem Alter sind Kinder noch ganz offen und ohne Vorurteile. Auf der anderen Straßenseite befand sich der größte Arbeitgeber der Stadt, eine Einrichtung für geistig behinderte Menschen, die bis heute von den »Barmherzigen Brüdern« betrieben wird. Es war für mich ganz normal, die geistig behinderten Menschen zu sehen und mit ihnen in Kontakt zu kommen, sie waren ein Teil des Straßenbilds. Von Inklusion sprach damals noch keiner, der

Rest der Gesellschaft war froh, dass die Behinderten dort gut aufgehoben waren. Und aus den Augen und oft auch aus dem Sinn waren. Manchmal spürte man, dass ihr Anblick manchen Angst oder zumindest Unbehagen bereitete. Ich finde, Behinderung darf man nicht verstecken, es gibt sie in der Mitte der Gesellschaft, und dort sollte sie auch sichtbar sein. Behinderung ist keine Belästigung, sie ist eine Bestätigung dessen, dass wir alle Unikate sind.

Ich war ein Schlüsselkind, das mit dem Alleinsein am Nachmittag aufwuchs. Meine Eltern schufteten hart, um sich etwas Wohlstand zu erarbeiten. Wenn ich heimkam, war es normal, dass erst mal niemand da war. Meine jungen Großeltern lebten eine halbe Stunde entfernt, sie waren selbst voll berufstätig, weil sie noch in der Blüte ihrer Jahre waren. Aber sie waren in erreichbarer Nähe. Nicht nur geographisch, vor allem emotional. In unserer Familie wurde das Zusammengehörigkeitsgefühl immer stark betont. Sie haben mich auch verwöhnt, wie es sich für Großeltern gehört. Ich hatte das Glück, junge und aktive Großeltern zu haben, die mit mir viel unternahmen. Sie lebten mir vor, dass ein Leben ohne Selbstmitleid viel schöner ist, dass man sich ganz viel erarbeiten kann. Ihre Art hat mir immer neue Wege aufgezeigt. Weil sie glaubwürdig waren und mich auf eine sanfte Art und Weise antrieben. Meine Großeltern waren Vorbilder der Resilienz, sie gaben mir so viel mit, das ich gut gebrauchen konnte: Herz und Härte, Energie und Esprit, Wärme und Willen.

Meine Oma Barbara war immer eine starke Frau. Ich liebe sie bis heute. Sie ist mein größter Fan – nicht nur weil sie alle Zeitungsausschnitte über mich sammelt. Und ich hänge sehr an ihr, deshalb waren wir 2020 gemeinsam mit der ganzen Familie auf einer Kreuzfahrt. Da saß sie dann an der Bar mit einem

Gin Tonic. Auch Singen und Tanzen sind ihr nicht fremd. Da könnte man auch sagen: Der Apfel fällt nicht weit vom Stamm. Unsere Verbindung ist stark und ihre Energie ist es, die mich auflädt. Die Zeit mit mir ist für sie ebenfalls wichtig: Seit ihr Mann gestorben ist, braucht sie mich auch. Wertschätzung im besten Sinne ist immer gegenseitig. Ich gebe ihr jetzt etwas zurück, was sie mir früher reichlich geschenkt hat: Zuwendung.

Worauf ich besonders stolz bin: Sie hatte mir fest versprochen, zu den Paralympics nach Tokio zu reisen, mit 75 Jahren. Leider waren keine Zuschauer erlaubt. Ich liebe es, eine herrlich verrückte Oma zu haben. Sie bewegt sich im Internet wie ein Fisch im Wasser. Sie ist schlagfertig, und sie hat viel erlebt: den Bombenangriff auf Chemnitz, bei dem das Familienhaus getroffen wurde, das Aufwachsen ohne Vater, der den Kessel von Stalingrad überlebte und erst 1949 aus russischer Kriegsgefangenschaft entlassen wurde. »Ich habe mich vor dem fremden Mann versteckt, der da plötzlich vor der Tür stand«, erzählt meine Oma über seine Heimkehr. Ich kann von Glück sagen, dass meiner Generation diese schrecklichen Erfahrungen erspart geblieben sind. Im Vergleich zu damals leben wir heute in einer paradiesischen Komfortzone: Frieden, Freiheit und Fritten im Überfluss.

Meine Oma war lange alleinerziehend, nachdem ihre erste Ehe gescheitert war. Sie machte Karriere in einem Textilhandel, dort war sie die Chefin von 70 Angestellten, mit einem berufsbegleitenden Fernstudium hatte sie sich währenddessen zur Ökonomin fortgebildet. Dieser Bildungshunger in unserer Familie hat mich immer inspiriert. Diese Lust auf Entwicklung, dieser Ehrgeiz, etwas aus sich zu machen.

Und immer wieder dieser Blick nach Westen. Die Eltern, ihr Bruder und ihre Cousine hatten schon »rübergemacht«, meine Oma wusste genau, wie es beim kapitalistischen Klassenfeind aussah. 1987 durfte sie zum ersten Mal in den Westen reisen. Die Cousine fragte meine Oma und ihren Mann: Wollt ihr nicht dableiben? Aber sie zögerte, in der DDR war sie eine geachtete Person und hatte ein gutes Auskommen.

Ein Jahr später reichte sie wieder eine Besuchserlaubnis ein. Sie wurde überraschend bewilligt. Meine Oma und mein Opa starteten mit zwei Koffern, in denen ihr ganzes Leben lag, in den Westen. Ihr gesamtes Kapital hatte sie zu einem goldenen Anhänger schmelzen lassen, den sie bei der Reise versteckt am Leib trug. Sie ging, ohne sich offiziell von der DDR zu verabschieden. Verständlicherweise, denn es war ja quasi Republikflucht, darauf standen einige Jahre Gefängnis. Sie war die Vorhut für mich und meine Eltern, wir folgten dann ja 1989. Aber sie ging auch wegen der Schwiegereltern, denen es damals gesundheitlich nicht gut ging. Die Zumutung, dass eine Diktatur sich anmaßte, darüber zu entscheiden, welche Familienangehörigen sich wann und wo besuchen durften, wollte sie nicht mehr akzeptieren. Sie hat nie bereut, diesen Staat verlassen zu haben. Das einzige Schlimme für sie: Sie konnte mich erst mal nicht mehr sehen.

Als auch unsere Ausreise klappte, hatte ich in Bayern eine Oma und einen Opa, die mich herzten und liebten. Resolut, wie Oma war, übernahm sie sofort die Leitung einer Filiale einer Textilkette, aber daneben blieb genug Zeit für Reisen von Südafrika bis zum Nordkap. Zum ersten Mal Reisefreiheit, meine Oma und mein Opa genossen sie sehr. Auch mit mir machte sie Fahrradurlaub in Ungarn, im Kofferraum des Autos war immer eine Schale Gummibärchen.

Diese Bindung zwischen uns ist lebenslang und hat sich immer bewährt. Als ich im Krankenhaus war und mit Schläuchen und Kanülen am Körper hinter der Glasscheibe einen Kampf auf Leben und Tod austrug, brachten meine Großeltern mir schon Bananen, eine Rarität in der DDR. Ich liebe Bananen bis heute – vor allem auch vor Wettkämpfen.

»Es nutzt nichts, du musst und kannst damit leben.« Das hat sie mir immer vermittelt. Ich selbst hatte diese Einstellung schon als kleines Kind intuitiv verinnerlicht und musste gar nicht so viel getröstet werden. »Denise war nach ihrem Unfall nicht mal traurig, wir waren trauriger. Das brannte sich mir ein«, erinnert sich meine Oma. Und das war sicher auch ein Grund dafür, dass sie nie Trübsal empfand, wenn sie mich sah. Denn ich war ja quicklebendig und hüpfte auch eineinhalbbeinig im Krankenbett auf und ab. »Wir haben Denise immer behandelt wie ein normales Kind. Sie hatte keine Sonderstellung – im Gegenteil.« Angst um mich hatte sie nur bei den Radrennen, der Gedanke an einen Sturz begleitete meine Oma lange. »Aber sie ist glücklich beim Radfahren – was will man mehr?«

Wenn Liebe nicht ausreicht: Warum man nicht jedes Leben retten kann

Aber natürlich hat man auch gegenüber der eigenen Oma Geheimnisse. Mein Leben spielte sich nicht nur in einer heilen Familienwelt ab, sondern als Teenager auch in einer Clique, die Halt bot, Zugehörigkeit, Identität. Ich hing viel mit Älteren ab und hatte meinen Freundeskreis außerhalb der Schule gefunden. Wir feierten ganz gern und tranken Alkohol, hörten Musik und rauchten. Einige nahmen auch die eine oder andere Droge, Marihuana wurde ganz selbstverständlich geraucht, und ich wusste auch, dass manche Ecstasy und Kokain konsumierten. Glücklicherweise war der Gruppendruck nicht so groß, dass ich zugreifen musste.

Chemische Drogen haben mich immer abgestoßen, vor allem, weil ich sehen konnte, was sie aus meinen Freunden machten und wie sich diese veränderten – nicht gerade zum Besseren. Ich hätte abrutschen können, die Joints wurden mir hingehalten, aber ich winkte ab, und das wurde auch akzeptiert. Mein damaliger Freund, mit dem ich über zwei Jahre zusammen war, hatte leider nicht diese Stärke. Er betäubte sich mit Drogen und versuchte damit, seine innere Leere und Unsicherheit zu füllen. Das anfänglich lockere Spiel mit den Drogen am Wochenende, um cool zu sein und ordentlich Party zu machen, wurde für ihn zu einer tödlichen Spirale.

Wenn etwas nicht nach Wunsch lief, waren für ihn gern die anderen schuld. Er wollte keine Verantwortung für sein eigenes Handeln übernehmen und erkannte nicht, wie gefährlich das auf Dauer ist. Mir sagte er, dass er nur etwas Haschisch rauche. In Wirklichkeit nahm er Ecstasy und LSD, zu Heroin griff er erst nach unserer Trennung, als wir schon keinen Kontakt mehr hatten. Ich musste seinen körperlichen Verfall mit ansehen. Manchmal verschwand er tagelang. Da war er wohl wieder auf einem Trip. Ich trennte mich von ihm, weil ich nicht mehr das Gefühl hatte, ihn in seinem Abstieg aufhalten zu können. Er hat versucht, Hilfe anzunehmen, hat auch Therapien gemacht, vor allem seiner Mutter zuliebe, doch leider hat er den Kampf gegen die Sucht verloren. Eines Tages setzte er sich den »goldenen Schuss«, gerade mal mit Mitte 20.

Ob er seinen Tod gewollt hatte oder ob es ein Unfall war, war nicht mehr wichtig. Es war schrecklich für mich zu erfahren, dass er sein Leben, das er noch gar nicht richtig begonnen hatte, aufgegeben hatte. Die Drogen hatten aus ihm einen anderen Menschen gemacht. Warum konnte er der Sucht nicht genug entgegensetzen, warum reichte seine Resilienz nicht aus? Die

Antwort ist sicherlich ein Mosaik aus vielen einzelnen Bruch-
stücken. Eins jedoch kann man sicher sagen: dass er für sich
keinen anderen Ausweg mehr gesehen hatte und Ziele und
Träume immer mehr aus den Augen verlor.

Hatte ich Schuldgefühle? Natürlich machte ich mir Gedanken über sein Schicksal. Es war für mich aber wichtig zu erkennen, dass man einer anderen Person nur Wege aufzeigen kann,
den Weg einschlagen muss jeder selbst. Man kann dabei nur
eine Stütze sein. Niemand ist verantwortlich für den Lebensweg anderer. Sondern jeder für sich selbst.

Ich bin dadurch noch sensibler geworden und sehe schon an
den Pupillen von Menschen, ob sie Drogen nehmen oder nicht.
Für mich selbst waren Drogen nie spannend – meine Droge ist
wahrscheinlich der Sport, die Geschwindigkeit, die Überwindung. Das Adrenalin zum Beispiel, wenn ich jemanden überhole oder mit Tempo 70 einen Berg hinunterbrettere, das ist
die Art von Droge, ohne die ich nicht leben will. Ansonsten
mag ich keinen Kontrollverlust und hänge einfach zu sehr an
meinem Leben und einem gesundem Körper. Macht mich das
langweilig? Ich finde, nein. Man muss nicht alles ausprobiert
haben im Leben. Keine Macht den Drogen – den Slogan finde
ich heute noch richtig.

Natürlich kann auch Sport zur Sucht werden. Auch das ist
ein Problem. Bei Hobbysportlern kann das sehr ungesunde
Ausmaße annehmen und auch das Familienleben enorm be-
einträchtigen. Menschen, die für einen Marathon oder Triathlon trainieren, bringen teilweise große Opfer. Sport kann uns
viel Kraft schenken, ist aber nicht automatisch etwas Gutes.
Man kann ihn auch auf eine fanatische Weise betreiben und
darüber das Wesentliche im Leben vergessen. Wie gang und
gäbe der Missbrauch von Schmerzmittel auch im Breitensport

ist, finde ich wirklich alarmierend. Nicht jeder muss in seinem Leben einen Ironman geschafft haben. Auch kürzere Distanzen können erfüllend und bestärkend sein. Sie bringen nicht so viel Prestige, aber ist Prestige wichtiger als Gesundheit? Von mir gibt es dazu ein klares Nein.

Echte Freunde:
Fixsterne und Leuchttürme zugleich

Der wichtigste Halt, wenn mal wieder ein Rückschlag um die Ecke kommt, ist der wohlwollende und gleichzeitig sorgsame Austausch mit unseren Liebsten. Eine starke Familie zu haben ist eine wertvolle seelische Schutzschicht, aber dafür muss man nicht blutsverwandt sein. Freunde sind die zweite Familie, eine, die wir wählen. Sie sind für uns wie Leuchttürme, die uns zu uns selbst zurückführen, wenn im Leben dunkle Wolken aufziehen und es draußen und drinnen regnet und stürmt.

Der wahre Wert einer Freundschaft erweist sich dabei besonders in Krisen, nicht in Zeiten seelischen Sonnenscheins. Echte Freunde sollten gut gewählt sein. Natürlich hat man viele Bekannte. Ich bin viel unterwegs und habe das Glück, viele Menschen kennenlernen zu dürfen. Über soziale Medien lässt sich heute leichter Kontakt halten als früher. Ich genieße es sehr, einen so großen und bunten Bekanntenkreis zu haben. Aber der Kreis derer, die ich anrufe, wenn mir etwas am Herzen liegt, ist sehr klein. Echte Freunde, das ist etwas Besonderes. Sie sind für mich Fixsterne: Sterne am Himmel, die mir immer leuchten, an denen ich mich auch dann orientieren kann, wenn ich gerade selbst kein Licht am Ende des Tunnels sehe. Menschen, die mich immer auffangen. Und ich sie.

Habe ich besonders viele Freunde unter Behinderten? Nicht unbedingt. Ein gemeinsames Schicksal kann verbinden, muss aber nicht. Behinderte sind per se keine besseren Menschen. Neid und Eifersucht gibt es auch da. Nicht jeder freut sich mit einem über persönliche Erfolge. Aber auch das muss man akzeptieren lernen im Leben. Für mich selbst habe ich dabei einen wichtigen Grundsatz eingeführt: Ich will keinen generellen Schutzwall gegen meine Umwelt errichten, aber ich entscheide selbst, wer mich überhaupt verletzen kann. Diesen Schalter im Kopf kann man immer betätigen. Man muss lernen, mit Kritik umzugehen, sie sich anzuhören und dann zu entscheiden, welche man annimmt. Aber eins ist dabei wichtig: bei sich zu bleiben. Das ist die größte Kunst. Es ist immer einfach, mit dem Finger auf andere zu deuten und zu sagen: Die hat, die bekommt. Wie viel jahrelange harte Arbeit hinter solchen Erfolgen steht, wollen die meisten nicht sehen. Deswegen gilt für mich: Nur wer mich wirklich kennt, den lasse ich auch mit seiner Kritik an mich heran, der darf ans Eingemachte.

»Die anderen sind schuld« – das ist für mich als Para-Sportlerin keine akzeptable Ausrede. Ich freue mich lieber über die Erfolge anderer, weil das Gönnen auch etwas Befreiendes hat. Das gilt auch für meine Konkurrenz, wenn sie einfach ehrlich besser war. Dann muss man die Größe haben und gratulieren.

Ich habe Respekt vor der Leistung anderer. Das ist einer der wichtigsten Werte meines Lebens. Ich beneide niemanden, ich will nicht so sein wie jemand anderes. Ich will ich selbst sein – oder die, die ich noch werden kann. Mit all meinen unterschiedlichen Seiten. So sehr ich es liebe, mal ein paar Tage in einem Wellnesshotel abzutauchen und den Luxus zu genießen, so gern fahre ich aber auch mit dem Camper an den Wolfgangsee und bin direkt in der Natur. Ohne Schnick und Schnack. Ich liebe

Mode, aber hatte noch nie ein Faible für teure Designertaschen. In der Hinsicht habe ich einen sehr schlechten Geschmack: Die teuren Taschen von Louis Vuitton finde ich ehrlich gesagt pott-hässlich. Und mich reizt auch nichts daran, eine zu besitzen. Dann doch lieber ein richtig schönes Fahrrad, das schnurrt wie ein Kätzchen. Und ganz ehrlich: Mein größter Luxus ist es, von leuchtenden, lachenden Menschen umgeben zu sein.

Wie wichtig Freundschaft ist und wie unvorhersehbar sie sich entwickeln kann, zeigt das Beispiel meiner Freundin Maria. Sie ist Kommunikationsmanagerin bei einem Personaldienst-leister und vereint zwei selten miteinander harmonierende Ei-genschaften in sich: Sie ist klug und schön, wobei die Schönheit sich durchaus auch auf ihre Herzensbildung bezieht. Sie nahm meine Behinderung erst gar nicht wahr, wunderte sich nur über meinen komischen, etwas unrunden Gang. Als sie erfuhr, dass ich zweimalige Weltmeisterin bin und bei den Paralympics Me-daillen gewonnen habe, spürte ich ihr Wohlwollen, ihre ehrli-che Freude.

Unsere Freundschaft entstand, als sich eigentlich unsere Wege trennen sollten: Wir hatten in der Agentur »Netzathle-ten« zusammengearbeitet, aber eher neben- als miteinander. Als sie die Firma verließ, schrieb sie mir einen persönlichen Brief. Sie verschwand nicht sang- und klanglos, sie hinterließ ganz persönliche Abschiedsworte. Das beeindruckte mich sehr. Viele Menschen empfinden einander als austauschbare und vorübergehende Erscheinungen, Kollegen auf Zeit, sie geben sich keine Mühe, in Erinnerung zu bleiben. Bei Maria war das anders. Diese besondere Geste war der Anfang einer wunder-baren Freundschaft, wir wurden unzertrennlich.

Als Freundin schaue ich zu ihr auf. Unsere Gespräche haben sehr oft auch eine philosophische Ebene. Oft stellen wir uns Wertefragen bezüglich unseres Lebens. Hinterfragen kritisch, was wir wirklich wollen. Wer wollen wir sein in einer Welt, die von schnellen schönen Bildern lebt? Maria denkt vielschichtig und hat andere Blickwinkel als ich. Ich bewundere sie auch aus einem anderen Grund: Sie ist selbst ein Vorbild der Resilienz, hat sich unter schwierigsten Umständen nach oben gekämpft. Maria kommt aus dem Iran, ihre Eltern mussten Anfang der achtziger Jahre fliehen – sie war damals gerade vier Jahre alt. Ihre Mutter, eine Frau aus einer muslimischen Familie, hatte einen assyrischen Christen geheiratet. Etwas, was unter Schah Reza Pahlavi zunächst noch geduldet wurde, wurde zu einem Verbrechen, als das islamische Regime im Geburtsjahr von Maria über den Iran hereinbrach. Der Schah wurde gestürzt, und der Fundamentalismus begann unter Ajatollah Chomeini. Marias Mutter war auf einmal eine Verräterin des Islams, und die Familie musste um ihr Leben fürchten. Also flohen sie über Nacht nach Deutschland und ließen alles hinter sich. Es folgten Aufenthalte in verschiedenen Asylheimen.

Mit acht Jahren kam meine spätere Freundin in Deutschland in die erste Klasse, mühsam lernte sie die deutsche Sprache, heute spricht sie perfekt und akzentfrei. In der Hauptschule wurde Maria gemobbt und auf dem Schulweg verprügelt, ihre Schulhefte wurden zerrissen, ihre Spielsachen geklaut, sie war dieser Brutalität hilflos ausgeliefert, bis sie zurückschlug und sich Respekt verschaffte. Dass sie dann noch das Abitur schaffte und heute eine studierte Wirtschaftsjuristin ist, ist kein Wunder, sondern das Ergebnis harter Arbeit. Mich beeindruckt es, wenn sich Menschen gegen alle Widerstände durchsetzen. Maria hätte auch als Opfer liegen bleiben, sich in ihr Schneckenhaus zurückziehen, eine verschreckte junge Frau werden können. Aber sie hat sich durchgebissen. Für so etwas braucht man eine Familienpackung Resilienz.

Meine Freundin Maria ist eine enorme Bereicherung für Deutschland. Sie zeigt, dass Migranten nicht nur eine Zahl sind, eine Belastung. In Deutschland hat heute jeder vierte Mensch einen Migrationshintergrund. Vermischung ist etwas Schönes, wenn wir offen und bereit sind, voneinander zu lernen. Maria ist für mich das beste Beispiel für Diversity. Diversity ist unser Schlüssel zu einer vielseitigen und toleranten Gesellschaft, die sich weiterentwickelt und nicht stehen bleibt. Unsere Verschiedenheit, die vielen Facetten unserer Persönlichkeit bringen einen großen Reichtum an Sichtweisen mit sich. Und gleichzeitig sind wir uns auch sehr ähnlich: Wir wissen beide, dass man sich Glück erarbeiten muss, dass es nicht einfach angeflogen kommt.

Modernes Mentaltraining: Erfolgsfaktor Freundschaft

Was ist der wichtigste Körperteil beim Radfahren? Die Beine? Der Hintern? Die Arme? Der Kopf? Das Erfolgsrezept lautet wohl, dass es nicht einen einzigen wichtigsten Körperteil gibt, sondern die Mischung zählt: Ein perfekt austrainierter Körper ist die Grundlage des Erfolgs, aber er wird vom Kopf gelenkt, von der mentalen Bereitschaft, alles zu geben und an den Sieg zu glauben. 90 Prozent des Erfolgs machen perfektes Training aus. Bei den restlichen zehn Prozent an Potenzial kommt es darauf an, sie mental auch abrufen zu können. Das macht dann den Leistungsunterschied aus. Die mentale Gesundheit ist entscheidend, um mit einem unbändigen Kampfgeist an den Start zu gehen, aber dabei nicht zu übertreiben. Ehrgeiz und Energie müssen richtig dosiert werden, sonst können sie schädlich sein.

Die Kunst, auf den Punkt genau die optimale Leistung ab-
zuliefern, ist das Ideal, das alle Athleten erreichen wollen. Und
dabei, davon bin ich überzeugt, kann einem eine Mentaltrainerin entscheidend helfen. Sie sieht das Brett vor dem Kopf,
das ich manchmal habe, sie richtet mich nach Enttäuschungen
wieder auf und aus. Sie lehrt mich Resilienz und bleibt dabei
glaubwürdig, weil sie nicht auf leere Sprüche zurückgreift. Sie
kann einen sachlichen Blick auf Situationen werfen, wo Emotionen nicht gut sind. Sie kann die letzten Reserven aus mir
rauskitzeln, sie weckt die »Killerbiene« in mir, falls die sich mal
zu einem Nickerchen hingelegt hat. Sie macht mich groß, wenn
mich andere klein machen wollen.

Ich habe die beste Mentaltrainerin der Welt, in jedem Fall
in meiner Welt. Linda Schadt ist keine distanzierte Seelen-
fachfrau, sondern eine meiner besten Freundinnen, eine Frau,
die alles über mich weiß, die meine Abgründe und meine Verzweiflung kennt, meine Höhenflüge und mein Potenzial. Linda
hat mich bei den Paralympischen Spielen gesehen, bevor ich
mir das überhaupt vorstellen konnte. Sie hat daran geglaubt,
dass ich die beste Version meiner selbst sein kann. Sie war mein
Wegweiser und hat mich ermutigt, im Job kürzerzutreten, um
mich auf den Sport zu konzentrieren. »Wenn es nicht klappt,
kannst du immer noch wieder 100 Prozent arbeiten«, sagte sie,
»aber versuchen solltest du es, vom Sport zu leben.«

Wenn mich ein Mensch erden und meine Gedanken sortieren kann, dann sie. Aus dieser Gewissheit entstehen bei mir
Geborgenheit, Sicherheit, Vertrauen, Hingabe – alles, was man
im Leben und im Sport braucht, um sich wirklich zu entfalten.
Sie versteht mich. Kurz vor den Paralympics in Rio motivierte
sie mich mit einem Trick: Alle privaten Belastungen sollte ich
in ein Päckchen schnüren und am Straßenrand ablegen. Wenn

ich sie vermissen würde, könnte ich sie danach wieder abholen. Es ging darum, den Kopf frei zu kriegen von den kleinen und großen Sorgen, die mich zu dieser Zeit stark belasteten. Und es hat geklappt.

Linda ist eine erfolgreiche Unternehmerin, die Mitglied in der Geschäftsleitung der Erlebnis Akademie AG in Bad Kötzting ist, ein börsennotiertes Unternehmen, das viele Seminare anbietet und sich auf der ganzen Welt mit Baumwipfelpfaden einen Namen gemacht hat.

Mit Hochseilgärten begann die Erfolgsgeschichte der Firma, erzählt Linda: »Es geht darum, dass Menschen ihre Grenzen erweitern. Wer auf zwölf Metern Höhe seine Angst überwindet, fragt sich danach: Was ist noch alles möglich, wenn du das schaffst? Es geht um das Verlassen der Komfortzone und das Erlernen von neuem Vertrauen in sich selbst! Denn die Kletterer sind ja per Seil mit einem Coach verbunden, ihr Leben liegt in seiner Hand. Die gewonnene Erkenntnis: Die Gefahr und die Angst bestehen vor allem im Kopf, sie sind nicht real.«

Linda gewann gleich am ersten Tag unserer Bekanntschaft mein Herz, als ich als Azubi in der Firma anfing und sie mich ganz herzerfrischend natürlich begrüßte: »Wo ist die Behinderte? Es sollte doch eine Behinderte zu uns kommen.« Es war ihr gar nicht aufgefallen, dass ich mit einem Handicap lebe. Es war auch nie wichtig zwischen uns. Sie hat mich nie spüren lassen, dass an mir irgendetwas fehlerhaft wäre. Im Gegenteil, sie wechselt gern die Perspektive: »Aus meiner Sicht bin ich die Behinderte. Denise kann alles, was ich kann, aber ich kann nicht alles, was sie kann. Sportlich steckt sie mich in die Tasche. Ich habe ein paar Kilos zu viel, nicht sie. Ich keuche, wenn ich Treppen steige – im Gegensatz zu ihr, die locker in den ersten Stock läuft. Bei den Paralympischen Spielen in Rio fuhr ich mit einem hochroten

Kopf auf einem rostigen Hollandfahrrad am Rand der Strecke und versuchte, Denise mit ihrer Rennmaschine zu beobachten. Ein Bild mit Symbolkraft. Im Deutschen Haus an der Copacabana bin ich so vielen Athleten begegnet, die vor Lebensfreude und Fitness nur so strotzen. Wer war da die Behinderte?«

Linda hat recht. Der Stempel »behindert« taugt nicht, er unterdrückt viele Menschen, er wertet sie ab. Er werde den Menschen nicht gerecht, meint Linda: »Wenn ich erzähle, ich habe einen Freund, der ist übrigens behindert, denken die wenigsten Menschen: Wow, was für ein toller Typ. Stattdessen ist Mitleid oft die erste Reaktion. Davon müssen wir wegkommen. Ich gebe viele Seminare, da sehe ich viele Behinderte mit zwei Beinen und zwei Armen: Menschen, die 16 Stunden am Tag arbeiten und nicht wissen, wo ihre Grenze zwischen Beruf und Leben ist, Menschen mit krassem Übergewicht, die kein Rezept dagegen finden, Menschen, die sich immer nur als Opfer fühlen und das ›Immer ich‹ wie ein Papperl auf der Stirn tragen.« Ich war bei der Erlebnis Akademie AG sofort ein vollwertiges Mitglied der Crew. Linda fasste es in ihrer schnörkellosen Sprache zusammen: »Die Behinderte, auf die wir gewartet haben, ist nie gekommen. Es kam nur eine Frau, die eine große Bereicherung für uns war.«

In Rio bei den Paralympics 2016 hat Linda ihr psychologisches Meisterstück abgeliefert. Ich war auf der Bahn wegen angeblichen Windschattenfahrens disqualifiziert worden. In mir brodelte so viel Zorn und Wut über diese Ungerechtigkeit. Ich brach vor Ort in Tränen aus. Vier Jahre harte Arbeit futsch – der Traum vom großen Finale und einer Goldmedaille geplatzt. Linda holte mich aus dem Paralympischen Dorf raus und nahm mich mit in ihr Hotel. Ich brauchte einen Tapetenwechsel. Die Chance, den Kopf wieder frei zu bekommen, und dabei nicht von 100 Leuten angesprochen zu werden und das ganze Desaster immer wieder erklären zu müssen. Ablenkung, um den Gedanken zu verdrängen, dass vier Jahre Training umsonst gewesen waren.

Wir weinten zusammen, wir lachten, wir verdauten die Schmach. Sie zog das Gift der bitteren Enttäuschung aus mir, das Gefühl der inneren Leere aus meinem Körper. Aus dem Zorn haben wir eine besondere Kraft gemacht, die ich bei den verbliebenen Rennen einsetzen konnte. Und es passierte das Unglaubliche: Im Zeitfahren auf der Straße holte ich Silber und im Straßenrennen Bronze. Die Paralympischen Spiele waren gerettet. Seitdem habe ich dieses Gefühl tief in mir eingepflanzt: Was kann mir schon Schlimmes passieren? Es gibt nichts, was mich so umwirft, dass ich nicht daran wachsen könnte.

Das Silberrennen war das beste Rennen meines Lebens – und das nach einem gefühlten persönlichen Weltuntergang eine Woche vorher. Ich bin 20 Kilometer in 30 Minuten und zwölf Sekunden gefahren, also ein Schnitt von ganz knapp 40 Stundenkilometern – mit eineinhalb Beinen. Eigentlich war das Rennen 17 Kilometer zu lang für mich, denn ich hatte immer nur über drei Kilometer trainiert. Dieses Rennen bin ich an diesem Tag für alle gefahren, die an mich geglaubt haben, die gemeinsam mit mir an diesem Ziel gearbeitet hatten, die sich ebenso wie ich aufgeopfert und Stunden über Stunden in mein Training investiert hatten. Ich wollte ihnen endlich etwas zurückgeben, nachdem meine Hoffnung auf eine Medaille in meiner Paradedisziplin zerstört worden war. Es war ein Befreiungsschlag.

Linda, früher selbst eine leidenschaftliche Spinning-Radfahrerin, gibt mir immer wieder neue Motivation. Manchmal sagt sie zu mir: »Stell dir vor, deine toten Verwandten und Freunde sitzen da oben auf einer Bank und schauen dir zu und helfen dir, schieb dich an.« Oder: »Wo andere aufhören, drehst du auf, auch wenn du über den Lenker kotzt.« Sie feilt an meinen Gedanken und Einstellungen. Sie stärkt mich. Ich kenne mich inzwischen, ich weiß, wo der Point of no Return ist, wo ich überpace. Dieser Körperintelligenz muss ich vertrauen, Erfahrung ist in so einer Situation Gold wert. Und dank Linda bin ich auf solche Augenblicke perfekt vorbereitet. Jede Medaille gehört auch ihr. Wenn das Leben mit mir wieder mal »Mensch ärgere dich nicht« spielt, ist sie da. Sie lehrt mich das Gefühl, dass ich mit meinen Talenten, meinem Fleiß, meiner Körperintelligenz alles erreichen kann. Sie stärkt mein Vertrauen in mich selbst.

Lindas Leben ist auch ein Musterbeispiel für Resilienz. Sie ist die Stehaufkraft. Sie redet in ihren Seminaren offen darüber, dass sie Legasthenikerin ist. So wie Bodo Ramelow, der Ministerpräsident von Thüringen. Beide haben sich durchgesetzt. Legasthenie gilt schon lange als keine Schande mehr.

Manchmal coache ich auch Linda. Wir machen uns gegenseitig auf falsche Sichtweisen aufmerksam. Das ist das Geheimnis unserer Freundschaft: Sie ist nie einseitig. Ich kann auch in ihre Seele blicken. Und ihr helfen. So ein gegenseitiges Mentalcoaching gibt es wohl selten. Aber jede Herausforderung hat uns, nachdem der Schmerz nachgelassen hat, noch stärker gemacht. »Resilienz ist die Summe der Erfahrungen, aus denen man lernt und die richtigen Schlüsse zieht«, sagt Linda. »Leider gibt es auch Menschen, die aus ihren Lebenserfahrungen nichts lernen. Immer wieder die gleichen Fehler zu machen ist langweilig, es sollten wenigstens neue sein.« Sie sieht vor allem eine Gefahr für den Aufbau der Resilienz kommender Generationen: »Neben der Überforderung gibt es auch die Unterforderung. Wenn Kinder sich ihren Wohlstand nicht mehr selbst verdienen müssen, hat das weitreichende Folgen. Wenn die Eltern zum 18. Geburtstag einen Neuwagen hinstellen und noch einen Thermomix dazu, führt das nicht zu größerer Selbstständigkeit. Und wenn Uniabsolventen erzählt wird, dass sie auf keinen Fall einen Job unter 100 000 Euro pro Jahr annehmen dürfen und sie das schon wegen ihres Abschlusses wert sind, der auf keiner wesentlichen Lebenserfahrung beruht, ist das nur pervers. So entstehen Realitätsverlust, Anspruchsdenken, Arroganz.«

Ich stimme ihr zu. Wir brauchen beim Heranwachsen unbedingt ein paar Hindernisse auf unserem Weg – nicht so hoch, dass wir daran verzweifeln, aber auch nicht so niedrig, dass wir uns nicht anstrengen müssen. Das Erarbeitete ist viel wertvoller als das Ererbte. Das Abenteuerdenken ist viel wichtiger als das Anspruchsdenken. Ich bin geborgen aufgewachsen, aber hatte keine Helikoptereltern. Zu viel Protektion ist schädigend – Eltern dürfen Kindern nicht die Erfahrung abnehmen, dass es Niederlagen gibt. Das ist Liebe der Eltern, sie nicht vor allem zu schützen, und das bereitet sie auf das Leben vor - Eltern statten dich mit Liebe und Vertrauen aus und schaffen es, dich loszulassen, dich Fehler machen zu lassen und dich deshalb wachsen zu lassen.

MEIN RESILIENZ-TIPP TO GO

Vertraue deinen Fixsternen – deinen Freunden und deiner Familie. Sie sind dein Wegweiser und Energiespender, wenn du nur noch auf Reserve läufst.

Resilienz-Guide **Geborgenheit**

Wer eine liebevolle Kindheit genießen kann, hat gute Chancen, resilient zu werden. Der Familientherapeut Klaus Schneewind von der Ludwig-Maximilians-Universität München beschreibt den Mechanismus im *Geo*-Sonderheft »Die Macht der Familie« so: »Wir machen von klein auf die Erfahrung, dass die Familie uns schützt. Geschwister, Großeltern, Verwandte und vor allem die Eltern sichern unser Überleben. Diese existenzielle Abhängigkeit lässt in uns das Gefühl tiefer Verpflichtung reifen. Vor diesem Hintergrund können Kinder gar nicht anders, als Vater und Mutter zu lieben. Und die Eltern, die über Jahre sehr viel Zeit und Mühe in ihre Nachkommen investieren, erwidern diese Liebe in der Regel.« Welche Art von Familie ist am besten? »Studien zeigen, dass vor allem jenes Familienklima hilfreich ist, das sich so beschreiben lässt: stark positiv emotional, sehr anregend, wenig normativ und autoritär. Dann haben alle Mitglieder die besten Chancen, ein glückliches und erfolgreiches Leben zu führen.«

Auch Petra Gerster hat die Kraft der Familie in einer schweren Krise erfahren. Die bekannte Nachrichtenmoderatorin des ZDF führt seit 22 Jahren um 19 Uhr in den »heute«-Nachrichten souverän und kompetent durch den täglichen Dschungel der Welt.

Als Petra Gerster 30 Jahre alt war, traf sie eine Diagnose wie ein Blitzschlag. Einige Zeit hatte sie schon Rückenschmerzen, die sie erst mal ignorierte. Beim Federballspielen merkte sie dann, dass beim Aufspringen etwas nicht mit ihrer Wirbelsäule stimmte. Sie ließ sich röntgen, die Ärzte schlugen sofort Alarm: Zwei Brustwirbel sahen völlig porös aus. Ein Brustwirbel war eingebrochen und drückte bereits gegen das Rückenmark. »Ich hatte riesiges Glück, dass es entdeckt wurde, denn die Gefahr einer Querschnittslähmung stand im Raum. Ich hatte einen Riesenzelltumor, der sehr gefräßig war. In einer Operation, die 13 Stunden dauerte, wurde mir der Brustkorb geöffnet, weil die OP am Rücken zu riskant gewesen wäre. Aus dem Beckenkamm wurden zwei neue Wirbel geformt und eingesetzt, verankert mit zwei großen Metallplatten und vier großen Schrauben, danach lag ich sieben Wochen im Gipsbett.«

Es war eine Tortur – und eine Meisterleistung der Schulmedizin, für die Petra Gerster bis heute sehr dankbar ist. Sie hielt die OP und die schwierige Zeit danach durch, weil sie die volle Unterstützung der Familie hatte: Ihre Mutter kam täglich zu ihr, ihre Geschwister halfen, ihr Mann kümmerte sich ständig um sie. Sie war nicht allein, sie fühlte sich getragen.

> **»Beim Kampf auf Leben und Tod**
> **gegen den Tumor wäre ich ohne meine**
> **Familie verloren gewesen.«**
> **Petra Gerster**

Petra Gerster überstand die erste große Krise ihres Lebens. Und auch die zweite, als der Tumor Jahre später wiederkam. Auch dabei gab ihre Familie ihr Kraft. Letztendlich hat ihre Resilienz gesiegt.

Sie ist heute demütig und auch ein Stückchen dankbar für diese Erfahrung: »Ich hätte das zwar nicht unbedingt gebraucht, weil es extrem hart war, aber ich hadere auch nicht damit. Letztlich bin ich ein Glückskind, weil ich an der Querschnittslähmung vorbeigeschrammt bin. Ich weiß noch, wie ich mit meinem Mann nach der zweiten Operation in einem Straßencafé in Italien saß und einfach nur glücklich war. Deshalb schaue ich auch mit einem besonderen Gefühl auf Menschen wie Kristina Vogel oder Samuel Koch. Ich weiß nicht, ob ich im Rollstuhl so stark gewesen wäre wie sie, ich glaube es eher nicht.«

Die überstandene Krise hat Petra Gerster auf jeden Fall nicht ängstlich gemacht: »Im Gegenteil, wenn man so etwas durchgemacht hat, fühlt man sich gewappnet für den Rest des Lebens. Ich habe so viel durchgemacht, jetzt möchte ich in Ruhe alt werden. Und ich glaube daran, dass es gut wird.«

Eine intakte Familie ist ein Schutzschirm der Resilienz. Eine versöhnliche Streitkultur, die Übernahme von Verantwortung, Gemeinschaftsfähigkeit – all das kann man in der Familie lernen. Aber es gibt natürlich auch Familien, in denen es wenig Wertschätzung und Achtsamkeit gibt. Können diejenigen, die sich in der Familie gequält und vernachlässigt fühlen, demnach gar nicht mehr aus diesen Verhaltensmustern ausbrechen? Doch, meint der Münchner Professor Schneewind, Eltern und Geschwister würden im Laufe des Lebens zunehmend an Einfluss verlieren: »Der Mensch ist ja ungemein anpassungsfähig. Das ist eine der Erklärungen dafür, weshalb die Familie zwar mächtig ist – aber nicht allmächtig. Prägung im biologischen Sinn, also eine unwiderrufliche Festlegung bestimmten Verhaltens, gibt es nämlich nur im Tierreich.« Wir sind also nicht dazu verurteilt, das Leben unserer Eltern und unserer Verwandten zu kopieren. Und wir können uns unsere Nächsten und Liebsten selbst unter Millionen von Menschen wählen. Das ist ein großer Fortschritt unserer Zeit: nicht nur auf Menschen aus dem engsten Umkreis angewiesen zu sein. Die globale Bandbreite an Freundschaften, die es heute gibt, ist einmalig – und das liegt nicht nur an Facebook, das eher Bekanntschaften als Freundschaften fördert.

Wolfgang Krüger: Freundschaften sind Seelengold

Wohl dem und wohl der, die Freundinnen haben. Tragfähige und belastbare Freundschaften sind ein ganz wichtiger Resilienzfaktor, darin ist sich die Wissenschaft einig. »Die innere Verbundenheit mit liebenswerten anderen Menschen erhöht die Resilienz ganz wesentlich. Freundschaften sind Seelengold, eine wichtige Grundlage für Widerstandsfähigkeit.

Was uns kaputtmacht, ist Einsamkeit, das Auf-sich-selbst-zurückgeworfen-Sein. Gute Freundschaften führen zu einer ungeheuren Entspannung und Stärkung«, sagt Wolfgang Krüger, Deutschlands bekanntester Freundschaftsforscher. Der Berliner Psychologe lebt seine Botschaft, er trifft sich seit 40 Jahren mit seinem ältesten Freund einmal in der Woche zu einem festen Termin. »Diese Verbindlichkeit ist für uns wertvoll, ebenso wie der unkomplizierte vollständige, tabulose Gedankenaustausch. Es ist eine zweite Kraftquelle neben der Familie, die ja die Ursuppe ist. Intakte zwischenmenschliche Bindungen sind seelischer Rückenwind, sie machen uns größer und stärker.«

Kann man in jedem Alter noch Freundschaften schließen? Aber ja, meint Krüger, der 72 Jahre alt ist. »Entscheidend sind die Neugierde, die Aufgeschlossenheit und das arglose Zugehen auf interessante Menschen, die Lust an der Verknüpfung und am Dazulernen. Freundschaft stärkt das seelische und körperliche Immunsystem. Menschen mit guten Freundschaften leben länger und sind erheblich gesünder. Zehn bis 20 Prozent der Menschen haben leider gar keine Freundschaften. Ab 45 Jahren geht bei der Hälfte der Bevölkerung die Luft aus, neue Freundschaften zu finden.«

Wolfgang Krüger meint damit Herzensfreundschaften, nicht nur Funktionsfreundschaften, wo der eine dem anderen nützt: »Das sind Freundschaften, in denen der eine alle Peinlichkeiten und Schwachstellen des anderen kennt. Menschen, die man, wie Marlene Dietrich gesagt hat, nachts um drei anrufen kann, wenn einem ein Schatten auf der Seele liegt. Diese Herzensfreundschaften haben eine Haltbarkeit von durchschnittlich 30 Jahren, das ist ungefähr doppelt so lang, wie Ehen im Durchschnitt halten.«

Das Konzept Freundschaft als Lebensstärkung für alle Menschen ist übrigens historisch gar nicht so alt, erklärt Wolfgang Krüger: »Zu Goethes Zeiten hat man Frauen die Freundschaftsfähigkeit abgesprochen, weil sie sich angeblich nicht über wichtige Themen wie Politik und

Philosophie unterhalten konnten. Diese dumme Vorstellung ist passé. Heute haben zwei Drittel aller Frauen eine beste Freundin, aber nur ein Drittel aller Männer einen besten Freund. Und das sind oft Kumpelbeziehungen, in denen man sich die gegenseitigen Erfolge erzählt, aber oft nicht zum Eingemachten vordringt. Frauen tun sich deutlich leichter damit, Hilfe zu beanspruchen und zu geben. Wenn sie in eine Krise geraten, ist es für sie nicht ehrenrührig, Schwäche zu zeigen. Bei Männern ist das anders, sie verstecken das, reden nicht darüber. Einer der Gründe dafür, dass sich doppelt so viele Männer wie Frauen das Leben nehmen.«

Für Wolfgang Krüger, der schon früh in seinem Leben an einer schweren Rückenkrankheit litt und nie in Selbstmitleid versank, weil er seine anderen Ressourcen stärkte, sind Freundschaften eine wunderbare Voraussetzung für Resilienz: »Es ist eine zweite Verwurzelung, die dadurch besonders wertvoll ist, dass wir sie selbst aussuchen. Freundschaften ergänzen die Persönlichkeitsbildung in der Familie. In diesem Rahmen sollten Kinder lernen, dass sie dem Leben eher als Herausforderung begegnen sollten, statt darüber zu klagen. Kinder werden durch Anstrengung resilient, nicht durch Verschonung. Sie brauchen aber auch Verwurzelung, zum Beispiel durch Großeltern. Diese können oft besser zuhören und bestätigen als die Eltern und sind eine eigene Kraftquelle, einer der stärksten Schutzschilde gegen Krisen. Es ist nichts Spektakuläres, was sie anbieten, aber in der Küche zu sitzen und der Oma beim Kochen zuzuschauen, die ruhige Stimme des Opas zu hören, das speichern viele als große Beruhigung in ihrem Leben ab.«

Die Warmherzigkeit von Großeltern ist durch nichts zu ersetzen. Sie entlasten die Eltern, sie haben fast immer Zeit, sie sind immer da. Inzwischen gibt es sogar Zeitschriften wie *Oma*, die sich ihren Talenten und ihrer wohltuenden Lebenserfahrung widmet. Die meisten sind nicht gebrechlich, sondern wirken fit. Die sogenannten Silver Ager oder Best Ager strahlen eine enorme Lebensfreude aus. Mittlerweile wird der Wert der Großeltern für die Kindererziehung eifrig erforscht. »Die positiven Emotionen und das liebevolle Umsorgen bilden für Kinder ein Nest mit absoluter Geborgenheit. Für die Großeltern wirkt es wie ein sozialer Jungbrunnen. Die Älteren sehen den Umgang mit den Jungen zunehmend als Chance, Neues dazuzulernen«, sagt Roswitha Sommer-Himmel, Professorin für Pädagogik mit dem Schwerpunkt Kindheit an der Evangelischen Hochschule Nürnberg.

In der Liste der Vorbilder stehen Großeltern häufig auf Rang zwei, direkt hinter den Eltern. In den meisten Fällen sind sie absolute Sympathieträger. »Für viele Kinder sind die Großeltern der Schlüssel zur Familiengeschichte. Kinder wollen wissen, wo sie herkommen, wo ihre Familie herkommt. Darüber hinaus hat die ältere Generation eine ausgleichende Funktion. Erziehen Eltern ihre Kinder streng, sind die Großeltern nachsichtiger und umgekehrt«, sagt Anton A. Bucher, Professor für Religionspädagogik an der Universität Salzburg, der ein Buch über die Psychologie der Großelternschaft geschrieben hat.

Wo wären wir ohne die vier Milliarden Stunden Zuwendung, die 21 Millionen Großeltern Berechnungen zufolge 2019 ihren Enkeln schenkten? Laut einer Studie des Deutschen Jugendinstituts fühlen sich 91 Prozent der Großeltern ihren Enkelkindern eng oder sogar sehr eng verbunden. »Intimität auf Distanz«, nennt das der Familiensoziologe François Höpflinger von der Universität Zürich.

Andere Länder sind uns übrigens mit einem eigenen Großelterntag, der jetzt in Bayern eingeführt wurde, schon lange voraus. Der ehemalige US-Präsident Jimmy Carter rief 1978 den ersten Großelterntag aus. In Spanien, Portugal, Polen, Frankreich und der Schweiz wird der Grundgedanke der Großelterntage schon lange gelebt. Die Schätze der Älteren dankbar zu bewahren und trotzdem für jede Generation Neues zu entwickeln, darum geht es.

3. Selbstwirksamkeit:
Aktivität – der Schlüssel zu (m)einem selbstbestimmten Leben

Der Begriff Selbstwirksamkeit beschreibt das kostbare Gefühl, sich selbst etwas erarbeitet zu haben. Nicht ausschließlich auf die Hilfe anderer angewiesen zu sein. Wie kann man das erreichen? Durch Agieren, nicht bloßes Reagieren. Aktivität ist heilsam, sie schützt uns vor dem Gefühl, zu erstarren oder einfach überrollt zu werden von den Ereignissen. Selbstwirksamkeit gibt uns Macht zurück. Passivität hingegen macht uns ohnmächtig. Diese Ohnmacht kann sehr schnell zu einem Strudel werden, der uns nach unten zieht. Umso wichtiger ist es, wieder das Gefühl zu erlangen, das eigene Leben in den Händen zu halten und mündig zu sein.

Es wird immer Situationen geben, in denen man das Gefühl hat, vor einer Mauer zu stehen. Die Hände sind einem scheinbar gebunden, das Leben hat wieder eine Aufgabe gestellt, die unüberwindbar scheint. Aber genau in diesen Momenten ist es wichtig zu verstehen, dass das Leben wellenförmig verläuft. Wir müssen lernen, auf dieser Welle zu surfen, aber ebenso, wieder aufzutauchen, wenn sie uns zum Stürzen bringt und nach unten saugt. Das ist eine lebenslange Aufgabe.

Als ich 2020 vor der Weltmeisterschaft plötzlich eine Entzündung im rechten Bein bekam, kurz vor meiner Olympiaqualifikation, war das genau dieser Moment, wenn die Welle über einem zusammenschlägt. Ich musste mit dem Training aussetzen. Je länger ich nur eingeschränkt trainieren konnte, umso mehr schwand meine Form und damit meine Aussichten für die Qualifikation. Das konnte ich nicht mehr einfach weglachen. Eins war jedoch klar: Wenn ich jetzt innerlich aufgäbe, dann hätte ich sicher verloren. Wenn ich kämpfen würde, dann hätte ich immer noch eine Chance, auch wenn sie deutlich kleiner wäre als vor der Entzündung. In mir erwachte der Kampfgeist: Das konnte es doch nicht gewesen sein!

Mit Magnetwellen, Kurkuma und hochkonzentrierten Ananasenzymen stärkte ich meinen Körper, setzte mich in den Erholungsphasen in den Rollstuhl. Kämpfe, Denise, kämpfe, sagte ich mir selbst immer wieder. In dieser Situation war mir eigentlich oft zum Heulen zumute, aber ich wollte vor mir selbst bestehen: alles versuchen, das Unmögliche möglich machen. Das Bein besserte sich langsam, so dass ich schon mal zur Weltmeisterschaft fliegen konnte.

Am Morgen des Wettkampftages spürte ich in mir unendliche Dankbarkeit dafür, an die Startlinie gehen zu können. »The body follows the mind« – das ist ein Mantra, das mir Linda im Mentaltraining beigebracht hat. Dass mir mein Körper nach wochenlangem Kampf mit der Entzündung diese Chance schenkte, war auch das Ergebnis meiner mentalen Einstellung. Natürlich wusste ich, dass mir die Entzündung einen Strich durch die Rechnung machen konnte, aber jeden einzelnen Tag bis zur Weltmeisterschaft tat ich alles mir Mögliche, um die Heilung zu unterstützen. Auch wenn es mich fast verrückt machte, nicht im vollen Umfang trainieren zu können, wusste ich ja, was ich all die Wochen und Monate vorher geleistet hatte. Ich kannte mein Potenzial. Ich musste lernen, meinem Körper zu vertrauen und mich in Geduld zu üben.

Ein Drahtseilakt zwischen Ruhe, der Angst zu versagen und dem Mindestmaß an Training, um die Wettkampfform irgendwie zu halten. Jeden Tag entschied ich mit meinem Coach aufs Neue, ob Training möglich war. Ich sprach mich mit den Ärzten ab, wie weit ich gehen konnte. Und ich horchte in mich hinein. Meine eigenen negativen Stimmen wie »Das Ding ist eh gelaufen« und »Das schaffst du nicht« packte ich gedanklich in eine Kiste und stellte sie zur Seite. Ich konzentrierte mich nur noch auf das Hier und Jetzt. Darauf, aus der gegebenen Situation das Bestmögliche herauszuholen und meinem zweiten Mantra treu zu bleiben: »It's not over 'til it's over«, frei übersetzt: »Abgerechnet wird immer am Ende.«

Als ich am Abend vor dem alles entscheidenden Wettkampf im Bett lag, spürte ich eine innere Ruhe in mir. Trotz aller schwierigen Umstände hatte ich es hierher nach Kanada geschafft. Ich konnte mir nichts vorwerfen. Ich hatte alles mir Mögliche getan. Dass ich das kleine Finale am Abend darauf für mich entscheiden konnte und Bronze gewann, war einer meiner schönsten Siege über mich selbst. Meine Einstellung hatte darüber entschieden, dass ich mich von nichts und niemandem aufhalten ließ. Diese Medaille fühlt sich bis heute in meinem Herzen wie Gold an. Mein Paralympics-Ticket für Tokio war gelöst. Weil ich mich nicht hatte entmutigen lassen.

Auch während der Corona-Krise, die alle völlig unverschuldet und unvorbereitet getroffen hat, geht es darum: Lasse ich mich hängen und sitze auf dem Sofa, oder werde ich kreativ und bleibe mein eigener Strippenzieher? Die Alternative zum Aktivwerden ist der Strudel der Untätigkeit, des Erduldens, der einen nach unten zieht.

Als behinderter Mensch ist man kritische Situationen gewohnt, für uns gibt es kein Leben von der Stange. Der Eigenanteil an unserem geschaffenen Lebensglück ist hoch. Wenn ich einen beschwerdefreien Alltag haben will, muss ich ihn mir erarbeiten. Wenn ich nicht trainieren würde, hätte ich ständig Rückenschmerzen, und der linke Fuß, mit dem ich etwas unrund laufe, wäre noch weniger belastbar. Der Körper ist ein Organismus, in dem alles von allem abhängt. Fußschmerzen wandern nach oben. Kopfschmerzen können aus dem Nacken oder der Schulter kommen. Ohne Training könnte ich keine Berge hochlaufen, was ich so gern tue. Hoch geht bei mir immer, nur beim Abstieg nehme ich die Gondel, weil mein Sprunggelenk diese Belastung gar nicht mag. Aber ich lasse mich davon nicht abhalten, Gipfel zu besteigen. Das ist für mich Selbstwirksamkeit pur. Ich bin eine leidenschaftliche Aufsteigerin – im wörtlichen und übertragenen Sinne.

Mein Mann Sascha übrigens auch. Zum Junggesellenabschied organisierte er eine Tour auf den Kilimandscharo. Davon zehrt er bis heute. Schweiß ist Gold. Er war zeitweise wegen der Sauerstoffprobleme nicht mehr ansprechbar und fühlte sich, als ob er den Mond besteigen würde, weil er keine Luft mehr bekam. In Minischritten schaffte er es trotzdem auf den Gipfel. Chapeau, Chéri.

Selbstwirksamkeit heißt für mich, die Fäden in der Hand zu haben, keine Marionette zu sein. Anders gesagt: ein Subjekt sein, sich nicht zum Objekt machen lassen. Je mehr positive Erfahrungen man macht, umso mehr traut man sich zu. Und wenn man etwas nicht schafft, hat man es wenigstens versucht. Das Gefühl, es gar nicht ausprobiert zu haben, ist für mich viel quälender, als zu scheitern. Und sich für etwas zu schinden ist zumutbar – mein Name, Schindler, ist da sicher Programm.

Das Leben ist unser Lehrmeister, wir sind die (Krisen-)Manager. Im Kampf mit den eigenen Grenzen lernen wir oft am meisten. Es macht stolz, wenn man an den eigenen Ängsten wachsen kann. Ab und zu sollte man Anlässe dazu schaffen, um sich hinterher selbst auf die Schulter zu klopfen. Dafür, dass man in der Persönlichkeit wieder ein paar Zentimeter gewachsen ist. Manchmal tun es auch Millimeter. Lernen statt lähmen, darum geht es. Die Ängste schrumpfen, der Mut wächst. Das Gefühl, die Zügel in der Hand zu haben, selbstbestimmt zu sein, eigenverantwortlich zu entscheiden, ist durch nichts zu ersetzen. Oder in der Sportlersprache: einfach geil.

Die Lust, nicht an der Hand genommen zu werden und frei herumzutollen, war bei mir früh angelegt. Es hat viele Vorteile, in einem bayerischen Dorf aufzuwachsen. Die Natur liegt vor der Haustür, es gibt keine Reizüberflutung, jeder kennt jeden. In meinem Fall hatte es allerdings einen großen Nachteil: Ich war das einzige behinderte Mädchen weit und breit. Neben mir gab es nur noch einen Jungen mit einem nicht vollständig ausgebildeten Arm. Ich war die Außerirdische, das spezielle Mädchen. In der Grundschule hatte ich noch keine Probleme, aber der Übertritt ins Gymnasium war hart für mich. A punch in my face! Ich wurde nicht zum ersten Mal gehänselt, aber das erste Mal wurde mir schlagartig bewusst, dass ich anders war. Ich war in keiner der herrschenden Cliquen, die Jungs belächelten mich: Was ist das denn für eine? Oder riefen mir fiese Sachen nach. Sie wollten mich zu ihrem Opfer machen, auf dem sie herumtreten können, aber den Gefallen tat ich ihnen nicht.

Plötzlich war ich ganz allein, denn meine Freundinnen aus der Grundschule waren nicht mit auf das Gymnasium gewechselt. Ich war das einzige Mädchen aus meinem Jahrgang, das auf die höhere Schule wechselte. Schon krass, wie brutal so ein Schulwechsel ist. Auf dem Gymnasium war ich außen vor. In meiner alten Clique galt ich auf einmal als die, die sich für etwas Besseres hielt – und das bedeutete Ausgrenzung. So verlor ich meine Bezugspersonen außerhalb der Familie.

Für mich war es ein Weltuntergang. Ich fühlte mich ungeliebt, zurückgewiesen. Ich zog mich von allen zurück. Es dauerte lange, bis ich mich wieder öffnete. Nicht auffallen, dann kannst du nicht reinfallen, so dachte ich. Es war auch das einzige Jahr, in dem in meinem Abschlusszeugnis stand: »die ruhige, stille Schülerin«. Das sollte sich später nicht mehr wiederholen. Mit der Zeit gewann ich wieder an Selbstvertrauen, und in meinen Zeugnissen war nur noch von der »extrovertierten Schülerin« die Rede. Mein Weg war eben immer von Entwicklung geprägt, meine never ending story. Und mein Mundwerk war gut entwickelt.

Die Handicaps konnte ich natürlich nicht wegzaubern. Ich war immer die Langsamste. An meiner Grundschule in Walderbach war ich im Sportunterricht die Letzte. Aber ich wollte nicht daneben stehen, sondern mitlaufen. »Dabei sein ist alles« – das olympische Motto hatte ich damals verinnerlicht, ohne es gekannt zu haben. Einmal brach das Fußgelenk der Prothese durch, und der Hausmeister nahm mich huckepack. Ich lief den anderen immer hinterher, oder besser gesagt, humpelte ihnen hinterher. Oft wurde ich bei Wettläufen überrundet. So ist das eben, und damit muss man klarkommen. Nicht so einfach, das kratzt bei jedem Teenager am noch nicht vollständig entwickelten Selbstwertgefühl.

Auf dem Gymnasium wurde Fußball gespielt, ich war mit Begeisterung dabei und spielte so, als ob ich mir ein Bein für mein Team ausreißen wollte. Manchmal wortwörtlich. Kuriose Szenen passierten: Da flog schon mal meine Prothese durch die Turnhalle, und ich lag in einer Ecke. Ich hatte voll durchgezogen, um den Ball gut zu treffen, meine Prothese, die damals noch durch ein Schnursystem befestigt war, riss. Ich lag am Boden und lachte erst mal lauthals. Die Situation hatte ja auch eine Komik. Dann stimmten die anderen mit ein. Diese Reihenfolge war wichtig, denn hier ging es ganz offensichtlich nicht ums Auslachen, sondern ums Miteinanderlachen. Humor ist wichtig im Leben. Ganz besonders mit einer Behinderung. Es ist nicht immer alles leicht, und manchmal möchte man vielleicht die Prothese doch ganz gern in die Ecke feuern. Da kann ein Witz über sich selbst die Situation wieder entspannen. Auch im Miteinander mit Nichtbehinderten.

Dass ich keine Fußballnationalspielerin werden würde, war mir klar. Aber ich ließ mich von solchen kleinen Missgeschicken nicht entmutigen. Mein Vater brachte mir das Skifahren bei, aber auch da flog ich manchmal aus dem Schlepplift, wenn sich die Prothese verdreht hatte. Sport war für mich zwar kein Mord, aber es war auch keine pure Freude: Das Herz ging mir dabei nicht auf. Der Schulsport und ich waren absolut keine besten Freunde. Ich wurde als Letzte in Teams gewählt und für Niederlagen verantwortlich gemacht. Es war ja nicht nur der amputierte Unterschenkel, ich hatte auch Schmerzen im linken Sprunggelenk. Unbeschwert mitmachen war für mich ein Ding der Unmöglichkeit.

Auch die Lehrer gingen nicht gerade sensibel mit mir um. Damals hatte das Wort Inklusion noch nicht Eingang in die Lehrpläne gefunden. Meine Lehrer waren schlicht und einfach oft hilflos und pädagogisch überfordert. Nach einer OP am linken Fuß, bei der meine schmerzenden Krallenzehen korrigiert werden mussten, damit ich weiterhin gehen konnte, verließ ich das Krankenhaus mal wieder nach Ferienende. Am ersten Schultag kam ich deshalb auf Krücken in die Schule. Ein Lehrer, der stellvertretender Schuldirektor war, fragte mich grinsend im Klassenzimmer vor allen anderen Mitschülern: »Na, wie ist die Schönheitsoperation gelaufen?« Es war ein heftiger Eingriff, die Bemerkung mehr als geschmacklos. So ein Spruch wäre schon unter vier Augen ein Übergriff gewesen, aber vor der ganzen Klasse war es umso demütigender. Klar, dass da gefeixt und gelacht wurde.

Meine Eltern waren empört und stellten ihn zur Rede. »Lass dir nichts gefallen, du musst so etwas nicht schlucken« – das war ihre Botschaft an mich. Danke, Mama und Papa. Mit mir nicht! Das strahlte ich jetzt aus. Auch wenn ich mir den Respekt erst hart verdienen musste.

Der nächste solche Vorfall mit einem Lehrer war in der siebten Klasse in meinem, Achtung Ironie, Lieblingsfach: Sport. Wir Schüler wurden in zwei Gruppen aufgeteilt: Die eine hatte 15 Mitglieder, die andere 14. Ich war in derjenigen mit 15 Schülern. Das sei kein Nachteil für die anderen, die eine Gruppe sei ja behindert, kommentierte der Lehrer. Ich bin komplett ausgerastet und sagte ihm, wenn er sich noch mal so äußere, würde ich sofort zum Direktor gehen. Da war für mich einfach Schluss. Eine Grenze war überschritten. Dieses Verhalten konnte und wollte ich mir nicht bieten lassen. Mein Aufbäumen hatte aber auch etwas in Gang gesetzt. Ich glaube, erst dadurch hat mein Sportlehrer begriffen, was er da gesagt hatte. Dass sein Verhalten ein No-Go war. Rückblickend muss ich sagen, dass ich ihm nicht allein die Schuld gebe. Man muss den Lehrern schon im Studium das richtige Handwerkszeug mit auf den Weg geben. Natürlich entschuldigt das sein Verhalten nicht. Aber ich bin überzeugt, wenn Lehrer im Studium Beispiele und Lösungen an die Hand bekommen, generell eine bessere pädagogische Ausbildung, auch für das Gymnasium und für das Thema Inklusion, ist nicht nur den behinderten Kindern geholfen, sondern allen. Dann lernen wir einen natürlichen Umgang miteinander.

Der Lehrer lebt den Schülern schließlich vor, wie man mit dem Thema umgeht. In diesem Fall mit meiner Behinderung. Ist er locker und entspannt und lehrt, wie Sport und Behinderung zusammengehen können, greifen die Kinder es auf und tragen es weiter in ihr späteres Leben und ihren (Berufs-)Alltag. Wie umgehen mit jemandem, der nicht alles kann? Viele Lehrer brauchen da Nachhilfeunterricht.

Dabei hatte ich nichts dagegen, voll gefordert zu werden. Ein Biologielehrer mit dem schönen Namen Schleifer nahm mich immer wieder dran, aber dadurch lernte ich die Kunst des freien Vortrags. Und schrieb eine Facharbeit über Nährstoffbilanz – Grund- und Leistungsumsatz. Im praktischen Teil führte ich Leistungstests mit Probanden am Fahrrad durch. Ein schöner Vorgriff auf meine sportliche Karriere, von der ich damals nicht den blassesten Schimmer hatte.

Ich war ein Wuselkind, das immer Action wollte. Ich habe immer viel gejobbt und ganz früh mein eigenes Taschengeld verdient. Ich habe an Bordsteinen Unkraut entfernt. Ich habe Elektrokästen auseinandergebaut und Unimogs abgeschliffen. Ich habe gekellnert und mit 16 schon in einem Fitnessstudio gearbeitet. Aber – man mag es heute kaum glauben – ich war unsportlich, und das hatte natürlich seine Gründe. Mit dem Radfahren konnte ich auch erst mal wenig anfangen. Mein Vater hatte mir zwar früh einen Drahtesel gekauft; ich lernte auf Stützrädern. Aber das Fahrrad wurde nicht mein Freund. Das lag wohl auch daran, dass wir auf einem Berg wohnten. Mit einer Steigung von rund 14 Prozent. Das bedeutete: Nach oben musste ich schieben. Die einzigen schönen Ausflüge mit dem Fahrrad machte ich damals mit meinem Großeltern am Bodensee, aber im Vergleich zu heute doch eher im Schneckentempo. Wenn mir jemand gesagt hätte, dass aus mir mal eine Weltmeisterin auf dem Rad wird, hätte ich ihn für verrückt erklärt.

In der Pubertät ist, Behinderung hin, Behinderung her, natürlich jeder unsicher. Alle Mädchen wollen möglichst nicht auffallen und am besten jedem gefallen. Vor allem natürlich auch den Jungs in der Clique. Klar, dass es da als behindertes Mädchen so einige Stolpersteine gab. Die ersten Schmetterlinge im Bauch bekam ich im Autoscooter auf dem Dorffest. Das erste Verliebtsein wurde aber auch schnell ausgebremst. Nach nur ein paar Wochen machte mein Schwarm mit mir Schluss, weil er mit meiner Behinderung nicht klarkam. Auch wenn er es mir nicht ins Gesicht gesagt hat, wusste ich es. Damals kaschierte ich die Prothese nach außen hin immer. Die Jungs in meinem Alter fanden sie eher eklig. Keiner schrie da: Die hat eine Prothese, oh wie cool! Sie war alles andere als cool.

Rückblickend muss ich wirklich den Kopf schütteln, wenn ich daran denke, was ich mir zum Teil anhören musste. Einer riet mir, ich solle mir den Höcker auf meiner Nase, ein Markenzeichen von mir, operieren lassen. Und das energische Schumacher-Kinn dazu. Ich habe ihn sofort abserviert. Irgendwann war auch mal Schluss mit lustig, ich ließ mir nicht alles bieten. Und der Höcker auf der Nase und das »so markante« Kinn blieben.

Mit 14 Jahren hatte ich meinen ersten festen Freund. Ich war also sicherlich kein Spätzünder, kein Mauerblümchen. Wir waren zweieinhalb Jahre ein Paar, bis ich Schluss gemacht habe, weil die Beziehung keinen Sinn mehr ergeben hat. Sicherlich habe ich ein paar Männerherzen gebrochen, und darauf bin ich nicht stolz. Aber es gehörte zum Erwachsenwerden dazu. Ebenso wie von Jungs abgelehnt zu werden.

Mit Beginn der siebten Klasse schlugen endlich die Gene meiner Mutter durch, und ich begann mich zum ersten Mal als richtig weiblich zu empfinden. Als kleines Kind sah ich aus wie ein Junge und trug einen wenig vorteilhaften Kurzhaarschnitt – praktisch, aber nicht lieblich. Ich war damals alles außer hübsch. Glücklicherweise hat sich dann doch noch die DNA meiner Mutter durchgesetzt, und ich wurde auch äußerlich immer mehr zur Frau.

Befreiungsschlag Führerschein

Mit der baldigen Volljährigkeit galt mein Fokus ganz den vier Rädern. Den Führerschein zu machen, ein Auto fahren zu können erschien mir als Inbegriff der Freiheit. Endlich aus dem Dorf rauskommen. Mobil sein. Die Möglichkeit, meine Wege selbstständig zu beschreiten oder besser gesagt zu befahren. Die Vorfreude war groß.

Aber ich kollidierte sofort mit der deutschen Bürokratie. Weil Amputierte nicht einfach so Auto fahren dürfen, musste erst ein ärztliches Gutachten her. Dafür sollte ich sogar neue Röntgenaufnahmen auf eigene Kosten machen lassen. Ich fand das dreist und eine Einladung zur Körperverletzung, denn jeder weiß, dass Röntgenstrahlen gefährlich sind. Und außerdem gab es aufgrund meiner Krankengeschichte genug davon. Mein Bein hatte sich ja nicht wesentlich verändert. Ich rebellierte dagegen und siehe da, der TÜV akzeptierte es. Man muss sich nicht alles gefallen lassen. Widerstand lohnt sich (fast) immer. Selbst wenn ich den Kürzeren ziehe: Ich habe dann zumindest das Gefühl, alles gegeben und für meine Überzeugungen eingestanden zu haben.

Aber mein Kampfgeist wurde weiter gefordert. Ich durfte nur an einem Automatikauto lernen. Ein Irrsinn, wenn man bedenkt, dass ich rechts amputiert bin. Man traute mir also das Kuppeln mit dem gesünderen Fuß nicht zu, aber das Gasgeben und Bremsen mit der Prothese schon. Meine Fahrschule im Dorf hatte natürlich kein Automatikauto. Also bauten meine Eltern den VW Lupo, der für mich vorgesehen war, für mehrere tausend Euro um. Ich bestand die Prüfung. Danach wurde mir angeboten, den Führerschein noch mal zu machen – für Autos mit Gangschaltung. Ich war stinksauer. Warum nicht gleich? Es war eine einzige Schikane, eine Geldmacherei. Ich wäre dem Fahrlehrer fast ins Gesicht gesprungen.

Aber meine Emotionen waren unwichtig, auf das Ziel kam es an. Impulskontrolle ist ein wichtiger Teil der Resilienz. Ich wusste, wie wichtig es in meinem Job als Eventmanagerin sein würde, alle möglichen Autos fahren zu können. Und das Angebot an Automatikautos ist nun mal deutlich geringer. Es half also nichts: noch mal Fahrstunden mit einem Auto mit Gangschaltung und eine erneute Prüfung, bis ich endlich wie jede andere 18-Jährige einen ganz normalen Führerschein ohne Sonderauflagen hatte.

Eine Gefahr bin ich für niemanden geworden. Bis zum heutigen Tag bewege ich mich zügig und sicher durch den Verkehr. Ein Auto zu haben, mit dem ich auch zu Rennen fahren kann, ist für mich essentiell. Schließlich reise ich immer mit zwei Rädern an. Oft fahre ich zu Trainings- und Wettkampfstätten gut 600 Kilometer und mehr. Und nach einem Rennen auch wieder zurück. Ein paar Schutzengel hatte ich dabei schon. Heute melden sie sich auch hörbar zu Wort. Wenn ich müde werde, sagen mir die modernen Assistenzsysteme im Auto, dass ich eine Kaffeepause machen soll. Oder auf einen Parkplatz fahren. Sekundenschlaf ist eine Gefahr, die ich ernst nehme. Auch weil ich weiß, dass sich in einer Sekunde alles ändern kann.

Noch wichtiger als der Führerschein und meine Mobilität waren für meinen Weg aber andere Errungenschaften. Ich wollte unbedingt mein Abitur machen, um die große Freiheit zu erlangen und alle beruflichen Optionen zu haben. Das Prinzip Selbstwirksamkeit prägte auch damals schon mein Leben: Man darf sich seine Träume nicht aus der Hand nehmen lassen, auch nicht von den eigenen Eltern. Mein Vater wollte mich zu einer Bankkauffrau machen, da wäre ich als Freigeist eine grandiose Fehlbesetzung gewesen. Gut gemeint ist nicht gut gemacht. Ich lehnte ab. Ich hätte studieren können, aber das wollte ich erst einmal nicht. Meine innere Stimme sagte Nein. Stattdessen wollte ich einen Beruf lernen, für den ich mich absolut begeistern konnte. Eventmanagement, das war es. Veranstaltungskauffrau war ein ganz neuer Beruf.

Raus aus der Komfortzone: Sich der Angst zu stellen erhöht dein Depot an Mut und Stärke

Während meiner Ausbildung bei der Erlebnis Akademie AG konnte ich mich ausprobieren und verlor meine Ängste. Zum Beispiel bei der ersten Mutprobe im Hochseilgarten: Ich zitterte und dachte, das gehe doch nicht mit einer Prothese, aber natürlich ging es. Die zentrale Erkenntnis meines Lebens – dass Behinderung vor allem im Kopf ist – wurde hier mit allen Sinnen bestätigt. Und wenn sie im Kopf ist, kann man sie beseitigen. Jeder, der in der Firma arbeitete, musste diesen Hochseilgarten bewältigen. Es war gut, dass ich keinen Behindertenbonus bekam. Mein erster Gedanke war jedoch: Da komm ich nie hoch. Aber mein Chef Bernd akzeptierte das einfach nicht: »Du machst das, du kannst das, du probierst das.« Was für ein Dreiklang. Da blieb mir keine Wahl, und ich wurde quasi zu meinem Glück gezwungen.

An Steigeisen hangelte ich mich hoch, zehn Meter waren erst mal zu überwinden. Nach sechs Metern war ich erschöpft, aber ich konnte nicht mehr zurück. Ich war zwar angegurtet und hätte mich fallen lassen können. Aber im Kopf war die Angst vor dem Fallen riesengroß. Irgendwie habe ich es geschafft, oben anzukommen. Wir haben offenbar Ressourcen in uns, von denen wir nichts ahnen.

Danach sollten wir über ein Seil balancieren. Meine Freundin ging voraus. Ich ging im Kopf alle möglichen Ängste durch, die berechtigten und die eingebildeten. Dass meine Freundin vorausging, schenkte mir Vertrauen und ließ mich damals über mich selbst hinauswachsen. Heute weiß ich: Mut ist die Überwindung von Angst. Die Angst ist die größte Behinderung, die wir haben können, sie hält uns von so viel ab. Ich bin meinem damaligen Chef heute noch dankbar, dass er mich förmlich dazu gezwungen hat. Er hat in mir frühzeitig das Potenzial gesehen, das ich dann entfalten konnte.

Auch deshalb machte ich dann dort meine Ausbildung als Veranstaltungskauffrau. Ich war der erste Azubi dieser Firma. Es war genau mein Ding. Meine Behinderung stand mir nicht mehr im Weg. Ich plante Teamtrainings, führte die Teilnehmer durch den Tag, verlor dabei meine Unsicherheiten. Mein Selbstbewusstsein wuchs mit jedem Tag. Weil ich etwas Sinnvolles bewirken konnte. Und ich Teil eines gleichberechtigten Teams war, das mich nie spüren ließ, dass ich ja nur eine Behinderte sei. Und ich mit den Herausforderungen auch immer wieder aus meiner Komfortzone rausgehen musste. Die gewohnte sichere Routine verlassen. Neue Aufgaben annehmen und über mich hinauswachsen.

Der Hochseilgarten wurde von sehr vielen Firmen gebucht. Es ging um das Gruppenerlebnis, das Teambuilding. Dass einer vom anderen abhängig ist, dass alle an einem Strang ziehen, dass es auf jeden ankommt – das kapiert man nicht in der Theorie. Im Alltag vergessen wir das allzu oft, aber hier war es notwendig, um voranzukommen. Ohne Zusammenhalt ging nichts. Aber es ging auch darum, raus aus dem Bürotrott zu kommen, die Automatismen des Alltags zu vergessen, sich auf ein Mikroabenteuer einzulassen. Ich leitete die Gruppen an, wir schossen mit Pfeil und Bogen, bauten Brücken, eroberten Burgen. Wir wurden dabei wieder zu spielenden Kindern. Das innere Kind, das vielen im Ernst des Lebens verloren gegangen war, grinste wieder über alle Backen. Und die verschiedenen Charaktere wurden deutlich: die Anpacker, die Vorpreschenden, die Macherinnen, die Abwarter, die Mitläufer, die Saboteure, die Zuschauerinnen. Hier habe ich viel Menschenkenntnis mitgenommen, von der ich bis heute zehre.

Die Tatsache, dass ich auf einmal vor 100 Leuten sprechen musste, darunter auch Vorstände, und renommierte Firmen beim Teambuilding in der Natur angeleitet habe, hat mich für mein weiteres Leben bestens ausgestattet. Beim ersten Mal starb ich ehrlich gesagt 1000 Tode, aber danach ging es immer besser, immer flüssiger, immer lockerer. Als Eventmanagerin ist man auch Krisenmanagerin. Ständig passieren unvorhergesehene Dinge. Man muss blitzschnell reagieren und aus dem Effeff improvisieren. Viele der Events basierten auf meinen Ideen, die ich zusammen mit den Kunden entwickelte, ich durfte sie gestalten. Das war für mich Selbstverwirklichung pur.

Danach konnte ich dann noch ein Studium in Sportmanagement und Eventmarketing draufsetzen und startete dort mit einem ganz anderen Selbstbewusstsein durch. Ich hatte ja Ahnung von der Wirtschaft, ich wusste, wie man Kalkulationen macht, Rechnungen schreibt und mit schwierigen Kunden umgeht. Es war ein duales Studium: drei Monate arbeiten, drei Monate Uni. Ganz viel Praxis, das lag mir. Ich studierte in Riesa, einer kleinen Stadt in Sachsen. Als Studentenprojekt organisierten wir die »Kultfilmnächte« – Kino unter freiem Himmel. Mit echten alten Filmrollen und einem Oldtimer, den wir im Eingangsbereich platzierten. Wir haben dabei viel gelernt, auch bei der mühevollen Sponsorensuche. Wir haben etwas auf die Beine gestellt, was uns stolz machte.

Eine weitere positive Erfahrung mit der Selbstwirksamkeit machte ich im Zuge eines Auslandsaufenthalts. Ich lebte mit meinem damaligen Freund 2012 ein Jahr lang in Kanada. Es war eine sehr wichtige Erfahrung, eine Fremde zu sein und eine Sprache täglich in der Praxis zu lernen. Heute spreche ich perfekt Englisch, das ist sehr nützlich, nicht nur wenn man wie ich auf den US-Präsidenten Barack Obama trifft. Wir lebten von der Hand in den Mund, ich kellnerte und arbeitete für eine Radfirma, aber es war großartig.

Die Kanadier sind von Natur aus freundlich und aufgeschlossen, die Engstirnigkeit vieler Deutscher fiel mir da erst so richtig auf. So locker kann man also auch leben, dachte ich mir. Die Kanadier drängten mich als Radfahrerin nicht von der Straße, wie es in Deutschland schon mal passiert, sie feuerten mich sogar an. Mit meiner Behinderung gingen sie ganz selbstverständlich um, ich wurde nicht angeglotzt. In Deutschland hingegen wurde ich oft an der Supermarktkasse von oben bis unten wie ein Zirkuspferd angestarrt. Und die Kanadier sind großzügig: Ein kanadischer Freund stellte mir sogar ein Bahnrad zur Verfügung, mit dem ich dann bei den Paralympics in London fuhr – einfach so. Was für ein Support! Am liebsten wäre ich länger geblieben. Im Herzen bin ich immer noch ein bisschen Kanadierin.

MEIN RESILIENZ-TIPP TO GO
Raus aus der Opferrolle! Übernehme Verantwortung für dein Leben, denn es liegt in deiner Hand, was du daraus machst!

Resilienz-Guide **Selbstwirksamkeit**

Lange hatten wir keinen richtigen Begriff dafür, was psychisch wirklich stark macht, was einen wappnet gegen die Zumutungen des Lebens. Erst der Erlanger Psychologieprofessor Friedrich Lösel war im deutschen Sprachraum der Vorreiter für das bis dahin ungebräuchliche Wort »Resilienz«, nachdem er eine große Untersuchung über erstaunlich widerstandsfähige Heimkinder gemacht hatte. In der Psychologie wurde der Begriff Resilienz erstmals 1977 von Jack Block erwähnt, er leitet sich vom lateinischen »resilire« (zurückspringen bzw. abprallen) ab. Zurück zu Professor Lösels Forschung: Die Heimkinder brachten ihn zum Staunen, weil sie nicht in der Geborgenheit einer bürgerlichen Kleinfamilie aufgewachsen waren, aber durch eine beträchtliche Lebenstüchtigkeit auffielen. Diese Kinder waren belastbar – und eben nicht wehleidig. Friedrich Lösel erkannte bei ihnen »praktische Intelligenz« und die Bereitschaft, Hilfe zu suchen. »Und eine innere Souveränität, die es jemandem ermöglicht, sich äußeren Einflüssen zu entziehen, aber ihm gleichzeitig erlaubt, sich an unabänderliche Situationen anzupassen.« Es geht also um beides: um eine als befreiend erlebte Form von Selbstbestimmung, da wo sie möglich ist. Und um eine geschmeidige Anpassung an Lebensumstände, an denen nicht zu rütteln ist. Ganz im Sinne des Zitats von Reinhold Niebuhr, das eine großartige Anleitung für ein gelungenes Leben ist: »Gott, gib mir die Gelassenheit, Dinge hinzunehmen, die ich nicht ändern kann, den Mut, Dinge zu ändern, die ich ändern kann, und die Weisheit, das eine vom anderen zu unterscheiden.« Friedrich Lösel ist der deutsche Resilienzpapst. Seine Forschungen deckten sich im Wesentlichen mit den Studienergebnissen der amerikanischen Psychologieprofessorin Emmy Werner, die in den fünfziger Jahren das Leben von 698 Hawaiianern von der Geburt bis zum 40. Lebensjahr begleitete. Kauai heißt die Insel, auf der sie ihre Studie durchführte, eine Garteninsel mit Zuckerrohrplantagen. 40 Jahre, das ist in der Wissenschaft eine Ewigkeit, daraus kann man wirklich etwas ablesen. Ein Drittel der Kinder aus der Studie kam aus sehr schwierigen Familienverhältnissen, und viele dachten, dass sich aus dieser bildungsfernen Schicht keine glücklichen Menschen entwickeln könnten. Weit gefehlt: Ein Drittel der Hochrisikokinder entwickelte sich prächtig, im Beruf und in der Liebe, keines dieser Kinder wurde straffällig oder lebte von staatlichen Almosen.

»Verletzlich, aber unbesiegbar«, nannte die Wissenschaftlerin diese Kinder, man kann auch sagen: resilient. Was sie alle einte: Sie hatten mindestens eine starke Bezugsperson. Das mussten nicht die Eltern sein, die oft ausfielen. Stattdessen waren es Großeltern, Geschwister oder Tanten, Lehrer, Vereinsmitglieder, Pfarrer, Nachbarn. Die Kinder entwickelten sehr viel Geschick darin, sich Ersatzeltern zu suchen. Bindung war also der wichtigste Schutzfaktor in einem Milieu, das nicht gerade von Warmherzigkeit geprägt war.

Die wichtige Botschaft von Emmy Werners Forschungen: Perspektivlosigkeit ist nicht in jedem Fall ein vererbtes Phänomen, dem keiner entkommt. Jeder Mensch hat die Chance, aus dem Schatten seiner Eltern herauszutreten. Kinder sind nicht die Kopien der Eltern, auch wenn sie natürlich erst einmal ihre Eltern imitieren. Aber dieser Kreislauf der Armut und der Alkoholsucht kann durchbrochen werden. Auf Deutschland bezogen, heißt das zum Beispiel: Ein Kind aus einer Hartz-IV-Familie muss als Erwachsener nicht ebenfalls Arbeitslosengeld beziehen. Es gibt Auswege. Aber dafür braucht man Ehrgeiz, einen starken Willen und mindestens einen Mutmacher und Seelenstreichler, der einen fordert und fördert. Menschen verändern sich, wenn sie bestärkt werden – und zwar zum Besseren.

Über einen Kamm kann man trotzdem nicht alle scheren. Auch Negativbotschaften können resiliente Naturen motivieren: Ich lass mich nicht unterkriegen, euch zeig ich's, ich fühle dieses Potenzial in mir, und, das ist viel wichtiger als eure Kleingeistigkeit – das ist ihr Weg.

Arnold Schwarzenegger ist so ein Beispiel. Er wurde ausgelacht, als er der beste Bodybuilder der Welt werden wollte. Ein Österreicher in Amerika, der noch dazu einen furchtbaren Akzent hatte, wie sollte das klappen? Aber er glaubte an sich und bewies all seinen Kritikern, dass die Kraft der Selbstermächtigung viel stärker ist als alles Unken dieser Welt. Mit 20 wurde er der jüngste Mister Universum der Welt, später Hollywoodstar und Gouverneur von Kalifornien. Ein gutes Beispiel dafür, dass Ermutigung über Schwarzseherei und Demütigungen siegt. Persönliche Weiterentwicklung ist möglich, und es reicht, wenn nur ein Einziger an uns glaubt.

Der Psychologieprofessor Friedrich Lösel wies das auch in Deutschland nach. Er untersuchte 146 Jugendliche aus Problemmilieus in Bielefeld, 1999 erschien seine Arbeit dazu. Fast die Hälfte schaffte es, einen guten Beruf zu ergreifen und befriedigende private Beziehungen zu entwickeln. Es war die besonnene Hälfte, die eine Art Filter im Hirn hatte und deutlich weniger impulsiv reagierte. Die andere Hälfte der Probanden schlug über die Stränge, konnte mit Gefühlen wie Wut, Trauer und Enttäuschung nicht umgehen, reagierte oft aggressiv.

Solche Studien ähneln sich weltweit. Der niederländische Soziologe Stefan Vanistendael untersuchte ab 2002 Straßenkinder in Brasilien und Kinder in indischen Teppichfabriken. Zwei Phänomene stellte er dabei fest: Es gab die Widerstandsfähigkeit im Angesicht der Zerstörung, die Fähigkeit, die eigene innere Unversehrtheit auch unter enormem Druck zu bewahren, und es gab unter den Kindern die Fähigkeit, sich selbst neu zu erschaffen, sich angesichts widriger Umstände ein lebenswertes Leben aufzubauen. Sie lebten aufrecht, flexibel, clever, belastbar. Also im besten Sinne resilient.

Christian Peter Dogs:
Die Macht der selbst erbrachten Leistung

Was ist das Wichtigste bei einem Gespräch? Gegenseitiges Interesse, Vertrauen, das Hinhören und Aussprechen von schmerzlichen Wahrheiten, ohne dass es einem negativ ausgelegt wird. Wer selbst Schmerz erlitten hat, kann den Schmerz der anderen besser verstehen und das Prinzip der heilsamen Selbstwirksamkeit glaubwürdig vertreten. Christian Peter Dogs ist da ein Meister seines Faches. Ihm ist nichts Menschliches fremd. »Das Erlebnis, etwas selbst verwirklichen zu können, ist durch nichts zu ersetzen. Eine selbst erbrachte Leistung ist viel wichtiger als eine von einem anderen geleistete Hilfe. Das Gefühl, dass ich selbst was kann, hat einen großartigen Lerneffekt.«

Der Arzt, der am Bodensee lebt, ist ein ungewöhnlicher Praktiker. »Ich komme aus dem Leben, nicht aus dem Lehrbuch. Eine schwierige Lebenserfahrung macht authentisch. Das spüren die Patienten, ob da einer nur so daherredet oder ihre Qualen kennt. Man wird ganz anders ernst genommen, wenn man selbst mal durch die Hölle von Obdachlosigkeit und Heroin gegangen ist. Ich muss die Affekte der Patienten nicht wie andere überforderte Ärzte abwehren, sie sind mir vertraut«, sagt er. Der Facharzt für Psychiatrie und Psychosomatik ist ein Praktiker der Resilienz. Als einer von wenigen Ärzten spricht er offen über seine eigene Lebensgeschichte, seine Patienten sind ihm dankbar dafür. Er macht sich frei – indem er die Geschichte seiner Wandlung erzählt.

»Das Leben muss nicht schwer bleiben, wenn es schwer begann. Man hat immer die Chance, etwas Gutes daraus zu machen«, lautet die Botschaft von Dogs, der zwei Kliniken geleitet und das Buch *Gefühle sind keine Krankheit* geschrieben hat. Es ist ein Wunder der Resilienz, dass er sich zu einem renommierten Mediziner entwickelt hat. »Ich wundere mich manchmal selbst, wie ich es geschafft habe, mein Leben zu meistern und Karriere zu machen. Und ich finde es erstaunlich, dass ich trotz allem in der Lage bin, das Leben zu schätzen und oft auch aus vollen Zügen zu genießen. Ich habe eine pathologisch gute Laune, und meine Geschichte löst Zuversicht aus.«

Das war nicht selbstverständlich, denn Christian Peter Dogs hatte einen tyrannischen Vater, der ihm das Leben zur Hölle machte – obwohl er Arzt war. Du bist überflüssig und nur eine Belastung – das war die Botschaft. »Ich war ein ungewolltes, ungeliebtes, geprügeltes Kind. Weil mein Vater mir keine Schuhe kaufen wollte, bin ich mit den Schuhen unserer Putzfrau in die Schule gegangen. Wenn die trinkende Mutter um halb zwei aufstand, hat sie mich gleich verprügelt.«

Eines Tages riss Christian Peter Dogs von zu Hause aus, er kam in ein Heim für schwererziehbare Jugendliche. Dort ging der Terror weiter. Die Schüler quälten sich untereinander und wurden von ihren Erziehern permanent geschlagen. Fünf Jahre verbrachte er dort, bevor er dank eines Sozialstipendiums auf ein renommiertes Internat kam. Dort bekam er zum ersten Mal Zuwendung, lernte Menschen kennen, die an ihn glaubten und ihn bestärkten. Die Minderwertigkeitsgefühle konnte er nicht völlig ablegen, weil seine Mitschüler aus guten Familien kamen, aber er war hier sicher, es war eine gewaltfreie Zone.

Mit 16 verliebte sich Christian Dogs in eine Mitschülerin, aber als sie ihn sitzen ließ, versuchte er, das emotionale Loch mit Drogen zu stopfen. Marihuana, LSD, Heroin. Er wäre daran wohl zugrunde gegangen, aber jemand schritt ein: Der Vater eines Mitschülers, ein Arzt, hatte das Problem erkannt, er machte mit ihm auf Korsika einen kalten Entzug. Nach vier Wochen war Christian Dogs von den Drogen befreit und startete ein neues Leben, studierte, wurde selbst Arzt.

Er lernte seine Erfahrungen nicht nur zu verdammen, sondern auch als einmaligen Schatz zu betrachten. »Meine Kindheitserfahrungen haben mir später als Arzt den Mut gegeben, an die Ressourcen meiner Patienten zu glauben. Weil ich als Kind und als Jugendlicher endloses Leid erlebt habe und es mir gelungen ist, diese schweren Traumatisierungen in mein Leben und Fühlen zu integrieren, weiß ich, dass man daran nicht zerbrechen muss. Es macht wach, wenn man mehrmals gekniffen wird, das vermittele ich auch meinen Patienten. Wenn ich es schaffe, könnt ihr es auch schaffen, das predige ich.«

Und trotzdem gibt es Menschen, die es nicht schaffen. Der Bruder von Christian Dogs starb als Obdachloser, er hatte nicht die Stärke und das Beharrungsvermögen.

Christian Peter Dogs hat den Turnaround in seinem Leben jedoch geschafft, heute tritt er als Resilienzexperte im Fernsehen auf. Um seine Botschaft zu verkünden: »Ich hatte den Ehrgeiz, meinem Vater zu beweisen, dass ich nicht scheitern würde, so wie er es vorhergesagt hatte. Für mich ist das ein mächtiger Antrieb gewesen – ich gönnte ihm nicht, dass er recht behielt. So schlimm seine Entwertung meiner Persönlichkeit war, so sehr konnte sie mich auch motivieren.« An diesem Beispiel sieht man, wie man eine Negativmotivation umdrehen kann, wie man auch eine giftige Runterziehparole nutzen kann, um sich daran hochzuziehen.

Das Fazit von Christian Peter Dogs: »Wenn man geeignete Bindungsfiguren findet und willensstark ist, dann kann man sein Leben trotz schwerer traumatisierender Ereignisse erfolgreich gestalten. Dabei kommt es auf Qualität an, nicht auf Quantität. Das Urvertrauen ist in solchen Biographien wie der meinen natürlich weg. Ich war 50-mal auf der Kante, wo es hätte kippen können. Durch meine ärztliche Ausbildung konnte ich wieder Vertrauen zu anderen fassen, meine Karriere war Pflaster auf meine Wunden. Erfolg kann vieles reparieren.«

Agieren macht stark. Stell dich oder geh unter – das ist der rote Faden im Leben von Christian Peter Dogs. Als er sich in der Schweiz um eine Stelle als Tennislehrer bewarb, musste er bei einem Turnier gegen 14 andere Bewerber antreten. »Ich gewann, weil ich keine andere Wahl hatte. Ich hatte nur noch 50 Mark in der Tasche. Wenn der Mensch gefordert wird, entwickelt er ungeheure Kräfte.«

Christian Peter Dogs hat den Kampf um sein seelisches Überleben gewonnen. Und er hat in seinem Berufsleben rund 30 000 Patienten gesehen und vielen davon helfen können. Er ist dafür, dass sich Menschen ausprobieren und nie aufgeben, auch wenn sie immer wieder schlechte Erfahrungen gemacht haben.

**Die Wut liegt unter der Depression,
ihre Entladung löst ungeahnte Kräfte aus.**

Dogs ermuntert Menschen, aktiv zu werden, mit allem Risiko. Sein Leitsatz stammt von Heinz Riesenhuber, dem ehemaligen Bundesminister für Forschung und Technologie: »Wer sein Leben so einrichtet, dass er niemals auf die Schnauze fallen kann, der kann nur auf dem Bauch kriechen.« Der Mensch mit Glücksanspruch muss sich selbst erforschen, daran führt kein Weg vorbei. Und dabei begegnet er natürlich öfter mal dem Unglück. Angstpatienten konfrontiert Christian Peter Dogs gern mit ihren Gefühlen. »Mein Ziel ist es, an die Wut zu kommen, die oft unter der Depression liegt, deswegen provoziere ich gern. Explosionen sind erwünscht. Dadurch werden ungeahnte Kräfte ausgelöst. Wenn man einem ständig hilft, kann er bald nicht mehr laufen.«

Die Patienten sollen Erfahrungen machen, die sie sich vorher nicht zutrauten. Zum Beispiel fährt Dogs mit ihnen auf den 2 000 Meter hohen Hochgrat, einen Berg im Allgäu. Die meisten finden den Aufstieg erst mal sehr unangenehm und müssen sich enorm überwinden. Der Stolz, den die Menschen empfinden, wenn sie auf der Aussichtsplattform stehen, ist jedoch unbezahlbar. Sie sind ein Stück resilienter geworden. Sie entdecken in sich eine Fähigkeit, die sie dadurch auch in wichtigen Momenten ihres Lebens besser anwenden können.

Dogs sagt dazu: »Die meisten Menschen schieben chronische Konflikte vor sich her, setzen sich nicht mit ihnen auseinander und sind deshalb unfähig, etwas an ihrer Situation zu verändern. Das liegt daran, dass wir von Natur aus feige und bequem sind und lieber in die Vermeidung gehen, als mutig das anzupacken, was uns Angst macht. Mein Erfolgsrezept für meine Patienten: Tu es jetzt. Aber mit Mut und Strategie. Geh an deine Ressourcen.«

Leiden ist leichter als Handeln – diese Erkenntnis hat Dogs gewonnen. Aber es muss nicht dabei bleiben. Wenn der Leidensdruck groß genug ist, werden viele Menschen auch aktiv. »Wir müssen erst einen Knüppel zwischen die Beine geworfen bekommen, um wach zu werden. Die Opferrolle ist bequem. Leiden ist so attraktiv geworden, von der Zuwendung und erhöhten Aufmerksamkeit bis zur Frühverrentung.«

Die Paralympics nennt Dogs immer als Beispiel, wenn er an die Selbstwirksamkeit seiner Patienten appelliert. »Die Athleten haben unglaubliche Selbstheilungskräfte und ein starkes seelisches Immunsystem. Sie leben den berühmten Satz von Max Frisch: ›Die Krise ist ein produktiver Zustand.‹ Sie stehen immer wieder auf und warten nicht, dass ein Therapeut vorbeikommt und ihnen wieder aufhilft. Sie sind der Gegenentwurf zu einer Vollkaskogesellschaft, die im Glashaus Kaffee trinkt.«

4. Selbstvertrauen:
Hier bin ich auf eineinhalb Beinen!

Es gibt viele Arten von Vertrauen im Leben: Wir vertrauen dem Fahrer, wenn wir uns in einen Bus setzen, wir vertrauen den Händlern, bei denen wir kaufen, wir vertrauen dem Friseur, dass er uns schön macht, und der Versicherung, bei der wir uns gegen Schicksalsschläge absichern wollen. Wir vertrauen Kollegen und Freunden, dass sie uns Gutes wollen, wir vertrauen unseren Eltern, unserem Lebenspartner. Ein weiteres entscheidendes Vertrauensgefühl ist das Selbstvertrauen. Wer viel Vertrauen in die eigenen Fähigkeiten hat, hat eine gute Resilienz. Und wer wenig Vertrauen in sich hat, wird sich schwertun, im Leben zufrieden zu sein. Denn das Vertrauen in sich selbst ist eine entscheidende Weichenstellung: Wer sich wenig zutraut, wird auch wenig schaffen, so sind wir gestrickt. Wer sich selbst nicht respektiert, wird sich immer kleiner fühlen und unbewusst kleinmachen. Ein Teufelskreis. Aus dem aber jeder selbst ausbrechen kann.

Es gibt viele Arten, Selbstvertrauen zu erwerben. Man kann zu einem Spezialisten werden, der etwas kann, was andere nicht können. Man kann künstlerisch tätig werden, und man kann seinen Körper einsetzen, um sich sicher und stark zu fühlen. Sport ist ein wunderbares Mittel, um etwas für sich zu tun und sich in seiner Haut wohlfühlen zu lernen. »Ein gesunder Geist in einem gesunden Körper« – das war das Ideal der alten

Römer. Da ist was dran. »Das beste Gehirnjogging ist Jogging«, sagt der Hirnforscher Manfred Spitzer. Ausdauertraining lässt die Neuronen, die Bausteine des Denkens, wachsen. Dann legt der Mensch 1400 Nervenzellen pro Tag zu.

Tatsache ist, dass Sport nicht nur Muskeln trainiert, sondern auch das Gehirn zu neuen Verschaltungen anregt. Sport stärkt uns, sowohl mental als auch unser Immunsystem, und führt, auch wenn man ihn nicht als Leistungssport betreibt, zu mehr Selbstvertrauen.

Selbstvertrauen durch Sport

Ich bin nicht die geborene Sportlerin. Sport, das war lange Zeit eine fremde Welt für mich. Eher etwas zum Ab- als Angewöhnen. Zu mühselig, zu frustrierend, zu nervig. Mit 17 Jahren kam der große Aha-Moment im Fitnessstudio. Ich hatte dort einen Minijob, bediente an der Theke, trainierte aber selbst nicht aktiv mit. Bis es klick machte. Ich hörte mit dem Rauchen auf, und zur gleichen Zeit wollte eine Freundin von mir abnehmen. Da dachte ich mir, ich kann das Geld statt für Zigaretten doch sinnvoller verwenden, und wir meldeten uns gemeinsam im Fitnessstudio an. Am Anfang waren 20 Minuten am Stepper für mich ein Highlight.

Dann setzte ich mich zum ersten Mal in meinem Leben auf ein Spinningrad. Der entscheidende Pluspunkt für mich: Zum ersten Mal konnte mir keiner davonfahren, die Räder waren ja fest montiert. Ich konnte mit den Zweibeinern mithalten. Endlich hatte ich einen Sport entdeckt, bei dem ich nicht die Letzte war. Es gibt keine Gänge am Spinningrad, sondern nur einen Widerstand, den man einstellen kann. Den hab ich zuerst natürlich immer niedrig gehalten im Vergleich zu den anderen. Am Anfang war ich gar nicht in der Lage, so viel Watt zu drücken. Ich war froh, dass ich eine Stunde überhaupt überlebte.

Mir hat es Spaß gemacht, mir mit der Gruppe zur Musik einen abzustrampeln. Laute Musik, die aus den Boxen dröhnt, ein Instruktor, der Stimmung macht und motiviert und anpeitscht. Das war es. Dass andere mit der doppelten Wattzahl fuhren, kratzte mich nicht. Ich hatte auch nicht wirklich Ahnung davon. Ich fuhr mein Ding und genoss es, völlig verschwitzt nach einer Stunde abzusteigen. Gerade das machte mich so glücklich: eine Stunde Sport, bei der ich nicht als Letzte ans Ziel kam, sondern die wir alle gemeinsam geschafft hatten. Gemeinsam geschwitzt. Gemeinsam durchgehalten. Aber vor allem gemeinsam Spaß gehabt. Ich hatte meine Leidenschaft gefunden. Endlich hatte ich Spaß beim Sport. Dadurch dass sich mein Körpergewicht auf den Sattel konzentrierte, hatte ich keine Schmerzen. Immer mehr steigerte ich die Dauer. Von einer Stunde auf zwei, drei. Das machte mir Laune. Ich war so motiviert, dass ich selbst Spinning-Instruktorin wurde.

Auch wenn ich heute auf dem Spinningrad sitze, brauche ich einen guten Bass: Kuschelrock geht gar nicht. Wenn die Motivation mal nachlässt, muss auch manchmal Rammstein herhalten. Oder Techno- und Elektrosounds. Einen Film beim Strampeln zu sehen, wenn ich zu Hause auf der Rolle bin, ist für mich unvorstellbar. Ich brauche Musik, die eine gewisse Power hat und mich antreibt.

Schnell nahm ich ab. Eine Stunde Spinning verbrennt rund 500 Kalorien, das ist eine Menge, und zusätzlich werden netterweise Beine und der Po so geformt, dass man sich wieder gern im Spiegel anschaut. In jungen Jahren war ich etwas pummelig gewesen und hatte die Kleidergröße 38/40, bevor ich den

Sport zu lieben begann. Bis ich richtig austrainiert war, dauerte es Jahre. Aber ich hatte den Anfang gemacht. Von diesem Tag an stand mein Leben unter dem Motto: Never stop spinning.

Indoor Cycling ist eine Sportart für jeden. Hier stürzt keiner, man steigt nur ab, wenn man genug hat. Das Herz-Kreislauf-System das bei manchen Menschen geschwächt ist, wird wieder hochgefahren. Die Intensität kann jeder einstellen, wie es seinen Bedürfnissen entspricht. Das ist ganz entscheidend. Denn die Angst vor der Blamage, vor der sportlichen Minderleistung, haben viele. Hier fällt es nicht auf, wie viel Watt jemand tritt. Mit einer Pulsuhr kann man alles wunderbar überwachen. Der Körper meldet sich, aber er fühlt sich nicht überfordert. Weil Spinning die Gelenke schont, Knie, Rücken und Hüfte werden nicht so beansprucht wie beim normalen Radeln. Durch das Schwungrad kommt es zu einer flüssigeren Übersetzung.

Dass Sport in der Gruppe helfen kann, den inneren Schweinehund zu überwinden, ist bekannt. Die Gruppe hat etwas Mitreißendes, trägt uns bei den ständigen Tempowechseln mit, wir fühlen uns nicht so schnell ausgelaugt. Die Gruppe spornt uns an. Eine Stunde lang wird man zu einer Schwitzgemeinschaft. Die Rumpfmuskulatur, die Bauchmuskeln, die Rückenstrecker – alles wird beansprucht. Speziell beim Radeln im Stehen, das war für mich natürlich besonders heftig. Aber es hat mich weitergebracht, ich suchte immer neue Reize, und ich sah ja die Erfolge an meinem Körper: Wer starke Beine hat, ist nicht mehr so leicht umzuwerfen. Mit jeder Stunde wuchsen nicht nur meine Muskeln, sondern auch mein Selbstvertrauen.

Ich steigerte mich von einer Stunde Fahrzeit bis zum Marathon von zwölf Stunden, wo man nur zum Pinkeln eine Pause macht. Der Duft im Raum ist, Achtung Ironie, betörend, wenn zehn Menschen so lange strampeln. Aber ich habe das im Adrenalinrausch nie als Zumutung erlebt. Ich erlebte die tollsten Phantasiereisen, auf die uns der Instruktor mit seinen Erzählungen führte: ein Nachtflug über New York, eine Fahrt durch die Wüste, eine Reise durch Marrakesch, an den Strand, zu einem Basar. Und ich mittendrin.

Egal, ob behindert oder nicht behindert: Die meisten Menschen funktionieren nach dem Belohnungsprinzip. Es ist eben ein Unterschied, ob man mit dem E-Bike unterwegs war oder auf einem richtigen Rad saß. Nach dem Training können wir uns etwas gönnen. Mit gutem Gewissen.

Der Sport machte mich Stück für Stück selbstbewusster. Der Radius meiner Ausflüge wurde größer. Ich probierte mich jetzt auch auf der Straße mit dem Fahrrad aus. Ich war ja mitten im Bayerischen Wald, es gab wunderschöne Bergstrecken rund um den Großen Arber, den höchsten Berg (1455,5 Meter) der Region. Es hat einen großen Vorteil, in der bayerischen Pampa zu leben. Die Zahl der Ablenkungen und Partys hält sich in Grenzen. Ich bin selten weggegangen, es gab ja nicht so viele Verlockungen. Mit meinem Mountainbike fuhr ich die Hügel rauf und runter, egal, ob es schüttete oder die Sonne mich verwöhnte. Und zu Hause schaffte ich meinen Fernseher ab, weil ich mich lieber mit anderen Dingen beschäftigte. Später, als ich schon im Eventmanagement herumwirbelte, kam ich oft erst um halb zehn von der Arbeit heim, hörte lieber Musik oder las ein Buch. Fernsehen fand ich einfach nicht so spannend. Ich bin in der Hinsicht eben mehr das Nature Girl. Das am liebsten unter freiem Himmel übernachtet. In Bad Kötzting schlief ich oft draußen auf dem Balkon, um die Sterne zu sehen. Ich bestieg sogar Berge in der Nacht mit der Stirnlampe. War nicht ganz ungefährlich und bei Nacht auch unheimlich, zugleich waren es aber besondere Momente.

Mein Mountainbike wurde zum wichtigsten Begleiter meines Lebens. Auch im Urlaub wollte ich es nicht missen. Also buchte ich die Königsdisziplin des Radfahrens, eine Tour durch die Alpen, die Transalp. Es war total leichtsinnig von mir und, wenn ich ehrlich bin, mit meinem damaligen Leistungsvermögen eigentlich nicht zu vereinbaren. Fast ein wenig Wahnsinn. Aber es war ganz gut, dass ich nicht wirklich wusste, was ich da gebucht hatte. Eine fünftägige Tour von Garmisch-Partenkirchen an den Gardasee, das hörte sich für mich erst mal ganz verlockend an. Was sollte schon passieren? Wir hatten einen Guide, meinen ehemaligen Vorgesetzten aus dem Fitnessstudio, der später zu meinem Trainer werden sollte. Es beruhigte mich, dass er mir das zutraute – obwohl er mich kannte.

Das Gepäck wurde für uns transportiert, wir mussten uns nur auf das Fahrradfahren konzentrieren. Und auf die überwältigende Kulisse. Die wunderbaren Felslandschaften, die türkisblauen Bergseen, die urigen Hütten. Das Einswerden mit der Natur, ein Genuss, den keiner einem nehmen kann. Zwei, drei Stunden radeln und ansonsten schwelgen, das war mein Plan. »Wann sind wir im Hotel?«, fragte ich nach zwei Stunden wie ein Kind, das auf der Urlaubsreise im Auto quengelt. Aber aus den erwarteten zwei wurden täglich sechs Stunden, die mich an den Rand meiner Kraft- und Energiereserven brachten. Es waren viele Höhenmeter, die wir schaffen mussten. Und viele gefährliche Abfahrten. Ich stürzte häufiger mal, Schürfwunden waren Begleiterscheinungen der Tour. Abends fiel ich todmüde ins Bett. Die Alpen sind nun mal eine ganz andere Nummer als die Touren im bayerischen Mittelgebirge.

Dass ich behindert bin, habe ich meinen Mitradlern gar nicht gesagt, sie merkten nur, dass ich in meinen langen Hosen etwas unrund lief. Ich ließ mir nichts anmerken. Ich saß stolz auf dem Rad und dachte mir: Ich komme am Gardasee an, komme, was wolle. Ein Höllentrip, für mich so wertvoll wie für einen ambitionierten Triathleten ein Ironman auf Hawaii oder für einen Hobbyläufer der Marathon in New York. Es sind Erlebnisse, die einen ein Leben lang prägen.

Ich sog diese Erfahrung in mich ein. Und war wieder ein Stück mehr angesteckt von der Lust des Radfahrens. Die Kilometer muss auch in der Gruppe jeder selbst treten, aber komischerweise fällt es leichter, wenn man nicht allein ist. Wahrscheinlich will man sich nicht blamieren, aber es gibt auch eine geheimnisvolle Kraft, ein WIR-Gefühl, das den Schwächeren schiebt und den Stärkeren mäßigt. Gemeinsam Schweiß zu vergießen verbindet ungemein.

Radfahren fordert alle Sinne, und es vermittelt einem tägliche Einblicke in die gewaltige Schönheit der Natur. In Kapstadt über den Klippen zu fahren oder auf Teneriffa durch das grüne Orotava-Tal – das sind für mich ganz besondere Glücksmomente, sie hellen meine Seele auf, sie eröffnen mir im wahrsten Sinn des Wortes neue Horizonte. Aber auch Touren durch das bayerische Fünfseenland sind wie eine Fahrt durchs Paradies.

Das ist Zeit nur für mich. Gedanken sortieren sich. Mensch und Maschine bilden eine Einheit. Wenn ich das Gefühl habe, mit dem Fahrrad eins zu werden, verschwinden alle störenden Nebengeräusche, ich erlebe puren Flow. Auch die Gedanken verstummen, es entsteht eine große Klarheit. Die Bewegung hilft mir, Probleme zu verarbeiten, bei denen ich sonst nur ins sinnlose Grübeln gekommen wäre. Manchmal hat es fast etwas Meditatives, weil man sich so in diesem Moment befindet. Dieses Hochgefühl nennen Läufer das Runner's High. Ich habe das Biker's High erlebt. Einen totalen Adrenalinausstoß voller Euphorie. Solche Momente machen das Leben wunderschön und kostbar. Gibt es Resilienz beim Radfahren? Ja, die kann man sich aufbauen, vor allem als gesundes Vertrauen in die eigenen körperlichen Fähigkeiten. Wie geht das? Einfach durch Wiederholung, Regelmäßigkeit, Übung. Dadurch entsteht körperliche Fitness, und es macht einfach mehr Spaß, fit aufs Rad zu steigen. Beim Hausbau wird auch erst das Fundament gegossen, es hat keinen Sinn, mit dem Dachstuhl zu beginnen.

Wenn man vier Stunden bei miserablem Wetter gefahren ist, gefühlt nur halb so viele Kilometer geschafft hat, wie man vorhatte, und sich nach einer Stunde halb tot fühlt und trotzdem den verführerischen Stimmen widersteht, die einen zum Absteigen und Unterstellen bewegen wollen, stärkt das einen enorm. Es ist ein Charaktertest. Die Wolken haben ganz gern ein Eigenleben, sie überraschen mich immer wieder. Aber wenn ich pitschnass zu Hause ankomme, genieße ich den Kontrast: eine warme Dusche. Die Sauna, die mich wieder aufheizt. Eine kuschlige Decke. Ein heißer Tee. Oder auch gern mal, wenn ich völlig unterzuckert bin, Süßigkeiten von der Tankstelle. Alles Belohnungen für die Herausforderung, der ich mich gestellt habe. Es ist ein verdammt gutes Gefühl, so eine Erfahrung zu machen. Natürlich stell ich mir auch manchmal die Frage: Was mach ich hier? Ich bin keine Maschine. Als ich bei der Fahrt durch die Alpen im tagelangen Sauwetter an meine Grenzen kam, war ich verunsichert. Aber waren das wirklich meine Grenzen? Liegen die Limits nicht immer viel weiter, als wir denken? Ich hatte das Bedürfnis, vom Rad zu steigen, aber bei Steigungen über 20 Prozent war das kaum möglich. Vor lauter Erschöpfung drohte ich fast vom Rad zu kippen. Mit meiner Radprothese kann ich an Steilstücken nicht absteigen und schieben. Ich habe keine Wahl und muss durchtreten. Es sind diese Momente, in denen ich das Rad am liebsten in die Ecke schmeißen würde. Aber der Körper ist zäh und schlau – und er hat ungeahnte Reserven. Mit meinem unbedingten Willen kriegte ich es hin, wieder in meinen Rhythmus zu finden. Und dann fuhr ich eben an denen vorbei, die ihre Räder an den Steilstücken schoben.

Das Gefühl, wenn man am Gipfel ankommt, entschädigt für alles. Wenn man vor einem großen Berg steht, sinkt einem schon mal das Herz. Du denkst: Da komm ich nie hoch. Aber wenn man sich den Weg in Etappen einteilt und einfach losfährt, kann man die Angst besiegen und die Herausforderung bestehen. Vielleicht nicht beim ersten Versuch, aber dann beim zweiten oder dritten.

Vom schüchternen Mädchen zur selbstbewussten Frau

Im Freibad ging ich ungern ins Wasser. Ich kam mir dabei so vor, als würde ich wie eine Giraffe angestarrt werden. Zu Hause bleiben wollte ich aber auch nicht. Also schützte ich mich vor den üblichen Blicken auf der Liegewiese, indem ich mein halbes Bein bedeckte. Ein bodenlanger Rock versteckte meine Prothese. Es war meine Intimzone, die ich nicht mit jedermann teilen wollte.

Ich wurde eine Meisterin im Kaschieren und Verstecken: mein krummes Bein links und mein unechtes Bein rechts. Am liebsten habe ich die damals total angesagten Schlaghosen getragen. Der Schlag gab mir Sicherheit, denn so musterte mich nicht jeder von oben bis unten. Das Problem war nur: Sobald meine Schutzwand aus langen Hosen und Röcken wegfiel, war ich den Blicken wieder ausgeliefert. Und natürlich gab es immer wieder Situationen, in denen ich diesen Schutz nicht aufrechterhalten konnte. Sobald ich zum Beispiel im Freibad die lange Schlaghose abgelegt hatte und von der Liegewiese ins Wasser gehen wollte, war es vorbei mit dem Verstecken. Da wurde ich wieder von oben bis unten gemustert, wie eine Attraktion im Zoo, bis ich endlich im Wasser war.

Dass mich die Prothese nicht sexy machte, wusste ich. Es gibt ganz viele Berührungsängste bei diesem Thema. Behinderte Menschen haben selbst manchmal widersprüchliche Gefühle gegenüber dem Teil, der ihnen objektiv das Leben erleichtert, und sie versuchen oft, sich in die Hirne anderer hineinzudenken: »Was sollte ich vor ihnen verbergen? Was halten die von mir? Grenzen sie mich aus der Gruppe aus?« Eine solche Einstellung ist eine Falle, aus der man kaum entkommen kann. Sie erschwert den natürlichen Umgang mit der eigenen Behinderung und setzt einem falsche Annahmen in den Kopf, die nun wirklich nicht in jedem Fall stimmen.

Ich wollte das Thema Prothese in meiner Jugend nicht ansprechen, es erschien auch mir unappetitlich. Der Stolz darauf, speziell zu sein, ist in diesem Alter weitaus weniger entwickelt als der Drang, mit anderen mitzuhalten und möglichst normal zu sein.

Heute nennt man das Phänomen, wenn Menschen wegen ihres Aussehens gedemütigt und diskriminiert werden, Bodyshaming, es tritt unter Teenagern millionenfach auf. Kein Mädchen findet sich richtig hübsch, alle mäkeln an sich herum, spindeldürre Models sind die großen Vorbilder. Der ständige Vergleich mit anderen macht alle unglücklich. Schade, dass noch nie ein körperbehindertes Model bei »Germany's Next Topmodel« dabei war. Dabei gibt es inzwischen auf den Laufstegen dieser Welt wunderbare Models, deren Erscheinung von der der Mehrheitsbevölkerung abweicht (Orthesen, Prothesen, etc.). Sie zeigen, wie bunt diese Welt ist, und dass

Behinderung eine ganz eigene Ästhetik hat. Wir sind alle Menschen und mal zerbrechlich, mal stabil.

Als Kind war das Gefühl, nicht perfekt zu sein, mein ständiger Begleiter. Ich hatte viele Zweifel. Und als Teenie ist es ja sowieso schwierig, sich in seiner Haut wohlzufühlen. Eine Behinderung on top macht es neben den Pickeln im Gesicht nicht wirklich leichter.

Heute, 15 Jahre später, ist das komplett anders. Ich trage sogar Hotpants und kurze Röcke, wann immer ich möchte. Dass jeder die Prothese sieht, ist kein Problem mehr für mich – im Gegenteil. Was hat sich geändert, dass ich mittlerweile sogar positive Reaktionen auf meine Behinderung bekomme? Nicht die Welt um mich herum hat sich gewandelt – sondern meine Einstellung zu mir selbst! Ich habe aufgehört, den gängigen Vorstellungen von schön und makellos entsprechen zu wollen. Ja, mir fehlt ein Bein, und ja, ich humple mal mehr, mal weniger auf meinem linken Bein durch die Welt. Aber ich lasse mich von der Angst, anderen nicht zu gefallen, nicht mehr davon abhalten, mein Leben zu leben. Jeder darf sehen: Das bin ich, so wie ich bin, perfekt imperfekt!

Damit gehe ich ganz anders auf Menschen zu, und das wirkt sich darauf aus, wie diese auf mich reagieren. Wenn ich mit dem Rad unterwegs bin, trage ich zum Beispiel eine spezielle Radprothese, bei der nur ein einziges Stahlrohr nach unten geht, mit dem ich mich direkt in die Pedale einklicke. Wenn ich nach drei Stunden eine Kaffeepause machen möchte, klicke ich aus, stelle mein Rad zur Seite und laufe eben wie Capt'n Hook ins Café, um mir einen Cappuccino zu bestellen. Natürlich werde ich auch hier angestarrt. Aber es stört mich nicht mehr. Mustert mich jemand »untenrum«, lächle ich ihn an, und auf einmal ist das Eis gebrochen.

Ich habe gemerkt: Wenn ich bereit bin, mich im Kopf selbst zu »enthindern«, und lerne, mich und meinen Körper so anzunehmen und zu lieben, wie er ist, eröffnen sich viele Möglichkeiten. Allerdings weiß ich auch, dass das nicht von heute auf morgen passiert. Es gibt keinen Schalter, den man einfach umlegt und sagt: »Jetzt bin ich selbstbewusst.« Der Weg zu Selbstvertrauen und Selbstbewusstsein ist ein Prozess, der nicht immer einfach ist. Er hat Höhen und Tiefen. Aber dieser Weg ist wichtig und wertvoll. Ich bin jetzt an einem Punkt, an dem ich schon seit Jahren keine kosmetische Prothese mehr trage – weil ich meine Behinderung gar nicht mehr verstecken möchte. Sie ist ein Teil von mir und meiner Geschichte. Sie hat mich geprägt und stark gemacht. Ich habe die Schublade »kaschieren und Verstecken« zugemacht und eine neue voller Chancen und Möglichkeiten geöffnet.

Es gibt Menschen, die sich ungern vor einen Spiegel stellen. Ich gehöre nicht dazu. Je älter ich werde, desto mehr liebe ich mich. Ich sehe eine Frau im Spiegel, die ein wunderbares Leben hat. Ich schaue mich gern an, ohne dabei ein narzisstisches Körpergefühl zu entwickeln. Meine Rundungen, meine Ecken und Kanten, meine Muskeln und auch meinen Stumpf. Alles meins.

Ich bin stolz auf meinen Körper, schließlich bin ich mit ihm befreundet. Das war nicht immer so. Seit etwa zehn Jahren kann ich mich so annehmen, wie ich bin. Jetzt kann ich in mir ruhen und aus mir selbst strahlen. Ich musste mich erst entwickeln, vom Mädchen zur Frau. Bei einer behinderten Frau ist es noch mal eine Spur komplizierter, den richtigen Platz in der Gesellschaft zu finden und das Selbstvertrauen aufzubauen, das sie verdient. Das jeder verdient.

MEIN RESILIENZ-TIPP TO GO

Begegne jeden Tag Menschen mit einem Lächeln:
Du wirst positiv überrascht sein von ihrer Reaktion.

Resilienz-Guide **Selbstvertrauen**

Schule ist ein vielschichtiger Begriff – und ein zwiespältiger Ort. Ein Ort, an dem man Selbstvertrauen lernen, aber auch verlieren kann. Die einen sind gern in die Schule gegangen, weil sie gute Noten hatten, viele Freunde und jede Menge Erfolgserlebnisse. Die anderen haben Schule weniger gut in Erinnerung: weil sie immer am Rande des Scheiterns entlangbalanciert sind und Schule nicht als Ort der Verbundenheit kennengelernt haben, sondern als einen der Ausgrenzung. Man traute ihnen nichts zu, sie trauten sich nichts zu – ein Teufelskreis. Die Unterscheidung zwischen Überfliegern und Versagern und einem breiten Mittelmaß an unauffälligen Schülern, bringt Probleme mit sich. Vor allem wenn eine Schule den Anspruch hat, dass ihre Schüler wirklich nicht für die Schule lernen, sondern für das reale Leben. Ein reiner Wohlfühlort, an dem Wellness unterrichtet wird, wird Schule nicht werden – sollte sie auch nicht werden, wenn die Schüler auf das Leben vorbereitet werden sollen. Es hilft nicht, sie vor allen schlechten Erfahrungen abzuschirmen. Aber mit der richtigen Begleitung kann die Schule ein früher Lernort für Resilienz werden.

Mit dem Begriff können viele Lehrer immer noch wenig anfangen, Sigrid Schoeneich ist da jedoch anders. Die leidenschaftliche Pädagogin, die am Münchner Theresia-Gerhardinger-Gymnasium, einer reinen Mädchenschule, Englisch, Sport und Religion unterrichtet hat, will ihre Schülerinnen stärken und mit einer Riesenportion Resilienz aufs Leben vorbereiten. »Ich erkläre ihnen, dass man auch schwach sein darf, man muss nicht immer nur cool sein. Und ich erzähle das Beispiel von den Pinguinen am Nordpol, die nur stark sind, weil sie zusammenstehen. Die starken bleiben am Rand der Gruppe und schützen die schwachen. Aber auch die starken sind mal erschöpft und gehen dann in die Mitte der Gruppe, um sich von anderen schützen zu lassen. So ist jeder einmal stark und einmal schwach. Das verstehen die Kinder, niemand

muss immer die Starke markieren. Stärke und Schwäche sind wechseln-
de Zustände im Leben.«

Sigrid Schoeneich weiß, wie wichtig Resilienz ist. Der große Schicksalsschlag in ihrem Leben war der Tod ihrer Schwester, um deren zwölf-
jährige Tochter sie sich danach kümmerte. Sie steht für eine Schule, in
der die Wissensvermittlung nicht wichtiger ist als die Vermittlung von
Werten wie Fairness, Gemeinschaftsgeist, Gerechtigkeit. Schule ist für
sie auch eine Heimat, eine Art zweite Familie, in der die Schüler ganz-
heitlich aufgenommen werden. Gerade diejenigen, die etwas anders
sind, aber Zugehörigkeit als ganz wichtigen Wert empfinden: »Schüler in besonderen Schwierigkeiten wollen ganz normal betrachtet und
nicht wie ein rohes Ei behandelt werden.«

Während ihrer Ausbildung zur psycholgischen Beraterin entwarf Sigrid
Schoeneich ein Konzept zur Förderung der Resilienz von Schülern in
der 5.und 6. Klasse – sogenannte GUPI-Klassen. Die Abkürzung steht
für »Gemeinschaft und persönliche Individualität«. Die Klasse legt für
diese besonderen Stunden gemeinsam mit der Lehrerin das Thema des
Unterrichts fest, hier darf jeder über seine Probleme reden, über seinen
Stress, über seine Schwäche, über Freundschaft, Konflikte, Misserfolge.
Oder über die Frage: Was für Freunde wünsche ich mir? Bin ich selbst
eine gute Freundin? Es ist eine Oase im Stundenplan.

»Die Schüler sollen lernen, liebevoll in den Spiegel ihrer eigenen Persönlichkeit zu blicken. Es ist wichtig, dass ein Schüler, eine Schülerin
sich selbst positiv und realistisch zu sehen und anzunehmen lernt, dass
er oder sie spüren kann: Ich mag mich so, wie ich bin – und genau deshalb mögen mich die anderen auch. Jeder Schüler sollte diese Gewissheit haben: Ich bin einmalig und habe Handlungsspielräume, innerhalb
derer ich mich entwickeln kann«, sagt die Lehrerin. Sie ist sehr beliebt,
weil sie so nahbar ist: »Schülerinnen brauchen mindestens einen Ge-
sprächspartner, der sie ermutigt. Ein einziger Mensch, der vertrauener-
weckend ist und an sie glaubt, reicht manchmal aus. Jemand, mit dem

sie ihr Leid teilen können. Das hält die Tür zum Leben offen und sorgt dafür, dass man nicht an Ängsten zerbricht. Es darf nicht sein, dass Schülerinnen mit Angst in die Schule gehen, manche sogar dauerhaft.« Was mag ich am anderen? Was finde ich nicht so toll? Das sollen die Schülerinnen sich mitteilen. Weniger lästern, mehr loben. Miteinander streiten, aber voller Respekt. Es geht um die Einübung von partnerschaftlichem Umgang, um ein Wir-Gefühl und um die Entwicklung einer Ich-Stärke, die nicht zerstörerisch ist, hofft die Lehrerin: »Es ist wichtig, dass Schüler lernen, ihre emotionalen Ausschläge wahrzunehmen und zu kontrollieren, um dann wie eine Waage wieder ins Gleichgewicht zu finden. Außerdem sollen sie lernen, gegen den Strom zu schwimmen, sich nicht vom Gruppendruck an die Wand spielen zu lassen. In Rollenspielen kann man das alles einüben. Das ist wichtig, um zum Beispiel zu widerstehen, wenn einem Drogen angeboten werden.«

Resilienz entsteht immer auch durch Empathie, durch das Schlüpfen in die Schuhe der anderen. Wenn Schüler Patenschaften für Kinder aus ärmeren Ländern übernehmen, lernen sie früh Verantwortung und Weitsicht. Sie können etwas Gutes bewirken – und sie sehen ihre eigene Situation plötzlich viel positiver. Sie weiten ihren Blick, sie werden aktiv, sie haben das Gefühl, etwas Sinnvolles zu tun.

Auch das Thema Aggression will Sigrid Schoeneich schon von Anfang an behandeln. Alle sollten sich in die Rolle der Opfer, aber auch der Täter hineinversetzen können. Schnell wird den Schülerinnen dabei klar, dass die vermeintlich starken »Täter« schwach sind, im Grunde ein sehr geringes Selbstvertrauen haben und Anerkennung wollen. Sie sind auch gar nicht wirklich beliebt und haben oft große Probleme. Das hilft den vermeintlichen Opfern in der Regel sehr dabei, mit der Situation besser umzugehen und gestärkt und selbstbewusst dem Täter gegenüberzutreten. Wenn es gelingt, dass auch die Täter über sich selbst reflektieren, kann sich die Situation erheblich entspannen. Auch der Umgang mit Frust und Misserfolg will gelernt sein. Lehrer können den Schülern erklären, dass Rückschläge ganz normal und keine Katastrophen sind. Es ist nicht das Ende der Welt, wenn man mal gegen eine Wand läuft. Schüler, die daran glauben, dass ihre Eltern und Lehrer sie mit all ihren Stärken und Schwächen annehmen, werden mit einer ganz anderen Offenheit mit Misserfolgen umgehen können als solche, die sich vorwiegend als reine Leistungserbringer sehen. Sie werden sich selbst mehr zutrauen und sich mehr im Unterricht einbringen, wenn sie keine Angst haben müssen, Fehler zu machen, da sie sich der Wertschätzung des Lehrers sicher sind.

**Eichen wachsen langsam, Kürbisse schnell:
Jeder Mensch kann sich entscheiden,
was er lieber sein möchte.**

Sigrid Schoeneich spricht gern in einprägsamen Bildern. Sie erzählt von Orientteppichen, in die manchmal aus Versehen eine falsche Farbe gewebt wird. Aber das ist keine Katastrophe. Der Knüpfmeister setzt dann alles daran, den Fehler ins Gesamtmuster einzubauen. Was für eine wunderbare Metapher für ein gelungenes Leben.

Wenn die Lehrerin die unterschiedliche Geschwindigkeit von Reifungsprozessen deutlich machen will, bringt sie das Beispiel von Eichen und Kürbissen an. Die einen wachsen sehr langsam, die anderen sehr schnell. Jeder Mensch kann sich entscheiden, ob er lieber eine Eiche sein will, die 20 Jahre braucht, um eine anständige Größe zu erreichen, oder ein Kürbis, der nur zwei Monate dafür braucht. Jeder Mensch ist anders – und das ist gut so. Wenn ein Mädchen aus einer Flüchtlingsfamilie, die im Asylheim wohnt, mit den Unterrichtsinhalten zu kämpfen hat und dabei Hilfe bekommt, ist das großartig. Eine Betreuerin, die sich neben sie setzt und ganz langsam mit ihr den Stoff durchgeht, kann ihr Leben verändern. Solche Menschen kann jeder im Leben gebrauchen, Menschen, die wirklich an unserer Entwicklung interessiert sind.

Sigrid Schoeneich setzt auf die Kraft des Lobs: »Ein Lehrer sollte viel direktes und indirektes Feedback geben. Kurze Kommentare wie ›Das hast du gut auf den Punkt gebracht‹ oder ›Tolle Antwort‹ sollten mit Blickkontakt und der Nennung des Schülernamens verknüpft werden. Erfolgserlebnisse machen resilient und motivieren zu weiterem Wachstum. Schüler sollten auch nicht ständig kontrolliert werden, zu viele Anweisungen und Hilfen lehren die Schüler nur das Gefühl ihrer eigenen Hilflosigkeit und Abhängigkeit.« Am Ende ihres Berufslebens ist Sigrid Schoeneich eine glückliche Lehrerin: »Wer gibt, bekommt auch viel. Wir brauchen resiliente Schüler – und resiliente Lehrer. Viele gehen in Frührente und sind ausgebrannt, weil dieser Beruf so fordernd ist. Aber darauf kann man sich einstellen, wenn man um die eigenen Kräfte und Wohlfühlzonen weiß.«

Selbstvertrauen für Erwachsene:
Wie eine Therapie Blockaden löst

Eine alte Weisheit besagt, dass in der Wirtschaft der Erfolg zu 50 Prozent aus Psychologie besteht. Wenn die Stimmung gut ist und das Selbstvertrauen intakt, gelingt vieles. Das lässt sich auch auf den Rest des Lebens übertragen. Die Resilienz steigt mit einem guten Selbstvertrauen. Wir erleben mehr Erfolge, wenn wir eine solide Vertrauensbasis in uns haben. Aber immer mehr Menschen ist sie abhandengekommen, die Zahl der psychischen Störungen steigt. Statt Selbstsicherheit empfinden viele Verunsicherung.

Es ist keine Schande, hilfsbedürftig zu sein. Und es ist gut zu wissen, an wen man sich wenden kann, wenn man Probleme mit einer schwindenden, kaum mehr wahrnehmbaren Resilienz hat. Jochen von Wahlert ist ein guter Ansprechpartner dafür. Er leitet die Psychosomatische Privatklinik Bad Grönenbach im Allgäu und hat schon vielen Menschen wieder auf die Beine geholfen. »Es ist völlig egal, welchen Lebensstil man hat: Entscheidend ist, dass man selbst und andere nicht darunter leiden«, sagt er. »Manche haben so viel Mist erlebt, dass sich Resilienz kaum aufbauen konnte. Gesundheit ist nicht zu sagen: Ich habe nichts. Gesundheit ist zu wissen, wo ich mir Hilfe holen kann, wenn sie notwendig ist. Männer tun sich da oft schwerer als Frauen, weil sie sich zeitlebens als ›lonesome rider‹ und Django sehen. Die Hälfte der Menschen sucht ein Leben lang nach ihrem Selbstwertgefühl. Auch die großen Zampanos, die mit ihrem prahlerischen Auftreten Selbstzweifel ausgleichen wollen. Aber diese Zweifel kommen immer wieder hoch, wenn die Menschen keine Resilienz haben, die von sicheren zwischenmenschlichen Bindungen, bewältigbarem Stress und konstruktiver innerer Haltung getragen wird. Manche haben eine Eisenmauer um ihr Herz, ich will sie abtragen.«

Jochen von Wahlert ist ein renommierter Facharzt für Psychosomatische Medizin und Psychotherapie, seine Klinik hat vielen Führungskräften, Politikern, Beamten, Unternehmern, Spitzensportlern und Unternehmensberatern geholfen. Auch Chefärzte begeben sich bei Jochen von Wahlert in Behandlung – ein großer Vertrauensvorschuss.

Selbstvertrauen ist für ihn im Leben elementar: »Das Urvertrauen, das wir ganz früh im Leben lernen, bestimmt unseren Bindungsstil. In der gesunden Variante sind Selbstvertrauen und Vertrauen zu anderen Menschen eng miteinander verbunden. Aber es gibt auch Menschen, die sich vertrauen und anderen misstrauen. Und umgekehrt.«

Kann man Selbstvertrauen auf eine Formel bringen? »So wie ich bin, bin ich okay, ich muss kein falsches Selbst vorspielen, damit andere positiv auf mich reagieren, und ich muss auch nicht jedem gefallen.« Das sei gesundes Selbstvertrauen, meint Jochen von Wahlert. Er weiß, dass viele Menschen schnell an ihre Grenzen kommen, wenn sie über ihre

Wirkung auf andere nachdenken. Er glaubt an Veränderung in kleinen Schritten: »Wir machen Lächelübungen, zum Beispiel in einem Geschäft oder auf der Straße. Es geht um das Erlebnis von Unbefangenheit. Hier bin ich – wer bist du? Ganz einfach. Unsere Klienten merken: Wie man in den Wald hineinruft, schallt es zurück. Sie bauen durch solche Übungen Kontakt auf und stellen erste Bindungen zu anderen Menschen her. Das dockt an ein gemeinsames Bedürfnis nach Vertrauen an. Ich empfehle, beim Vertrauen in Vorleistung zu gehen. Die Grundregel lautet: Wenn du etwas bekommen willst, dann gib es zuerst anderen. Wenn ich bei einer Feier in der Ecke stehe und mich für klein und hässlich halte, werde ich auch für einen komischen Typen gehalten. Wenn ich eine misstrauische Erwartung habe, mache ich Erfahrungen, die mich darin bestätigen. Und wenn einem doch mal jemand dumm kommt, haben wir immer das Recht, uns abzugrenzen. Wer mir nahekommt, entscheide ich. Ich allein.«

Eine neue Art von Resilienz zu vermitteln, die eigenen Ressourcen neu zu betrachten, darum geht es Jochen von Wahlert. Er hat die Bedeutung von Traumata in seiner eigenen Familie studieren können. »Mein Vater hatte vier Brüder, alle sind im Krieg umgekommen. Er war der Einzige, der überlebt hat. Dadurch hat er immer ein Schuldgefühl gehabt, eine Art Überlebensschuld. Rational gab es dafür keinen Grund, aber emotional war das so.«

Der Arzt will seelische Verhärtungen lösen, bei manchen Menschen haben sich diese zu einem Trauma entwickelt. Oder sie sind durch außergewöhnliche berufliche Belastungen entstanden. Jochen von Wahlert arbeitet zum Beispiel mit Lokführern, die mit Schienensuiziden konfrontiert waren, mit Soldaten, die in Afghanistan im Einsatz waren. Oder mit Menschen aus Hilfsorganisationen, die nach einem Tsunami oder Erdbeben viel Leid gesehen haben. »Das sind oft sehr resiliente Menschen, die ihre Arbeit als absolut sinnvoll ansehen. Aber wenn die Belastung zu groß wird, kippt es irgendwann.«

Die posttraumatische Belastungsstörung könne zum Beispiel bei Soldaten entstehen, wenn ein Kamerad vor ihren Augen in die Luft gesprengt
werde, sagt der Allgäuer Resilienzarzt: »Jeder würde in so einer Situation schreien, weinen, fluchen. Aber die Bundeswehr hat keine Kultur,
in der man Gefühle zeigen darf. Es herrscht leider immer noch viel zu
oft die Meinung: Das stecken wir weg. Und viele haben auch Angst,
dass sie vom Dienstherrn nicht mehr als verwendungsfähig betrachtet werden, wenn sie offen über ihre Belastung sprechen. Keiner und
keine will als Weichei dastehen, und das kann sich nach dem Einsatz
auch im Privatleben fortsetzen. Die Ehepartner spüren, dass der Heim-
kehrende komisch ist und etwas nicht verarbeitet hat, dieser streitet
das jedoch ab und will nicht darüber sprechen. Durch die Traumatisierung findet eine Entfremdung statt. Dadurch gehen viele Beziehungen
kaputt.«

Was auf keinen Fall mit Resilienz zu verwechseln ist, ist Hardiness, also
Härte um jeden Preis. Adolf Hitlers berühmter Appell an die Hitlerju-
gend, sie möge »flink wie Windhunde, hart wie Kruppstahl und zäh wie
Leder sein«, sei der Schrecken von modernen Resilienzexperten, sagt
von Wahlert: »Das Harte und das Steife bricht, das Biegsame passt sich
an. Für unser Glück brauchen wir beide Aspekte: das Reißfeste und
das Nachgiebige. Die Fähigkeit, mit den Widrigkeiten spielerisch und
schöpferisch umzugehen, ist wichtig.«

Die beste Therapie ist das Leben selbst, weil es uns fordert und im
besten Fall natürlich nicht überfordert. Jochen von Wahlert hat bei seinen Patienten immer wieder einige die Resilienz fördernde Faktoren
beobachtet: »Resilienz entwickelt sich am besten unter dem Einfluss
von Stress, der gut zu bewältigen ist, das ist schon bei Kindern so.
Hilfreich ist Selbstdistanz, die Fähigkeit, innerlich auf Abstand zu sich
zu gehen, sich von außen zu betrachten. Nicht mit dem ersten Impuls
herauszuplatzen. Ein resilienter Mensch hat einen seelischen Binnen-

raum, in dem er seine Probleme sortiert. Das speichert sich in den neuronalen Netzwerken ab und kann, wenn es wichtig wird, verwertet werden.«

Ein weiterer wichtiger Aspekt, den der Arzt trainieren lässt: die Entdeckung des Bauchgefühls. »Was ist wirklich richtig für mich, worin liegt mein wahres Bedürfnis, wo fühle ich mich wohl, wie führe ich ein Leben, das nicht gegen meine eigenen Bedürfnisse gerichtet ist?« Die körperliche Resilienz sei extrem wichtig, sagt der Arzt. »Das Nervengewebe im Bauch ist direkt ans Hirn angeschlossen, die Milliarden von Darmbakterien spielen da auch eine wichtige Rolle. Bei manchen Menschen sind sie nicht in Ordnung. Die tun sich dann erheblich schwerer mit seelischer Widerstandsfähigkeit, wenn sie sich körperlich nicht wohlfühlen. Darm, Herz und Atmung müssen in einer gesunden Balance sein, damit sich der Parasympathikus, der auch für die Sexualität und die Kreativität eine zentrale Rolle spielt, regenerieren kann. Die Zellreparatur funktioniert nicht so gut, wenn wir im Stress sind, dann kommen wir aus dem Kampf-oder-Flucht-Modus nicht heraus.«

Ein gesunder Geist kann nur in einem gesunden Körper wohnen, dieser alte ganzheitliche Grundsatz wird hier gelebt. Bei Jochen von Wahlert wird auch das Zwerchfell trainiert, damit Menschen entspannt mit dem Bauch atmen können.

Der nächste Trainingsaspekt: Das verschüttete Urvertrauen wiederbeleben, in sich selbst und andere. Bei vielen Menschen ist das schwer beschädigt, weiß Jochen von Wahlert: »Es gibt die Abhängigen, zum Beispiel geschlagene Frauen, die wider jede Vernunft zu ihrem Mann zurückkehren, weil ihnen eine schreckliche, aber bekannte Situation immer noch mehr Geborgenheit verspricht als etwas ungewisses Neues. Es gibt sogenannte Vermeider, Männer, die sich nicht auf eine Beziehung einlassen können. Bei allzu viel Nähe nehmen sie die Beine unter die Arme und flüchten. Und es gibt die, die selbst nicht wissen, was mit ihnen geschieht: Frauen, die vergewaltigt wurden und zum

Beispiel beim Säugen ihrer Kinder getriggert werden. Das hinterlässt natürlich Spuren und erschwert es, Vertrauen zu fassen.«

Tiefe Irritation und Selbstentwertung kann es auch bei Menschen geben, die nicht vorbehaltlos von ihren Bezugspersonen geschätzt wurden, sondern nur dann, wenn sie gute Leistungen erbracht haben. Dann ernteten sie Bewunderung, aber nicht Liebe. So etwas kann ein Leben lang nachwirken und in der Frage münden: Bin ich wirklich liebenswert? Ein allzu angepasstes Leben kann den eigenen Wesenskern verdecken. Manche rennen der Liebe, die sie nie bekommen haben, ein Leben lang hinterher.

Geld macht übrigens nicht resilient – es sei denn, es wird in gute Beziehungen und unvergessliche Momente investiert, die Menschen zusammenschweißen. Die Resilienz und auch ihr Gegenteil, die Verwundbarkeit, sind ziemlich demokratisch: Es gibt sie in allen Schichten der Gesellschaft.

Resilienz sei Nachhaltigkeit auf emotionaler Ebene, sagt Jochen von Wahlert. »Die meisten Menschen können eine Krise gut bewältigen, entweder auf beruflicher oder privater Ebene. Wenn aber beides zusammen betroffen ist, bricht vieles auf einmal weg, dann wird es unerträglich. Dann kommen wieder Gedanken von früher hoch, von denen man dachte, sie schlafen unter einem dicken Teppich. Dann breitet sich eine innere Leere aus, und die ist hochbrisant. Wir versuchen in solchen Situationen, die Stärken unserer Patienten wieder zu wecken oder zu fördern und gegenseitige Fürsorgeübungen zu machen, um in der Gruppe ein Stück Urvertrauen wieder aufzubauen. Zum Beispiel die Frage zu stellen: Wofür kann man dankbar sein in den letzten 24 Stunden? Wenn man das regelmäßig macht, senkt das das Stressniveau und führt in der Gruppe zu tiefsinnigen Gesprächen. Shared Humanity heißt das Konzept, das auf die Forschung von Professor P.W. Singer zurückgeht: geteilte Menschlichkeit. Das Gefühl, in der Schwäche nicht allein zu sein und aufgefangen zu werden, sich nicht blamieren zu können, ist sehr wichtig. Man kapiert, dass es zutiefst menschlich ist, Krisen zu durchleben. Empathie ist eine der wichtigsten Voraussetzungen für eine gute Resilienz. Resilienz ist das Gegenteil von Egozentrik. Sie ist immer sozial. Die anderen haben auch Wunden. Und Menschen sind von Natur aus gesellig.«

Es muss eine Zeigefinger-Wende geschehen:
Statt mit dem Finger auf andere zu zeigen,
sollte man die Verantwortung bei sich selbst suchen.

Der Arzt empfiehlt seinen Patienten eine Zeigefinger-Wende: »Viele zeigen mit dem Zeigefinger auf andere und suchen Schuldige. Man muss den Zeigefinger wenden, um Verantwortung für sein eigenes Leben zu übernehmen. Nicht das Spiel ›Mein Chef, mein Mann, mein Sohn …‹ spielen, sondern aktiv nach den eigenen, veränderbaren Anteilen an der Situation fragen. Das ist aktive Selbstfürsorge. Ich sage manchmal zu Patientinnen: Wenn der Mann das Problem ist, müssten Sie den Mann zu mir schicken. Und wenn der Mann das Problem ist, warum sind Sie dann nicht längst über alle Berge? Solche Schuldzuweisungen sind nicht zielführend. Irgendwann muss man aufhören zu hoffen, dass es der andere für einen richtet. Wir erlauben Selbstmitleid nur anfänglich. Dieses ›Ich bin das arme Schwein, warum immer ich?‹-Muster führt in die Irre. Wir bedienen das nicht. Ebenso wenig wie die ständige Selbstabwertung in Zeiten tiefster Verzweiflung. Es bringt nichts, auf sich einzudreschen. Es geht um einen respektvollen, wahrhaftigen Umgang mit sich selbst. Jeder kann sich selbst Rückhalt geben. Das menschliche Gehirn ist aufnahmefähig und wandelbar bis ins hohe Alter, es können immer neue Schaltkreise entstehen.«

Der Psychosomatiker Jochen von Wahlert will mit sanften Impulsen, nicht mit der Holzhammermethode, die Selbstheilungskräfte der Menschen aktivieren. Hilfe zur Selbsthilfe. Ganz im Sinne von Marie von Ebner-Eschenbach, der großen Aphoristikerin: »Wenn es einen Glauben gibt, der Berge versetzen kann, so ist es der Glaube an die eigene Kraft.« Dazu gehört das Verlassen der Opferrolle, wie es auch der Dalai Lama empfiehlt: »Solange du glaubst, dass an allem immer die anderen schuld sind, wirst du viel leiden.« Die Folgerung des Allgäuer Arztes in seinem zutiefst menschenfreundlichen Weltbild: »Nichts verändert sich, bis man sich selbst verändert, und plötzlich verändert sich alles.« Sein größter Erfolg: wenn er Patienten verliert, weil die sich in ihrem Inneren gefunden und keinen seelischen Beistand mehr nötig haben.

5. Leidenschaft:
Mein Antrieb, das Radfahren

Der kostbarste Treibstoff, den wir in uns tragen, ist Leidenschaft. Für etwas zu brennen, sich für etwas begeistern zu können ist der Antrieb, der uns zu Höchstleistungen verhilft. Ohne Leidenschaft ist das Leben grau und monoton. Ohne Leidenschaft erleben wir nicht die Zustände von himmelhoch jauchzend bis zu Tode betrübt. Von Leidenschaft getragen, kann man sehr hoch fliegen. Und tief abstürzen. Die Leidenschaft schafft hier und da sicherlich mal Leiden, aber sie führt uns auch zu Triumphen, zu Entwicklungsschüben, zu neuen Daseinszuständen, die wir uns selbst nicht zugetraut hätten. Die Leidenschaft ist ein Hebel der Extreme.

Ich habe meine Leidenschaft erst spät gefunden. Das Rad war mir nicht in die Wiege gelegt. Erst mit Mitte 20 habe ich es ganz tief in meinem Inneren gespürt: Radfahren, das ist meine Leidenschaft, das setzt Energien in mir frei, das beflügelt mich auf eine ganz besondere Weise. Das möchte ich mit aller Hingabe betreiben. Eine Mischung aus Thrill, Geschwindigkeit, Ausdauer und Sichplagen. Die Schmerzfreiheit, die ich in keiner anderen Sportart so erlebt habe. Die Entspannung danach. Radfahren ist Me-Time: die Zeit mit dem Fahrrad, die nur mir gehört. Es macht mir wahnsinnigen Spaß, mit meinem Rad auf den Straßen dieser Welt zu fahren.

Von kleinen Dorfstraßen auf dem bayerischen Land über die großen Pässe in den Alpen oder die Landstraßen der Schweiz bis hin zu Mallorca und Südafrika. Es gibt kaum ein Land, wo ich noch nicht mit dem Rad war.

Franz Zissler: Entdecker und Förderer der frühen Stunde

Es gibt Menschen, denen ich bis heute dankbar bin, die mein Talent, beherzt in die Pedale zu treten, früh erkannt haben. Es sind diese Leuchttürme im Leben, denen ich bedingungslos vertraue und die schon an mich geglaubt haben, bevor ich mich getraut habe auszusprechen: Ich will Radfahrerin werden. Einer von ihnen heißt Franz Zissler, er hat mich entdeckt. Heute ist er 73 Jahre alt und hat immer noch eine jugendliche Ausstrahlung, er fährt Rad wie ein 30-Jähriger. Franz ist ein Pionier des Behindertenradsports, den es in Deutschland so richtig erst seit 1989 gibt, als die erste Deutsche Meisterschaft stattfand. Eine Vaterfigur, die mir immer ganz viel Vertrauen schenkte.

Er erkannte früh mein Talent. Früher als ich selbst. Mit einer Freundin von ihm war ich damals auf einer Tour durch Niederbayern, ich fuhr noch in einer langen Sporthose, um mir keine Blöße zu geben. Ich war eine Hobbyradlerin, ein bisschen pummelig, weit entfernt davon, als Leistungssportlerin eingestuft zu werden. Er wollte mit mir zusammen fahren, aber ich hatte mal wieder eine Entzündung am Stumpf und kam deshalb ohne Rad zu dem Sichtungslehrgang bei den World Games of Mountainbiking in Saalbach/Hinterglemm, zu dem er mich eingeladen hatte. Plötzlich war ich mittendrin und nicht daneben. Ich erlebte die Siegerehrungen vor rund

3 000 Zuschauern hautnah mit. »Denise, das kannst du auch«, sagte Franz zu mir. Das war der Funke, der ein Feuer in Gang brachte. Franz hat mich angezündet, sein Anstoß hat meinen Ehrgeiz geweckt.

Er machte mir klar, dass ich an meiner amateurhaften Ausrüstung alles ändern musste: Kleidung, Schuhe, Rad, Helm, Klickpedale, Sportprothese. Das alles war neu für mich. Und er vermittelte mich an den Arzt Markus Kessler, der bis heute an meiner Seite ist. Was für ein Glücksfall.

Ich bemerkte, je tiefer ich ins Training einstieg und echte Rennen fuhr, körperliche Veränderungen an mir. Mein Stumpf verlor immer mehr an Volumen, wurde immer schmaler, bis er nur noch aus Gewebe, Haut und Knochen bestand. Aufgrund der hohen Belastungen und der fehlenden Weichteile kam es immer wieder zu Entzündungen. Wir mussten lernen, mit der richtigen Versorgung darauf zu reagieren. Eine Herausforderung für meine Mediziner und meinen Orthopädietechniker. Der Körper einer Behindertensportlerin verändert sich eben immer wieder. Eine ganz neue Erfahrung für mich. Mit vielen Lernkurven und nach dem »Trial and Error«-Prinzip. Ich verlor meinen Babyspeck und wurde immer schlanker. Das Pummelchen, das ich mal gewesen bin, gehörte bald der Vergangenheit an. Und Franz Zissler trieb mich immer wieder an. Er erkannte rasch, dass sich die Schindler ordentlich schinden kann. Wenn wir zusammen Tagestouren machten, bei denen wir 100 Kilometer mit 1 000 Höhenmetern zurücklegten, brachte mich das wirklich weiter, und er ließ nicht locker.

Franz ist ein Vorbild an Resilienz und hat sein Leben dem Sport gewidmet: Beim Fußballspielen hatte er 1973 einen schweren Unfall, vom Trümmerdurchbruch waren ganze Sehnen und Knöchel betroffen, die Wade war weg. Aber man kann auch mit einem versteiften Sprunggelenk prima durchs Leben kommen. »Dadurch kam ich zum Radfahren und sogar zu den Paralympics«, erzählt Franz. »Ich habe unzählige Sportler gefördert und ihnen gezeigt, dass ihre Leistungsgrenzen viel weiter entfernt liegen, als sie selbst denken. Das macht mich dann auch glücklich, wenn ich sehe, was aus ihnen geworden ist. Denise ist ein besonderes Sonnenkind. Nie mürrisch, immer lächelnd. Sie bekommt einen besonderen Glanz in ihren Augen, wenn sie auf das Fahrrad steigt. Dann legt sich in ihr ein Schalter um. Sie bekommt einen unwiderstehlichen Drive, ein Lächeln, das aus der Anstrengung erwächst und aus dem sicheren Gefühl, ein Siegertyp zu sein.«

Da mag er recht haben. Ich trainiere im Jahr rund 15 000 Kilometer. Dass ich auf dem richtigen Weg bin, hat mir Franz Zissler früh prophezeit. Solche Überzeugungstäter wie ihn braucht die Welt. 30 Jahre lang hat er als Abteilungsleiter Radsport beim Bayerischen Behindertensportverband gearbeitet. Im Ehrenamt, seine Brötchen hat er bei der Telekom verdient. Wir Sportler brauchen solche Idealisten, bei denen die Fäden zusammenlaufen. Ohne solche Sterne kommen wir nicht weit. Es gibt Sportfunktionäre, die sich gern mit den Athleten schmücken, aber wenig von ihnen wissen. Und es gibt Leute wie Franz, die mich in den Sattel gesetzt haben. Er ist einer der Gründe, warum ich auch im Kopf sattelfest bin. Ihn kann ich Tag und Nacht anrufen. Er war immer ein ehrlicher Ratgeber, der mir auch sagt, wenn ich mal überdrehe.

Zu Beginn meiner Karriere hatte ich so viele zusätzliche Belastungen neben dem Sport, dass mir an manchen Tagen sogar die Haare ausfielen. Das war ein klares Signal meines Körpers: so nicht! Die Dreifachbelastung von Arbeit, Studium und Training war zu viel für mich. Ich hatte an meinem Körper, der noch gar nicht an den Leistungssport gewöhnt war, Raubbau betrieben. Ich musste etwas ändern und mich entscheiden: Wollte ich weiter auf die Karte Sport setzen? Ja! Ich schloss mein Studium ab und reduzierte anschließend die Stunden in meinem Job. Instinktiv spürte ich: Wenn man etwas liebt und dafür brennt, können große Dinge entstehen, und es wachsen Kräfte in einem, die man vorher gar nicht kannte. Ich glaube nicht an Flügel, die einem bestimmte Energy-Drinks verleihen wollen, ich glaube daran, dass man sich selbst beflügeln kann. Leidenschaft war und ist der Schlüssel dafür. Und für den Erfolg muss man auch mal, pardon für den Ausdruck, Scheiße fressen.

2011 qualifizierte ich mich über ein Last-Minute-Ticket bereits für die Weltmeisterschaft, 2012 für die Paralympischen Spiele in London. Bei der WM startete ich mit Mountainbike-Schuhen und Mountainbike-Helm beim Straßenrennen, es war völlig unprofessionell, ich war ja noch total grün hinter den Ohren. Ich war noch eine blutige Anfängerin, ein Rookie. Mit viel Leidenschaft und Willenskraft. Und ich wurde Weltmeisterin. Ich habe einen Blumenstrauß und ein Regenbogentrikot bekommen. Das war's. Weltmeisterin, also die Beste der Welt in meiner Behinderungsklasse, das ist schon was. Innerlich wuchs ich um ein paar Zentimeter. Ich fühlte eine tiefe Befriedigung in mir: Es war also richtig, alles auf eine Karte gesetzt zu haben. Die Dreifachbelastung aus Sport, Studium und Arbeit hatte sich gelohnt. Ich war auf dem Weg zur Profisportlerin richtig, das spürte ich.

Natürlich wurde ich von Jahr zu Jahr professioneller. Ich lernte, dass ich keine Maschine bin, aber auch bei einer schlechten Tagesform ein gewisses Können abrufen kann. Dass das trotzdem im besten Fall für eine Medaille reichen kann –

es muss nicht immer die goldene sein. Dieses Gefühl gibt mir Sicherheit. Und dann gibt es natürlich auch diese Tage, wenn man vor dem Wettkampf mit einem guten Gefühl aufwacht und es einfach läuft.

Das Vertrauen in das eigene Können und die eigene Leistung lässt einen auch Situationen überstehen, die völlig unvorhersehbar sind. Bei der Bahnrad-WM in Holland fuhr ich mit meiner Kollegin Yvonne mit dem Auto vom Hotel zum Wettkampfort, ich saß am Steuer. Im Vormittagsrennen hatte ich mich für das große Finale qualifiziert. Es ging also um Gold oder Silber. Plötzlich gerieten wir in einen Stau, nichts bewegte sich mehr, weder vor noch zurück. Wir hatten einen Puls von gefühlt 180. Ich überlegte sogar, ob ich die zwei Kilometer zur Halle laufen, in meinem Fall eher humpeln sollte, aber das hätte mich völlig erschöpft. Und es gibt einen Grundsatz in unserer Sportart: Der Radfahrer sitzt, liegt oder fährt Fahrrad. Aber er läuft nicht.

Statt 90 Minuten vor dem Start kamen wir dann 45 Minuten vorher an. Nach einem kurzen Aufwärmen holte ich mir in einem packenden Duell dann die Goldmedaille. Ich wurde zum ersten Mal Weltmeisterin auf der Bahn in meiner (mittlerweile) Lieblingsdisziplin der Verfolgung. Das war ein Schlüsselerlebnis für mich, denn es hat mir gezeigt, dass man gewinnen kann, auch wenn nichts nach Plan verläuft, wenn man nur seiner Stärke und seiner Leistung vertraut. Auf die hatte der Stau ja keine Auswirkung, das Einzige, das mich hätte ausbremsen können, wäre ich selbst gewesen, wenn ich wegen der Umstände den Fokus verloren hätte.

Geld ist nicht der Grund, aus dem ich Sport betreibe, vom Radfahren wird keine Paralympics-Athletin reich. Aber das Minimum an finanzieller Absicherung muss da sein. Seit 2012 werde ich von der Sporthilfe gefördert. Mit 150 Euro. Davon kann keiner leben. Heute sind es immerhin 400 Euro. Für einen Paralympics-Sieg bekomme ich 15 000 Euro. Nach vier Jahren harter Arbeit. Aber auch nur einmal – würde ich in weiteren Disziplinen Medaillen holen, bliebe es trotzdem dabei. 15 000 Euro – die verdient ein Fußballstar wie Thomas Müller an einem halben Tag. Wenn ich Weltmeisterin werde, gibt es einen Blumenstrauß, ein Trikot, eine Medaille und einen Händedruck. Reich werden kann ich in meiner Sportart nicht. Ich meine das Reichwerden auf dem Konto. Aber über all die Jahre bin ich reich an Erfahrung geworden. Reich an Begegnungen. Reich an Selbsterkenntnis. Das ist für mich persönlich eine Menge wert. Mehr als der Kontostand.

Ich hatte vor 2010 überhaupt keinen Kontakt zur paralympischen Welt. Ich war es gewohnt, mit Radfahrern auf zwei Beinen mitzufahren und mitzuhalten. Als ich das erste Mal an einem internationalen Rennen teilnahm, hatte ich ein Aha-Erlebnis. Ich muss gestehen, dass ich mir kurzfristig wie in einer Rocky Horror Picture Show vorkam. So viele Behinderte auf einem Haufen – sorry, das hatte ich so noch nie erlebt. Ich sah Gelähmte, Amputierte, Spastiker und Vernarbte. Die Wunderwelt der Resilienzhelden. Es war das erste Mal, dass ich so viele Menschen mit so unterschiedlichen Behinderungen sah. Aber für sie schien es ganz selbstverständlich zu sein, dass sie Sport betrieben. Sie fragten alle nicht, was sie nicht tun konnten. Ihre Frage lautete: Was geht noch?

Sie sind für mich Helden. Sie haben schon gewonnen, wenn sie bei den Paralympischen Spielen an den Start gehen. Jeder von ihnen hat seine eigene, ganz besondere Erfolgsgeschichte. Aber Medaillen sind der eine Gewinn, Begegnungen der andere. Begegnungen, die unbezahlbar sind und mich jedes Mal tief berühren. Bei diesem Rennen fiel mir ein Franzose mit einem Armstumpf auf. Für einen Sportler erschien er mir zu alt, es war der französische Teammechaniker. Er schraubte mit großer Selbstverständlichkeit an den Rädern – einfach mit der anderen Hand. Wie toll ist das denn, sagte ich innerlich zu mir.

Nach dem Bergzeitfahren wollte ich einem Fahrer die Hand geben und mit ihm abschlagen, aber es ging nicht – sein Arm war fest angeschnallt und bewegte sich nicht von der Stelle. Da zeigte sich, dass ich auch als behinderte Frau nicht auf jede Begegnung mit anderen Behinderten die angemessene Reaktion habe. Aber wir lachten das Missverständnis weg. Unter Sportlern genügt oft nur ein Blick, und man versteht sich. Es wurde ein Running Gag daraus.

Meine Trainer:
Champions fragen immer nach dem
Wie, Warum und Was

Die Menschen, die meine Leidenschaft befeuern und manchmal auch zügeln, wenn ich überdrehe, sind meine Trainer. Tobias Bachsteffel, der Bundestrainer, glaubt, dass ich keinerlei Ansporn brauche, weil meine intrinsische Motivation, also die aus eigenem Antrieb erwachsene, so stark sei. Er findet sogar, dass ich manchmal zu viel tue: »Manchmal würde etwas Gelassenheit zügiger zum Ziel führen.« Meinen Spitznamen »Killerbiene« interpretiert er gar nicht so aggressiv, wie man es sich denken könnte: »Ich finde, Aggressivität zählt nicht zu den wichtigsten Attributen eines Sportlers. Zielstrebigkeit, Kontinuität, Cleverness stehen da weit vor Aggressivität. Denise hat all diese Eigenschaften.« Er lobt mein Körpergefühl und betont: »Als

Radsportler ist es essentiell, über Jahre seinen ›Motor‹ kennenzulernen.« Er glaubt, dass der Sport für mich auch der Anfang
meines Wegs zu einer erfolgreichen Geschäftsfrau ist.

Im Laufe der Karriere muss man schon für nach der Karriere
sorgen, davon bin ich überzeugt. Das sieht auch Daniel Healey
so, mein persönlicher Coach: »Viele Athleten haben das Problem, dass sie nach dem Karriereende untergehen und in ein
tiefes Loch fallen. Sie haben nicht verstanden, dass Sport nicht
das ganze Leben ist. Plötzlich erzielen sie keine Erfolge mehr,
ihre Identität wankt. Bei Denise glaube ich nicht daran. Sie hat
schon jetzt eine gute Balance. Sie ist ein Entrepreneur – eine
vielseitige und risikofreudige Unternehmerin, keine Unterlas-
serin. Und der Sport gibt ihr gute Lektionen für ihr weiteres
Leben mit auf den Weg.«

Daniel Healey ist der Coach an meiner Seite und stimmt
jeden Tag aufs Neue mein Training ab. Er ist ein Star-Trainer
unter den Radsportlern, und es ist für mich eine Ehre, mit ihm
zusammenarbeiten zu dürfen. Der Radexperte und Ernäh-
rungswissenschaftler aus Australien, der im Allgäu lebt, hat
schon viele Sportler bei der Tour de France, bei Weltmeisterschaften und den Olympischen Spielen betreut. Er lobt mich,
weil ich bei seinen Vorgaben voll mitziehe, aber auch viele Fragen stelle: »Champions stellen bei allem, was sie tun, Fragen:
Wie? Warum? Was? Denises Mindset ist geprägt von unermüd-
licher Neugier, aber sie muss nicht mühsam überzeugt werden.
Unser Training ist wissenschaftlich erprobt. Wir planen immer
den nächsten Schritt ihrer Entwicklung. Und Denise ist eine
der professionellsten Athletinnen, die ich je betreut habe. Wenn
ich ihre Trainingsdaten checke, hat sie die immer übererfüllt.
Sie betrügt weder mich noch sich selbst. Sie ist verbissen, das
lernt man auf dem Rad im deutschen Winter. Wenn man kei-

ne Verbissenheit hat, kann man jede Ambition vergessen. Und Ambition ist es, das große Bild zu sehen.«

Daniel Healey glaubt nicht, dass »Killerbiene« ein treffender Nickname für mich ist: »Dafür ist Denise zu nett. Aber ich habe sie auch noch nie wütend erlebt. Denise ist allerdings unerbittlich, wenn sie etwas Greifbares wie eine Medaille haben will. Dann lässt sie sich auch von Entzündungen ihres Beines nicht aufhalten, die uns leider auch schon mal einen Strich durch die Rechnung machen wollten. Wir hatten deshalb viele Hochs und Tiefs, aber genau da zeigt sich ihre mächtige Resilienz. Mit einer schweren Entzündung gewann Denise bei der WM 2020 Bronze. Bronze ist für manche Athleten manchmal ein Trostpreis – ein Nice-to-have, aber kein Triumph. Für Denise war es der größte Sieg über ihr körperliches Unglück, das beste Beispiel für Resilienz. Aber die beste Denise aller Zeiten habe ich noch nicht erlebt. Sie hat ihr Potenzial noch nicht ausgereizt. Im Training ist sie schon Weltrekord gefahren. Manchmal nehmen wir drei Stufen auf einmal und fallen wieder auf null zurück, dann gehen wir zwei Schritte in die richtige Richtung und einen zurück.«

Erfolg ist immer Teamwork. Und ich habe das Glück, mit den Besten der Besten zusammenarbeiten zu können. Ich habe den besten Entdecker. Die beste Mentaltrainerin. Und den besten Schrauber. Der mir mit seiner Geschichte wieder einmal bestätigt hat, dass aus Pech Glück werden kann. Die Dialektik des Lebens. Das Paradoxe an einem Malheur ist ja, dass es uns zu Menschen führt, die uns wirklich weiterbringen.

Mein Schrauber Thomas Stannecker:
Killerbiene, du packst jetzt deinen Stachel aus!

Jeder Verlust kann ein Gewinn sein, jedes Ärgernis, jeder Mangel kann einen weiterbringen. Der Mann, dem ich diese Erkenntnis mit verdanke, ist Thomas Stannecker, mein Radmechaniker. Seit 2017 kenne ich ihn. Als Mechaniker ist er ein Genie, als Mensch Weltklasse. Und ich habe ihn nur dank eines Malheurs kennengelernt. Ich habe damals selbst an meinem Hightech-Rad herumgeschraubt und eine Unterlegscheibe in eine Ritze fallen lassen. Zwei Tage vor Abflug zu den Weltmeisterschaften in Südafrika. Ich hatte mein Fingerspitzengefühl mal wieder überschätzt. Ohne dieses winzige Teilchen hätte ich mein nächstes Rennen nicht fahren können. Durch eine Empfehlung landete ich bei Thomas in der Werkstatt, sein Laden ist zehn Kilometer von meinem Wohnort entfernt. Er griff in eine Zauberkiste mit viel Krimskrams und holte ein ähnliches Teil heraus, das haargenau passte. Er war meine Rettung. Ohne meine Dummheit hätte ich Thomas wahrscheinlich nie kennengelernt, jetzt ist er meine Rad- und Lebensversicherung.

Er präpariert meine Räder vor jedem Einsatz perfekt, hebt mich aufs Rad und fängt mich wieder auf, wenn ich nach einem Rennen völlig verausgabt mit einem Puls von 190 fast vom Rad falle. Er hört sich mein Pfeifen, mein Schnaufen, mein Ächzen an. Er bremst mich im wahrsten Sinne des Wortes auf eine sanfte Art aus, weil unsere Räder auf der Bahn ja keine Bremsen haben. Ich trainiere oft mit ihm, weil er selbst mal als Radfahrer in der nationalen Spitzenklasse mitfuhr. Er ist sozusagen mein Derny (leichtes Motorrad), mein Schrittmacher, der Mann, der vorausfährt und mich zu Höchstleistungen antreibt. Thomas ist 24 Jahre älter als ich, aber er hat die Fitness eines bayerischen Naturburschen. Und kann mir immer noch davonfahren, wenn er will. Das Schönste sind die Pausen bei unseren Trainingstouren. Wenn wir an einem See sitzen und Kaffee trinken – Belohnung muss sein.

Thomas strahlt eine Fröhlichkeit aus, die ihre Ursprünge in seiner Lebensgeschichte hat. Er ist auch ein Resilienzriese, sein Leben ist wahrlich nicht immer glatt verlaufen. Sein jüngerer Bruder starb bei einem Autounfall – nachdem er einen Traktor überholt hatte, übersah er ein entgegenkommendes Auto. »Das verfolgt mich mein ganzes Leben, wir hatten ein sehr inniges Verhältnis«, sagt Thomas. Aber er zeigt keine Spur von Verbitterung. Obwohl es so scheinen könnte, als ob auf seiner Familie ein Fluch läge: Die Mutter litt an Krebs, der Vater musste ins Heim, und die Frau von Thomas war mit der Parkinson-Krankheit geschlagen, ihr wurden beide Nieren entfernt. Viel mehr Leid geht nicht. Thomas musste seine Zeit aufteilen zwischen seinem Fahrradgeschäft, den Besuchen bei seiner Frau im Krankenhaus und dem Aufziehen von zwei Söhnen. Woher er die Energie dafür genommen hat, weiß er selbst nicht, er hat einfach funktioniert. »Das lernt man im Sport: nie aufgeben. Man denkt: Ich kann nicht mehr – und dann geht es doch!«, sagt er. Er hat die Dramen, die viele andere umgeworfen hätten, gut bewältigt. Weil er im Rest seines Lebens angekommen war.

Auch er hat sein Hobby zum Beruf gemacht – etwas Besseres gibt es nicht. Der gelernte Kfz-Mechaniker, der an der Tankstelle seiner Eltern gearbeitet hat, wusste früh, dass Fahrräder seine wahre Leidenschaft sind. »Radl-Tankstelle« hat er seinen Laden genannt. Als Hommage an die Tankstelle, die er früher mit seinen Eltern betrieben hat. Dort verkauft er jetzt Räder an Omas und an ambitionierte Rennfahrer. »Manchmal kamen auch Leute zu mir, die kurz vorher den Führerschein verloren

hatten, weil sie zu viel getrunken hatten.« Sie haben aus der
Not eine Tugend gemacht und die Zeit dann genutzt, um sich
für das Rad zu begeistern. Aus ihrer Trauer um den Führerschein haben sie das Beste gemacht: eine neue Begeisterung
gefunden, das Radfahren als großes Hobby entdeckt. Damit
kann man Entschleunigung üben, aber auch Beschleunigung.
Ganz so, wie es jedem beliebt.

Für mich ist Thomas auch eine Tankstelle. Ich tanke bei
ihm Optimismus, technische Sicherheit, Anfeuerung, Motivation. »Killerbiene, du packst jetzt deinen Stachel aus«, feuert
er mich an, wenn er spürt, dass ich am Aufgeben bin. Er ver-
passt mir auch mal, mit Verlaub, einen Arschtritt, wenn ich ihn
brauche. Und er baut mich auf, wenn ich nach einer Führung
im Straßenrennen vom Hauptfeld eingeholt werde und nur die
Holzmedaille, also den vierten Platz, erringe. Bei ihm sitzt nie
eine Schraube locker. Und für das Radfahren lebt er. »Ich habe
mit dir Momente erlebt, die man nicht kaufen kann«, sagt er.
Und damit meint er nicht nur die Triumphe, die wir zusammen erlebt haben. Gerade Niederlagen schweißen zusammen.
»Prinzessin« nennt er mich schelmisch. Er ist inzwischen für
die Räder der ganzen paralympischen Mannschaft zuständig,
meine Räder sind also bestens bei ihm aufgehoben.

Wie schaut so ein Rennrad von mir eigentlich aus? Es muss
mindestens 6,8 Kilo wiegen und hat viel weniger Speichen als
ein normales Rad, 24 statt 36, weil jede Speiche Verwirbelun-
gen verursacht. Die Schaltung läuft über Funk, im Hebel ist ein
Sender, es gibt keine Kabel, keine Drähte. Der Luftdruck beträgt
zwischen acht und zehn Bar, je nach Beschaffenheit der Straßen
und des Wetters. Das Rad ist aus Carbon und aerodynamisch
im Windkanal getestet, ein Kraftmesser in der Kurbel misst
den Druck aufs Pedal, die Übertragung meiner Energie. Die

Räder sind Hightech pur und haben ihren Preis. Mein Sponsor BMC stattet mich mit den besten Rädern auf dem Markt aus. Meine Lieblingsrennmaschine aktuell: die Timemachine Road. Es sind hochsensible Rennmaschinen, die nicht unter 10 000 Euro zu haben sind. Aber das Fahrgefühl auf so einem Rad ist unbezahlbar und nicht im Ansatz vergleichbar mit Rädern aus dem Baumarkt.

Inspiration: Wie andere Menschen das Feuer in uns entfachen können

Sein Leben lang muss man lernen, auf sein Gefühl zu vertrauen. Auf seine innere Stimme zu hören. Nur wer lernt, seinem Bauch zu folgen, kann seinen eigenen Weg einschlagen. Einen Weg, der noch nicht vorgetrampelt und schön geteert ist. Er ist zu Beginn gern mal holprig. Es gibt noch keine Wegweiser links und rechts. Den eigenen Weg zu gehen kostet Mut, Durchhaltevermögen und Kraft. Vor allem auch die Fähigkeit zu lernen. Den eigenen Weg zu gehen sorgt aber auch dafür, dass wir jederzeit einen Blick in den Spiegel werfen können, ohne etwas zu bereuen. Und sind wir ihn bis zum Ende gegangen, erfüllt es uns mit Stolz. Stolz darauf, nicht dem gefolgt zu sein, was andere sich für uns wünschen und von uns erwarten. Wenn wir den Mut haben, einen Weg einzuschlagen, der uns erfüllt, leben wir ein Leben ohne Reue. Ohne ständige Fragen wie »Was wäre gewesen, wenn ...?« und »Hätte ich doch lieber ...?«.

Doch wie findet mein »seinen Weg«? Sich ausprobieren, reisen und in verschiedene Möglichkeiten reinschnuppern ist sicherlich wichtig. Oft ist es aber auch ein Impuls von außen, der uns inspiriert. Der uns zeigt, wo unser Weg hinführen könnte.

Welche Werte und Lebensweisen uns wirklich am Herzen liegen. Manchmal ist es ein Aha-Erlebnis, ein Beispiel, wie man es eben auch machen kann, das in uns ein Feuer entfacht. Inspiration ist ein Geschenk, weil wir Menschen soziale Wesen sind und von anderen immer etwas lernen können. Im Idealfall natürlich die guten Seiten. Man muss darauf achten, dass man sich selbst immer treu bleibt und keine Kopie eines anderen wird. Aber nur wer mit offenen Augen und empfänglichem Geist durch das Leben geht, kann sein volles Potenzial entfalten und wird an Meinungen anderer und Vorbildern wachsen.

Eine Athletin, die ich sehr bewundere, ist Chrissie Wellington. Über so viele Jahre war die Engländerin die überragende Frau im Triathlon. Sie hat zwei Uniabschlüsse und ihren Doktor in Entwicklungsforschung gemacht, hat die britische Regierung auf einem UN-Gipfel vertreten und ist auch gut in der Kunst des Loslassens. Ihr Buch *Ein Leben ohne Grenzen* bot mir zu Beginn meiner Karriere sehr viel Motivation. Die Frau, die als Mädchen den Spitznamen »Trottel« (engl. »Muppet«) trug, hat Maßstäbe gesetzt.

In allen Sportarten muss man ans Limit gehen, aber niemand kann besser als sie erklären, was die Faszination dieses besonderen Sports ausmacht. »Was den Ironman von allen anderen sportlichen Wettkämpfen unterscheidet, ist die Körperlichkeit des Kampfes gegen einen felsenfesten und unnachgiebigen Feind: gegen das Rennen selbst. Hier lernt man das Menschsein in seiner rohesten, in seiner besten und schrecklichsten Form kennen. All das fördert der Ironman in uns zutage. Schon das Finish ist beim Ironman wie ein Sieg: Viele müssen sich unterwegs am Straßenrand übergeben, manche verlieren die Kontrolle über ihre grundlegenden Körperfunktionen, andere kollabieren, laufen sich ins Delirium, stürzen sich in den Endspurt, wenn die Ziellinie meilenweit entfernt ist. Dieser (Wett-) Kampf ruft heftige Emotionen hervor und zwingt die Teilnehmenden, tief in sich zu schürfen – physisch und psychisch. Dazu kommen die Euphorie und Erleichterung, wenn man es bis ans Ziel geschafft hat. Inspirierend ist das einzig richtige Wort, um dieses Erlebnis zu beschreiben.«

Chrissie hat eine große Stärke: Sie ist Perfektionistin, ein Kennzeichen der großen Athleten. Schlampige Genies gewinnen selten und schon gar nicht auf Dauer. Aber Chrissie hat auch eine große Schwäche: Sie ist Perfektionistin. Das wirkte sich vor ihrer Sportkarriere auf ihr Privatleben aus. Chrissie entwickelte zwei lebensgefährliche Essstörungen, denen sie nur mit sehr viel Resilienz entkam. Ihre Familie half ihr, weil sie ihr klarmachte, dass es so nicht weitergehen konnte, sie hatte Menschen, denen sie sich öffnen konnte. Und Chrissie fand eine Leidenschaft, die alles andere verdrängte: den Sport, den man als essgestörte Athletin nicht auf allerhöchstem Niveau betreiben kann.

Chrissie ist ein Suchtmensch und ein Kontrollfreak, das gibt sie freimütig zu. Erst als der Sport ihre Droge wurde, wendete sich ihr Leben zum Guten. »Von allen Drogen ist Sport die beste, die man bekommen kann! Eine Sucht muss nicht unbedingt ein schädlicher Impuls sein. Letztendlich geht es darum, das suchthafte Verhalten in etwas Positives zu kanalisieren.« In manchen Sätzen von Chrissie kann ich mich selbst wiedererkennen: »Meine Beziehung zu meinem Körper war über Jahre hinweg eine schwierige. Mal liebte ich ihn, mal verzweifelte ich an ihm, manchmal sah ich ihn nur als wenig mehr als ein Spielzeug, das sich meinem Willen zu beugen hatte, als ob es sich um etwas von mir Getrenntes handeln würde.«

Junge Mädchen können einander wahnsinnig stark beeinflussen, leider auch destruktiv. Als eine Freundin von Chrissie ihr davon erzählte, dass sie Experimente mit Bulimie betrieb, wurde Chrissie angesteckt von dem Wahn, sich zu erbrechen. Sie wollte wie Kate Moss aussehen und die totale Kontrolle über ihren Körper haben. »Wann immer mich Schuldgefühle wegen etwas plagten, was ich gegessen hatte – was mit 17 Jahren häufiger vorkam –, war Erbrechen die einfachste Art und Weise, es ungeschehen zu machen. Doch je öfter man sich den Finger in den Hals steckt, umso höher ist der Tribut, den man zahlen muss. Ich kann gar nicht mehr zählen, wie oft ich in den folgenden Jahren zusammengekrümmt über einer Kloschüssel hing und versuchte, die widerliche Gallensäure auszuspucken, bevor sie meine Zähne verrotten ließ. Meine Speiseröhre wurde immer rauer und wunder.«

Erst als ihr klar wurde, dass ihr Verhalten eine richtige anerkannte Krankheit war, die auf dem Schlankheitswahn basierte, kam Chrissie davon los. Die Freundin, die sie zur Bulimie angestiftet hatte, war auch diejenige, die sie wieder davon abbrachte. Chrissie erkannte, das Bulimie irrational, gefährlich und widerlich war. Aber die tiefere Ursache ihres Verhaltens war noch in ihr: der unselige Perfektionszwang. In ihr Tagebuch schrieb sie: »Ich muss an meinen eigenen Fehlern arbeiten. Einer meiner Fehler ist meine Neigung, immer um die Anerkennung und Würdigung durch andere zu ringen. Ich denke, das spiegelt mein mangelndes Selbstvertrauen wider – ständig brauche ich eine Rückversicherung meiner selbst. Schon seltsam, denn ich bin sicher, dass die meisten Menschen mich in Wahrheit ganz anders wahrnehmen.«

Nach der Bulimie verfiel sie der Magersucht. »Alles hatte auf die übliche Art und Weise begonnen: mit der Frage nach dem Körperbild. Wenn man ehrgeizig und zwanghaft ist, wird das Ganze zu einem inneren Wettkampf. Jeden Tag versuchte ich, etwas weniger zu essen als am Tag zuvor. Wenn es mir gelang, fühlte ich mich gut.« Die negativen Auswirkungen spürte Chrissie aber bald: Zähneknirschen in der Nacht, ergraute Haare, die ausfielen, ausbleibende Periode. Ihre Ausrede gegenüber anderen: Sie litte an einer tropischen Krankheit. Erst als sie ein Foto von sich sah, klickte es bei ihr. »Ich war schockiert: Irgendwie traf mich dieses Foto des armen, frierenden Wesens, das nichts mit meinem zurechtgebogenen Selbstbild im Spiegel gemein hatte, mit voller unbarmherziger Wucht und machte mir klar, wie abgemagert und krank ich war. Ich sah einfach furchtbar aus!«

Ihr Bruder redete ihr ins Gewissen: »Du bist so egoistisch. Es zerreißt Dad und Mum doch auch. Du denkst, es ist nur eine Essstörung. Mit der du zu kämpfen hast. Tja, so einfach ist es nicht. Es betrifft unsere ganze Familie. Du kümmerst dich überhaupt nicht darum, was du uns antust.« Bei Chrissie legte sich ein Schalter um, sie verstand, dass die Familie ihr Kokon war, wie bei mir. Dass ihr Körper nicht nur ein formbares Objekt war, sondern ein wesentlicher Bestandteil ihrer selbst. Endlich nahm sie sich als ganzheitliches System wahr. Sie besiegte die Dämonen in ihr, der London-Marathon war ihr Erweckungserlebnis. Das Laufen hatte die Essstörung verdrängt. So viel zur Heilkraft des Sports.

Chrissie ist Frauenpower pur, und sie denkt auch an andere. Das tue ich auch. Ich bin Feministin in dem Sinne, dass ich immer gegen Ungerechtigkeiten kämpfen werde. Feminismus ist ja nicht Männerhass. Es geht mir darum, Männer und Frauen, die es sich im Patriarchat gut eingerichtet haben, wachzurütteln. Meine Message per Post am Weltfrauentag 2020 an alle Frauen:

Guten Morgen, ihr Powerfrauen da draußen! ♀🔥♀ Egal was dein Ziel ist – mit deinem Glauben daran wirst du alles erreichen können. Sei die Gestalterin deines Lebens und lass dich nicht von anderen davon abhalten. Die Welt ist bereit für mehr Frauenpower! Also lasst uns Seite an Seite gehen, egal wie stark der Wind uns ins Gesicht peitscht.

Abenteuerlust und der Wille zur eigenen Entwicklung, das zeichnet Chrissie Wellington aus. Ich glaube, da sind wir Schwestern im Geiste. Die Bilanz ihres Sportlerlebens liest sich wie ein langer Weg zu sich selbst: »Ich sehe mein Leben am liebsten als Baum mit Ästen, die sich in alle möglichen Richtungen strecken. Es gibt kein Ziel, nur den Impuls zu wachsen. Ich bin nie aufgebrochen, um Weltmeisterin zu werden, genauso wenig wollte ich aber jemals mit der Frage ›Was wäre geschehen, wenn ...?‹ zurückbleiben. Auf meinem Weg konnte ich immer wieder aus der Entfernung Grenzen sehen, die sich beim Näherkommen aufgelöst haben. Sie stellten sich als unwirklich heraus, als bloße Annahme. Und das war die bewegendste Erkenntnis für mich.«

Die andere Figur, die mich bis heute inspiriert, ist Muhammad Ali, der größte Boxer aller Zeiten. Auch ihm ist der Gegenwind stark ins Gesicht gepeitscht. Aber es ist nicht seine Schlagkraft, die mir so imponiert, oder seine tänzelnde Leichtfüßigkeit, die er schon als junger Mann einübte, als er im Morgengrauen in Schnürschuhen mit Bleisohlen joggte. Es ist sein Mindset. Er hat seine Gegner mit seiner mentalen Kriegsführung eingeschüchtert. »Ich bin der Champion, ich bin der Größte« – er musste es nur oft genug wiederholen. Bis es die anderen und auch er selbst geglaubt haben. »Man muss sich selbst Gerechtigkeit verschaffen in dieser schlechten Welt«, das war sein Glaubensbekenntnis. Das war Selbstsuggestion und ganz großes Entertainment, aber es machte auch etwas mit dem Gegner. Im Trashtalking war er unerreicht. Das entfällt in meiner Sportart. Aber dieses immer wieder beschworene Vertrauen in die eigenen Fähigkeiten, das tut jedem Sportler gut. »Flieg wie ein Schmetterling, stich wie eine Biene«, hat Ali sich immer wieder selbst eingehämmert. Poetischer kann man dieses Mantra der Selbststärke kaum formulieren.

Vom Glück, Pech zu haben – das Leitmotiv meines Buches trifft auch auf Muhammad Ali zu, als er noch Cassius Clay hieß. Als Zwölfjähriger bekam er ein nagelneues rotes Fahrrad von seinen Eltern geschenkt, es war sein ganzer Stolz. Als es ihm in seinem Heimatort Louisville vor der großen Columbia-Halle geklaut wurde, schossen ihm die Tränen in die Augen, er rannte empört zur Polizei: »Wenn ich diesen Drecksack erwische, schlage ich ihn windelweich.« Und geriet an einen Polizisten, der im Keller der Halle, vor der das Fahrrad geklaut wurde, Nachwuchsboxer trainierte. Der Gesetzeshüter konnte ihm das Fahrrad nicht mehr beschaffen, aber er drückte ihm eine Einladung zum Training in die Hand.

Es sind genau solche Zufälle, die ein Leben wenden können. Ali ist viel mehr als ein Sportler, er ist ein Gesamtkunstwerk, eine wichtige historische Figur. Seine Biographie ist die eines Resilienzriesen: Er kämpfte wie kaum ein anderer gegen den Rassismus, den er selbst nach seinem Olympiasieg spürte, als ihm ein Kneipenwirt im Weißenviertel den Zugang versperrte: »N*** bleibt N***, die werden hier nicht bedient.« Aus Ärger soll er seine Goldmedaille dann in den Ohio geworfen haben.

Am Ende seines Lebens kämpfte der Mann, der rund 20 000 Schläge abbekommen hatte, mit seinem mächtigsten Gegner: der Parkinson-Krankheit. Der wache Geist blieb ihm, nur die schnelle Zunge war Vergangenheit. Aber Klagen hörte man von ihm nie. Ali behielt immer seine Würde, auch als er 1996 bei den Olympischen Spielen in Atlanta die Flamme entzündete. Er war ein König und ließ sich auch nicht von seiner Krankheit unterwerfen. Er sah sich nie als Opfer, sondern als Gestalter seines Lebens. Und er hatte einen großartigen Humor: »Ich begnüge mich damit, als großartiger Boxer in Erinnerung zu bleiben, der ein Champion und Fürsprecher seiner Leute wurde. Und es würde mich nicht einmal stören, wenn die Leute vergäßen, wie gut ich aussah.«

Es ist nicht leicht, zur weltweiten Legende zu werden. Aber er hat es geschafft. Weil er eine der besten Storys schrieb, die der Sport je hervorgebracht hat. Und welche Sportart bietet sich besser an, um das Phänomen Resilienz zu illustrieren? Beim Boxen muss man oft sehr viel einstecken, aber man kann auch austeilen. Es geht darum, nicht getroffen zu werden, der Gewalt auszuweichen. Dafür muss man clever sein, ein gutes Auge und eine Intelligenz im Ring haben. Ali war kein Haudrauf. Er hat seine Kämpfe weniger mit roher Gewalt als mit List gewonnen, weil er von einem überzeugt war: »Ein Mann ohne Phantasie hat keine Flügel.« Er war im Kopf weiter als seine Gegner, und er hatte diesen unbesiegbaren Freiheitsdrang. »Ich muss nicht sein, was ihr wollt. Ich bin frei zu sein und zu denken, was ich will.« Er hat mir Kernsätze in den Kopf gepflanzt wie: »Unmöglich ist keine Tatsache, sondern eine Meinung. Unmöglich ist keine Erklärung, sondern eine Niederlage. Unmöglich ist vorübergehend. Nichts ist unmöglich.« Starke Worte, die sich einbrennen. Ali ist nicht tot, seine Botschaft lebt weiter. So viel Inspiration hat er uns geschenkt.

Der Rassismus, mit dem Ali zu kämpfen hatte, ist auch ein furchtbarer Teil der Geschichte von Südafrika. Daran denke ich immer, wenn ich ins Flugzeug steige und dieses wunderschöne Land besuche. Für Radfahrer ist es ein Eldorado. In der Gegend um Kapstadt kenne ich viele Straßen. Ich mag die Südafrikaner, sie sind freundlich, warmherzig, gut gelaunt und entspannt. Das schreckliche System der Apartheid, das Menschen erster und zweiter Klasse schuf, haben sie hinter sich gelassen – zumindest offiziell. Immer wieder begegne ich dort den Erinnerungen und Monumenten an Nelson Mandela. Seine Kunst des Durchhaltens und des Verzeihens, die er wie kein anderer nicht nur gepredigt, sondern auch gelebt hat, hat mich inspiriert und mir viele Weisheiten für mein eigenes Leben mitgegeben. Mandela war über 27 Jahre im Gefängnis, aber er hat dort keinen Hass entwickelt, er ist nicht verbittert, er ist sich selbst treu geblieben. Als Figur auf einem Sockel hat er sich nie gesehen, wie er einmal selbst sagte: »Eines der Probleme, die mich im Gefängnis zutiefst beschäftigten, war das falsche Bild, das ich ungewollt in der Welt verbreitet hatte: Man betrachtete mich als Heiligen, aber das war ich nicht. Selbst wenn man auf die bodenständige Definition zurückgreift, wonach ein Heiliger ein Sünder ist, der sich zu bessern sucht.«

Wenn jemand so eine Selbstdistanz hat, dann ist er wirklich gesegnet. Aber mich hat auch die ewige Zuversicht von Nelson Mandela begeistert: »Ich bin ein Optimist. Ob das angeboren oder anerzogen ist, kann ich nicht sagen. Zum Optimistischsein gehört, das Gesicht der Sonne zuzuwenden und immer vorwärtszugehen. Es gab viele dunkle Stunden, in denen mein Glaube an das Gute auf eine fürchterliche Probe gestellt wurde, aber ich wollte und konnte mich nicht aufgeben. Dann hat man verloren. Und stirbt.« Kann man das Grundprinzip Resilienz schöner formulieren? Never give up.

Mandela war jemand, der Vorstellungskraft für wichtig hielt: »Es erscheint immer unmöglich, bis es getan wird.« Wie wahr – man muss es einfach probieren. »Jeder kann über sich hinauswachsen und etwas erreichen, wenn er es mit Hingabe und Leidenschaft macht.« Seine Überzeugungen haben ihn weit getragen. »Ein Sieger ist ein Träumer, der nie aufgibt«, davon war der Friedensnobelpreisträger überzeugt. Er war immer jemand, der den Erfolg mit der Demut vereint hat: »Nachdem man einen großen Berg bestiegen hat, findet man nur die Erkenntnis, dass es noch viele andere Berge gibt.«

Am besten unter all seinen Botschaften gefällt mir der Satz: »Beurteile mich nicht aufgrund meiner Erfolge, beurteile mich danach, wie oft ich hingefallen und wieder aufgestanden bin.« Das ist die wahre Botschaft der Resilienz. Die Freuden der Mühe sind die kostbarsten. Oder mit anderen Worten: »Das Größte, was man erreichen kann, ist nicht nie zu straucheln, sondern jedes Mal wieder aufzustehen.« Ein Mann, der mit seinen Worten und Taten die Welt verändert hat. Die Kraft des Sports hat er dabei immer wieder herausgestellt: »Sport hat die Kraft, die Welt zu verändern.« Diese Überzeugung teile ich von ganzem Herzen. Ich würde sogar noch einen Schritt weiter gehen: Sport hat die Kraft, unser Leben zu verändern.

MEIN RESILIENZ-TIPP TO GO
Frage dich, wofür du Leidenschaft in deinem Leben empfindest! Deine Leidenschaft ist der Ansporn und Treibstoff, der dich zu jedem Ziel führt.

Resilienz-Guide 5: **Leidenschaft**

Ingo Froböse ist ein Mann, der gern die Rollen wechselt. Der Professor für Prävention und Rehabilitation an der Deutschen Sporthochschule in Köln setzt sich auch mal in den Rollstuhl, um Rollstuhl-Basketball zu spielen. Er spielt Goalball mit Blinden und fährt mit Augenbinde Straßenbahn, um sich besser in behinderte Studenten hineinzuversetzen. Er ist ein großer Befürworter der Inklusion. »Wir sind in Deutschland normbesessen, weil wir das Land der Ingenieure sind, aber die einzige Norm, die es bei Menschen gibt, ist die Vielfalt.« Und bei Sportlern natürlich die Leidenschaft.

Auch Ingo Froböse, der als Sprinter zur deutschen Spitzenklasse zählte (Bestzeit 10,1 Sekunden über 100 Meter), nennt bei Sportlern die Leidenschaft als Kernkompetenz. »Der Sport wird zur Obsession. In jedem Sportler steckt ein Ästhet und ein Narzisst. Und ein Möchtegern-Siegertyp. Die Besessenheit von dem Sport haben viele. Sie prägt alle Leistungsträger und ist Grundvoraussetzung für starke Leistungen. Talent allein reicht nicht. Wir werden alle mit Schätzen geboren, die müssen wir entdecken, ausdifferenzieren, ausprägen. Wenn möglich auf eine kluge Weise.«

Leidenschaft braucht Disziplin, Disziplin braucht Leidenschaft, das weiß der athletische Professor, der sechsmal die Woche zwölf Kilometer läuft. »Sechsmal in der Woche zu trainieren kann man nur mit einer großen Portion Leidenschaft durchhalten. Und mit dem Lustgefühl, das ich danach unter der Dusche empfinde und das mich motiviert: Wie ist das schön, das mache ich morgen gern wieder. Ich laufe auch gern mit meiner Frau, das ist ein zusätzliches Geschenk. Wir sind 41 Jahre verheiratet. Der Sport verbindet uns, meine Frau war auch eine Leichtathletin der Spitzenklasse. Aber Wettbewerb in unseren Altersklassen lockt uns heute nicht mehr, wir brauchen keine weitere Kerbe im Colt. Lieber gehen wir gut essen – zu einem Sternekoch.«

Ingo Froböse lobt die Leidenschaft als Motor jedes Antriebs, aber er sieht auch die Probleme: »Die Leidenschaft lockt das wahre Potenzial aus uns hervor. Und viele fühlen sich dadurch unzerstörbar – was natürlich ein Irrtum ist. Die Organe stehen bei Höchstleistungen vor größten Herausforderungen. Es ist eine komplexe psychophysische Regulation.«

Die Gefahr bei der Leidenschaft, auf die Froböse immer wieder hinweist: »Das Überziehen, das Überschreiten der eigenen Grenzen. Dann kann die gute Wirkung ins Gegenteil umkippen. Den Frauen, die überdrehen, können dann zum Beispiel die Haare ausfallen. Oder sie erleiden Ermüdungsbrüche. Viele Leichtathleten haben Achillessehnen-Probleme, es ist ein schmaler Grat zwischen intensivem Training und Überbelastung. Ich spreche da von Ressourcenmissbrauch.« Ingo Froböse weist auf die Kraft der Ruhe als Gegenpol der Leidenschaft hin. »Die Regeneration ist ebenso wichtig wie die richtige Belastung. Es gibt den Spruch, dass Sportler erst in der richtigen Form der Pause richtig gut werden. Hier werden die Trainingsreize verarbeitet. Man muss dem Organismus dafür Zeit geben. Viel hilft nicht viel. Drang und Druck auch nicht. Der Körper ist keine Maschine, die Leistung wird nicht roboterhaft erbracht. Der Körper jedes Athleten braucht eine ganz individuelle Dosis an Belastung – und auch die ist nicht immer gleich und richtet sich nach der Tagesform. Körperintelligenz ist wie eine Fremdsprache, die man lernen muss. Und wenn man auf einen Saisonhöhepunkt hinarbeitet, sind temporäre Schwächen vorher ganz normal.«

**Lethargie ist das Gegenteil
von Leidenschaft,
Trägheit schafft nie etwas Gutes.**

Das Gegenteil der Leidenschaft ist Lethargie, vor ihr warnt Professor Froböse: »Sie schafft nie etwas Gutes. Die Leidenschaft schafft sicher auch Leiden, aber sie hält immer Belohnungen parat. Ehrgeiz ist gut, wenn man ihn auch bremsen kann. Die Leidenschaft ist der Motor des Antriebs.«

Martin Lacey: Warum der Unfall mit dem Löwen sein Vertrauen in die Raubtiere noch wachsen ließ

Wer sich die Hände von Martin Lacey anschaut, sieht schnell, dass sie etwas verkratzt sind. »Ich arbeite sehr nah mit meinen Tieren, da krieg ich einiges ab«, sagt Lacey lachend. Der Direktor des Circus Krone, der außerhalb von Corona-Zeiten jährlich von 1,5 Millionen Menschen besucht wird, ist der beste Tiertrainer der Welt. Beim Zirkusfestival in Monte Carlo wurde er mehrfach mit dem Silbernen und Goldenen Clown ausgezeichnet, eine Art Oscar des Zirkus, im Circus Krone in München ist er der bewunderte Star, wenn er teilweise mit 26 Löwen und Tigern in der Manege ist. Die Könige der Tierwelt scheinen ihm total zu gehorchen, er knuddelt sie, aber manchmal geht auch etwas schief. Martin Lacey erinnert sich noch genau an den Tag, an dem sein Lebenswerk auf dem Spiel stand, weil er einen Moment nicht konzentriert war: »Ich küsse manche Löwen, das ist ein Teil der Show. Bei Kasanga, dem Männchen mit der langen Mähne, bin ich gestolpert und habe ihn aus Versehen von hinten mit der Schulter berührt. Er ist erschrocken und traf eine meiner Venen. Meine Nase hing nur noch an einem Fetzen Haut, mein Kiefer war aufgeschlitzt. Das Publikum hat es nicht richtig mitbekommen, dass ich blutete, aber 350 Kilo Löwe sind eine Macht, es war wie ein Baseball ins Gesicht. Aber ich war mir sicher, es war keine Attacke, sondern ein Unfall. Ein Reflex von ihm, so als ob er »lass mich in Ruhe« sagen wollte. Wenn Kasanga mich wirklich hätte attackieren wollen, würde ich nicht mehr leben, er hätte mir den Kopf abgerissen.«

Martin Lacey, der schon als Achtjähriger Löwenbabys im Circus seines englischen Vaters auf dem Schoß hatte, ließ sich sofort im Krankenhaus verarzten. Natürlich war er verunsichert. »Ich hatte Angst, dass ich das nicht mehr kann, zu den Löwen zu gehen. Mein Selbstvertrauen war weg. Aber die Löwen sind meine Familie, ich kenne alle schon als Babys und habe sie mit der Flasche großgezogen. Ich musste schnell wieder zu ihnen. Sie haben mich auch vermisst. Sie halten mich ja für ihren besten Kumpel, nicht für ihren Chef.«

Dann tat Martin Lacey das, was resiliente Menschen auszeichnet. Er konfrontierte sich rasch wieder mit der Angst, damit kein Trauma entstehen kann. Nach einer Woche trat er mit geschwollenem Gesicht wieder in der Manege auf. Mit dem Löwen, der ihn verletzt hatte. »Ich hatte diesen Spirit wieder in mir und habe es ganz stark gefühlt, ich habe nie daran gedacht, ihn auszuwechseln. Und die Kuss-Szene hat wieder geklappt. So als ob nichts passiert wäre. Ich habe geweint vor Freude. Vertrauen ist das Größte bei der Arbeit mit meinen Tieren. Aber das muss man ganz tief in sich spüren, die Löwen riechen das, wenn du es dir selbst nicht glaubst. Es bleibt saugefährlich, weil Löwen die perfekten Killermaschinen sind.«

Seit dem Unfall trägt Martin Lacey einen Backenbart, der die Narbe verdeckt, die ihm der Löwe zugefügt hat. Und seine Frau, Zirkusdirektorin Jana Mandana Lacey-Krone, ist glücklich, dass er wieder ohne Angst seiner großen Kunst nachgehen kann. »Wenn er unter seinen Löwen ist, ist er auch ein Löwe. Die Tiere sind für ihn seine Kinder. Sie haben ein gutes und langes Leben: In der freien Natur leben Löwen zwölf Jahre, im Zoo 17, im Circus über 20.«

Der Stillstand durch Corona kostet den größten Circus der Welt täglich 30 000 Euro, das Münchner Stammhaus mit der Zirkuskuppel, in der schon die Beatles, die Stones und AC/CD auftraten, steht leer. Aber

Martin Lacey gibt nicht auf. Er hat die Zeit am besten genutzt und mit seiner Frau Jana Mandana ein zweites Kind in die Welt gesetzt. Die Zirkusdirektorin, die mit Pferden und Elefanten arbeitet, wurde an Silvester 2020 wieder Mutter. Über ihren Sohn sagen sie: »Er ist unser Lichtblick in dieser schweren Phase. Charles Martin verkörpert Zukunft, er macht uns Mut. Der Circus lebt.«

6. Optimismus:
Warum ich mit Neugier, Hoffnung und Humor in die Zukunft schaue

Jeder Mensch hat Werte und Einstellungen, die ihn durchs Leben tragen. Bei mir ist es der Optimismus. Ich lebe nach dem Motto: Wer die richtige Einstellung hat, den kann nichts und niemand aufhalten. Wer die falsche Einstellung hat, dem kann nichts und niemand helfen. Anders ausgedrückt: Der Optimismus ist mein Benzin im Leben. Der Pessimismus dafür die Handbremse. Ein zögerliches Leben, das man mit angezogener Handbremse lebt, wäre nicht mein Ding. Ich mag die Entschlossenheit, also das Aufschließen von inneren Schlössern. Den Zukunftsmut. Und sicherlich bin ich damit auch schon mal symbolisch gegen eine Wand gefahren. Aber ich habe mit dieser Einstellung auch so manche Wände zum Bröckeln gebracht. Optimismus und Mut haben mir immer dabei geholfen, mehr aus mir rauszuholen, mein Potenzial auszuschöpfen.

Ich habe schon früh daran geglaubt und daran gearbeitet, dass mein Leben immer besser wird. Ich bin in das Gelingen verliebt. Allen Rückschlägen zum Trotz. Es ist wie eine selbsterfüllende Prophezeiung, wenn man an sie glaubt und kontinuierlich an ihr arbeitet. Das Glück kann man nicht erzwingen, aber man kann es mit der eigenen Einstellung zu sich einladen. Es geht um die Umkehrung negativer Gedankenstrukturen. Um die Veränderung des Blickwinkels. Unsere Welt ist voller Inspirationen dazu. Das Lebensgefühl des Optimisten ist immer besser, auch wenn er an Grenzen stößt. Auch die entmutigen ihn nicht. Für den Pessimisten sind sie dagegen gern der Beweis dafür, dass es besser ist, nichts zu wagen. So könnte ich nicht leben. Ich probiere alles aus und bin überzeugt, dass es schon klappen wird. Denn seien wir mal ehrlich: Uns geht es in Europa doch ziemlich gut. Wir müssen nicht hungern und haben den größten Wohlstand, die größte Freiheit, die es je in der Menschheitsgeschichte gegeben hat. Deswegen bin ich vor allem dankbar. Und froh. Voller Hoffnung. Und Neugier auf das, was noch auf mich zukommen mag. Im Wort Neugier steckt »Gier«, aber das trifft es für mich nicht ganz. Ich giere nicht nach Neuem, ich freue mich darauf. Für mich gilt der Grundsatz: Solange ich Hilfsmittel habe, die es mir ermöglichen, (fast) alles zu tun, was ich möchte, bin ich nicht behindert. Ich habe das unglaubliche Glück, in einer Zeit zu leben, in der eine Amputation keine Sackgasse mehr ist. Dank einer guten prothetischen Versorgung und der Entwicklungen in den letzten Jahren wird mir und anderen viel ermöglicht: Ich kann auf beiden Beinen durch die Welt laufen, reisen, eine Familie gründen und meinen Alltag bewältigen. Dafür verspüre ich unendliche Dankbarkeit.

Wie wir heute in der Öffentlichkeit mit unseren Amputationen und Prothesen umgehen, wird die Gesellschaft von morgen ändern. Mit unserem Selbstbewusstsein und unserem selbstverständlichen Umgang mit einer Amputation sind wir Leuchttürme für die Menschen, die jetzt gerade in diesem Moment die Augen aufschlagen, an sich hinunterblicken und feststellen müssen, dass ein Bein oder ein Arm fehlt. Deshalb ist es an uns, unsere Außenwirkung bewusst zu gestalten, aus unserer Komfortzone zu gehen, die lange Hose nach oben zu krempeln und mit einem neuen Selbstbewusstsein durchs Leben zu gehen!

Der medizinische Fortschritt der letzten Jahrzehnte war bahnbrechend. Es ist die beste Zeit für Behinderte und insbesondere für Amputierte wie mich. Noch nie gab es für uns so viel Mobilität. Und technischen Fortschritt. Vor 30 Jahren waren die Prothesen noch aus Pappelholz. Heute ist die deutsche Firma Otto Bock der Weltmarktführer und liefert Hightech-Prothesen in Vollendung. Anlässlich der Paralympics kommen Athleten aller Länder in die Werkstatt von Otto Bock. Hier wird an den Hilfsmitteln der Athleten geschraubt, sie werden repariert und feingetunt. Unglaublich, welchen Sprung die Technik in den letzten Jahren bei Prothesen, Orthesen und künstlicher Intelligenz gemacht hat.

Und die Entwicklungen sind noch lange nicht am Ende. Start-ups wie die Firma Mecuris haben tolle Zukunftsvisionen vor Augen, die sie heute bereits Schritt für Schritt in die Tat umsetzen. Mecuris hat sich zum Ziel gesetzt, Handwerk und Hightech zusammenzubringen, indem Orthopädietechnikern der Zugang zu den Möglichkeiten der Digitalisierung und des 3-D-Drucks erleichtert wird. Ich bin als Betroffene aktiv in den Gestaltungsprozess meiner Prothese eingebunden und kann mitbestimmen, wie sie aussehen soll. Mittlerweile besitze ich mehrere Prothesen-Cover in unterschiedlichen Designs – zum Beispiel eine elegante Variante in Weiß, die ich besonders gern auf dem roten Teppich trage, oder eine Badeprothese in Türkis mit Wellenmuster.

Meine Prothese im Schwimmbad oder im Alltag verstecken? Kommt für mich nicht mehr in Frage. Dafür finde ich sie viel zu schön. Wer eine Prothese bekommt, die ihm gefällt und die zu ihm passt, kann viel selbstbewusster mit seiner Behinderung umgehen. Es ist mehr als eine Äußerlichkeit, es verleiht einen anderen Blick auf die Prothese und ihre Wertigkeit. Ein wichtiger psychologischer Schalter. Weg vom lästigen Mittel zum Zweck hin zum schicken wandelbaren It-Piece, das wir mit Stolz tragen. Die Zeiten, in denen Behinderte graue Mäuse waren, sind lange vorbei. Und der digitale Scan macht es Menschen mit Oberschenkelamputation auch leichter. Das intime Abtasten im Schambereich, das beim Gipsabdruck notwendig ist, um eine gute Anpassung vorzunehmen, könnte zukünftig deutlich angenehmer werden. Wir dürfen nicht vergessen, dass viele Amputationen nach Traumata oder schweren Erkrankungen wie Knochenkrebs vorgenommen werden. Sich an diesen Stellen anfassen zu lassen ist für viele Patienten psychisch eine Qual.

Manchmal reibe ich mir erstaunt die Augen: Wer hätte vor zehn Jahren gedacht, dass meine Rennprothese aus dem 3-D-Drucker kommt? Oder dass ich jeden Tag nach Lust und Laune die Farbe und das Muster meines Beines ändern kann? Dank der Digitalisierung und des 3-D-Drucks können wir unsere Prothesen nun so gestalten, wie wir sie gern haben wollen und wie sie zu uns und unserer Persönlichkeit passen. Das gilt für die kleine Larissa im Alter von acht Jahren mit einem Einhorn-Cover für ihre Prothese, für Jonas mit seinen zwölf Jahren und dem Superman-Motiv und für mich, Denise Schindler, 34 Jahre, mal mit weißem Gala-Cover, mal mit Wellenmotiv für die Badeprothese.

Prothesen mithilfe des 3-D-Druckers herzustellen ist heute schon in Teilen möglich. Eine technische Revolution, die Spitzensportlern helfen kann, aber eben auch armen Kindern auf der ganzen Welt, die sich keine anständige Prothese leisten können. Oder Kriegsversehrten in Syrien oder anderen

Ländern, die Opfer von Bomben und Minen geworden sind. Sie können damit wieder laufen, brauchen keinen Rollstuhl. Was für ein Gewinn an Lebensqualität. Der Stumpf wird per Laserscanning digital vermessen und in der Software modelliert, die Prothese dann mit dem 3-D-Drucker hergestellt. Laut Softwareherstellern könnte der ganze Prozess von der Digitalisierung bis zur Fertigung nur fünf Tage in Anspruch nehmen. Handgemachte Prothesen des Orthopädiemechanikers erfordern aktuell deutlich mehr Stunden in der Fertigung, diese Stunden fehlen für den Patienten.

Obama staunt: Die erste 3-D-Sportprothese

Bei der Hannover-Messe 2016 durfte ich zusammen mit der Firma Autodesk unser bahnbrechendes Projekt vorstellen: die erste 3-D-gedruckte Sportprothese. Ich durfte den ersten Prototyp meiner Prothese Bundeskanzlerin Angela Merkel und dem amerikanischen Präsidenten Barack Obama zeigen. »Hey, how are you?«, begrüßte mich Barack Obama mit einem Grinsen und brach sofort das Eis. Fünf Minuten lang konnte ich ihm unsere Neuerung erklären. Nicht im Hosenanzug, sondern im Sportdress. Ein lockerer Dialog, bei dem Obama auch einige Fragen stellte. Er war besonders beeindruckt davon, dass die neue Technik nicht nur mir als Para-Sportlerin nutzt, sondern die bisher teuren Sportprothesen auch für andere Menschen erschwinglich macht.

Während ich Barack Obama diese technischen Revolutionen erklären durfte, kamen Roland Zelles, der CEO von Autodesk, und Angela Merkel kaum zu Wort. Ich war sehr stolz, diesen smarten Präsidenten, der großer Sportfan und selbst sportlich ist, in meine Welt einführen zu können. Es gibt viele verschiedene Prothesen, aber die waren alle handgefertigt. Unsere Technologie war in diesem Bereich neu. An diesem Tag fügten sich alle Puzzleteile zusammen. Und ich genoss das Charisma dieses großen Mannes. Es gibt Menschen, die einen Raum sofort mit ihrer Ausstrahlung erfüllen können. Den geschmeidigen US-Präsidenten und unsere grundsolide Bundeskanzlerin zu treffen und beiden die Hand zu schütteln war ein besonderer Moment in meinem Leben. Und wenn einem zwei Staatschefs Glück wünschen und der Prothesen-Prototyp auch mit goldenen Elementen versehen ist, ist das doch ein sehr gutes Omen für die Paralympics.

Ehrlich gesagt bin ich aber froh, dass ich die Prothese nicht Donald Trump vorstellen musste. Da hätte sich meine Motivation doch etwas in Grenzen gehalten.

In den richtigen Händen: Wie mich die Ärzte wieder auf zwei Beine stellten

Im Leben braucht man Glück. Man muss als behindertes Mädchen in die richtigen Hände kommen, zu Spezialisten, die ihr Handwerk verstehen und kleine Wunder vollbringen können. Professor Dr. Michael Nerlich ist so ein Glücksfall, er hat in 27 Jahren die Unfallchirurgie am Klinikum Regensburg aufgebaut und auf ein Niveau gebracht, um das es andere Krankenhäuser beneiden. Ohne ihn wäre mein Leben ganz eindeutig anders verlaufen. Ohne seine Expertise, gepaart mit Experimentierlust und aufmunternder Menschlichkeit, wäre ich vielleicht ein Mädchen geworden, das nicht mehr richtig auf die Beine kommt.

Wie er mich damals erlebt hat, als ich 1994 mit meinen Eltern zum ersten Mal in seine Sprechstunde kam, erzählt er am besten selbst: »Da kam ein ganz aufgewecktes, süßes Kind auf mich zu. Ich werde nicht mit jedem Patienten warm, aber mit ihr sofort. Auch die Eltern waren sehr freundlich und hatten eine gute Ausstrahlung, da war Lebensfreude spürbar. Sie waren, wie man so schön sagt, guten Mutes. Sie kamen nicht als vom Schicksal gebeutelte Eltern, die Trost vom Arzt haben wollten, sondern als Eltern, die an den medizinischen Fortschritt glaubten. Ich spürte, dass ich ihnen einiges zumuten und zwischendurch immer wieder mit Denise Witze machen konnte, denn so eine Behandlung braucht auch Momente der Leichtigkeit. Die positive Grundstimmung der Eltern hat sich auf das Kind übertragen, die Last, die sie zu tragen hatte, sollte sich leicht anfühlen. Die spielerische Ebene ist bei Kindern genau richtig, um die Anstrengung zu übertönen. Ein Krankenhausaufenthalt ist nie ein Kinderspiel, aber es gibt Momente, in denen Lachen sehr hilft.«

Michael Nerlich ist ein Arzt wie aus dem Bilderbuch: Die schwierigen Fälle, und ein solcher war ich natürlich, sind für ihn eine Herausforderung, der er sich gern stellt. Er ist Perfektionist, aber auch ein demütiger Realist: »Wir dürfen keine Fehler machen, aber ich weiß ganz genau, dass wir es trotzdem tun. Wir müssen sehr vorausschauend handeln.«

Nerlich ist ein Weltklassearzt, aber die Besten sind oft auch die Bescheidenen. Ein Halbgott in Weiß ist er nicht, das hätte seiner ethischen Grundhaltung widersprochen. Sein Motto gefällt mir: »Meine Schüler sollen mich einmal in der ärztlichen Kunst übertreffen, deshalb fordere und fördere ich sie. Nur das, was man gern macht, macht man gut. Ich wollte das Leben von Denise entscheidend voranbringen, so dass sie gut durchs

Leben kommen kann. Schritt für Schritt Verbesserungen erreichen. Und ein großes Ziel immer im Blick haben: Eigenstän-
digkeit. Gut gehen können. Golfspieler denken auch nicht an
den Abschlag, sondern an das Loch.«

In meiner Entwicklung als Kind kam es immer wieder zu
heftigen Schmerzen und Problemen. Ich befand mich als Acht-
jährige mitten im Wachstum und hatte ein Problem mit meinem amputierten Bein: Das Wadenbein war zu lang gewachsen, der Schienbeinknochen dafür zu kurz. Jeder Knochen
hat an beiden Enden Knorpelzonen. Der Knorpel schiebt den
Knochen vor sich her. So wächst der Knochen. Michael Nerlich
wollte um jeden Millimeter Knochen kämpfen, die Methode
anderer Ärzte, den zu langen Knochen ratzfatz abzuschneiden,
kam für ihn erst mal nicht in Frage. Nerlichs kühne Idee: Wir
verlängern den Stumpf, mit jedem Millimeter wird er tragfä-
higer, stabiler und vorteilhafter für die Anpassung der Prothese. Die Gefahr, die dabei immer über mir schwebte: Infektion,
Wundheilungsstörungen, Wachstumsschübe. Meine Eltern
wägten Chancen und Risiken ab. Und willigten ein. Professor
Nerlich war sehr ehrlich: »Bei drei bis fünf Prozent der Patienten kann es Komplikationen geben. Das muss nicht ihr Kind
treffen, aber jemanden wird es treffen. Es gibt Risiken. Und sta-
tistische Erfahrungen.«

Aber wer würde bei einer prophezeiten Erfolgsquote von
95 Prozent nicht einschlagen? Ich wusste nicht, was auf mich
als Versuchskaninchen zukam. Aber die Aussicht, besser gehen
zu können, half mir dabei, es durchzustehen. Meine Eltern waren sowieso Berufsoptimisten. Nach der Operation war meine
Mutter sofort bei mir und übernachtete in einem Bett neben
mir. Dieses Rooming-in war in den neunziger Jahren noch
ungewöhnlich. Aber es half mir sehr, dass ich in der sterilen

Krankenhausatmosphäre nicht allein war und Zuspruch erhielt. Der Eingriff war eine Operation, die von dem russischen Orthopäden Gawriil Abramowitsch Ilisarow erfunden worden war und in Deutschland selten praktiziert wurde: Mir wurden 32 Drähte am Stumpf fixiert, zwei Millimeter dick. Über einen sogenannten Fixateur gingen die Drähte durch Haut und Blutgefäße und wurden direkt am Knochen fixiert. Die Drähte sind dabei immer auf Spannung, und jeden Tag wird über eine Drehung der Zug weiter erhöht. Dieser permanente Zug zwingt den Knochen zum Wachstum, jeden Tag in ganz kleinen Schritten. Viermal am Tag wurde um einen Viertelmillimeter gedreht. Viermal am Tag machte es also klick bei mir. Bis der Knochen um einen Millimeter gewachsen war. In 50 Tagen erreichte ich dann 50 Millimeter, also fünf Zentimeter. Danach muss das Wachstum noch einmal so lange reifen, die Knochenhaut ist ein ganz feines Gewebe. Nach 100 Tagen konnte ich endlich das klobige Gestell um meinen Körper abbauen lassen.

Ein ganz einfaches Prinzip, das die Mediziner in der Sowjetunion mangels teurer Medizintechnik erfunden hatten. Sie hatten ja nichts außer Drähten und Metallringen, und die waren sehr kostengünstig. Aber sie zeigten ihr Know-how auf Ärztekongressen, und so kam die genial einfache Methode auch nach Deutschland, Professor Nerlich war damals sehr beeindruckt. Bei mir wurde kein Metallring angebracht, sondern ein externer Fixateur. Wenn der Arzt daran zog, wuchs der Knochen dadurch. Klingt brutal, war aber extrem wirkungsvoll. Für mich war es im wahrsten Sinne des Wortes ein Knochenjob.

Der Knochen hätte auch schief wachsen können, aber bei mir wuchs er gerade. Die Weichteilabdeckung war bei mir auch okay – bei solchen Eingriffen besteht ja immer die Gefahr, dass sich der Knochen durch die Weichteile des Stumpfes bohrt. Ich vertraute Professor Nerlich voll und ganz. Er hatte sich dieses Vertrauen erarbeitet. Und es gehört Mut dazu, so eine Methode zu wagen. Ich wusste: Er hatte einen Plan A, einen Plan B und einen Plan C. Klar, wenn es schiefgegangen wäre, hätten andere Ärzte gesagt, dass es viel zu riskant war. Aber ohne Risiko gibt es eben auch keinen Fortschritt. Michael Nerlich diskutierte meinen Fall immer wieder in seinem Team, ging das Pro und Kontra durch. Er ist kein Diktator, der seine Idee ohne Rücksicht auf Verluste durchzieht, die zweite und die dritte Meinung sind ihm wichtig. Er weiß, dass auch beim besten Arzt die Gefahr besteht, dass er falschliegen kann, dass er sich verrannt hat. Ich fühlte mich nicht wie das hilflose Objekt in einem Experiment, sondern wie ein selbstbestimmtes Subjekt, dessen Meinung gehört wird. 100 Tage waren natürlich eine Herausforderung für mich und meine Eltern. 14 Tage hatte ich nach der OP in der Klinik verbracht, danach saß ich zu Hause im Rollstuhl und ließ es jeden Tag klicken. Der Schmerz war dabei mein ständiger Begleiter. Die Drehung der Drähte war dabei das geringste Problem. Es war einfach ein ständiger kontinuierlicher Schmerz, an den ich mich gewöhnen musste. Und das ohne Schmerzmittel, denn ich wollte nicht, dass auch noch mein Magen bleibende Schäden davonträgt. Ich versuchte, ein tapferes Mädchen zu sein. Manchmal kamen mir dabei auch die Tränen. Während meine Freundinnen draußen herumtollten, war ich im wahrsten Sinne des Wortes fixiert an den Fixateur und an den Rollstuhl. Aber ich verstand, dass ich dieses Opfer für ein besseres Leben bringen musste und rumheulen mich auch nicht weiterbrachte.

Ich bin auf einer Erwachsenenstation behandelt worden, eine Kinderstation gab es damals noch nicht. Ich lag neben, aus meiner Sicht, uralten Leuten, 40 aufwärts. Dass sie wie ich Lust auf Spielen und Rumalbern hatten, konnte ich nicht erwarten. Wenn ich die Physios nicht gehabt hätte, die mich auf Trab hielten, unter anderem durch Rollstuhlrennen auf dem Gang, wäre ich vor Langeweile gestorben. Und meine Eltern konnten mich ja auch nicht immer bespaßen, da sie beide voll berufstätig waren. So blieb also nur das Aufladen der Fernsehkarte und das Zappen durch Talkshows. Kinder gehören nicht dauerhaft auf eine Erwachsenenstation. Genau diesen Missstand ließ Professor Nerlich nicht ruhen. Er sammelte acht Millionen Mark für die »Stiftung Kinder-Uniklink in Ostbayern« (KUNO). Jeder leitende Arzt musste 1000 Euro beitragen, Nerlich ging mit gutem Beispiel voran. Das war die Initialzündung für den Bau des ersten KUNO-Gebäudes auf dem Gelände der Uniklinik Regensburg. Danach beteiligte sich auch der Freistaat Bayern. Geschichte wird also doch von Einzelnen geschrieben oder zumindest angestoßen und vorangetrieben. Menschen, die solche nachhaltigen Projekte gegen alle möglichen Widerstände umsetzen, sind für mich Vorbilder. Regensburg ist heute in der Traumamedizin führend. Und wenn Professor Nerlich über mich sagt, dass ich eine Stehauffrau bin, die aus Siegerholz geschnitzt ist und sich auch von Rückschlägen nicht entmutigen lässt, macht mich das stolz. Ich sei ein Vorbild, hat er gesagt. Und zwar in der Disziplin »Was kann ein Mensch erreichen, wenn er seinen eigenen Ressourcen vertraut und sie ausbaut? Wie helfen aufgeschlossene Patienten Medizinern bei der Ausweitung ihrer ärztlichen Kunst?«

Michael Nerlich hat viele amputierte Patienten gesehen, die ihr Schicksal nicht so offensiv angenommen haben wie ich. »Es ist ein Unterschied, ob man ein Bein durch Rauchen oder Diabetes verliert oder durch einen Unfall. Das Gefühl, den Verlust durch den eigenen Lebensstil mit verursacht zu haben, lässt manche Patienten verzweifeln. Und löst bei Menschen, die nicht über große Verdrängungsfähigkeit und Gleichgültigkeit verfügen, große Schuldgefühle aus, zusätzlich zu den Schuldzuweisungen von außen.«

Ich kann das gut verstehen. Der Gedanke, dass der Verlust eines Körperteils vermeidbar gewesen wäre, wenn man gesünder und vernünftiger gelebt hätte, kann an einem zehren. Das ist eine Riesenbelastung, weil die Vorwürfe sich selbst gegenüber die schmerzlichsten sind. Aber auch bei der Auseinandersetzung mit sich selbst hilft nur der Gedanke: Es ist, wie es ist. Und ich kann beeinflussen, wie es sich entwickeln wird. Ich nehme die Situation an und nutze meine Ressourcen – von denen es immer noch reichlich gibt. Ich akzeptiere meinen Fehler, ich verzeihe ihn mir, weil noch so viel gutes Leben vor mir liegt. Das ist eine so schwere Übung, wie sich selbst auf den Arm zu nehmen, aber ihr Erfolg ist wesentlich, um nach einer Phase des Schocks und der Trauer in Frieden mit sich zu leben. Eine Amputation zwingt einen zur Auseinandersetzung mit sich selbst: Wo habe ich mich selbst geschädigt, wohin will ich mich nun bewegen, wo kann ich meine Stärken leben, wie finde ich mein Lachen wieder?

Was ich besonders toll am Regensburger Klinikum finde: Das Haus lebt den Gedanken, dass eine Körperbehinderung kein Karrierehindernis ist. Als Professor Nerlich aus Hannover nach Regensburg kam, brachte er einen jungen Assistenzarzt mit, der selbst unterschenkelamputiert war. Nicht weil er ein gutes Werk tun wollte, sondern weil er von dessen Fähigkeiten absolut überzeugt war. Heute ist dieser etwas andere Mediziner Chefarzt der Unfallchirurgie, spielt Golf, macht Sport. Und es ist für die Patienten, die vor einer Amputation stehen, unbezahlbar zu sehen, dass man damit gut leben kann und nicht eine Belastung, sondern eine Bereicherung für seine Umwelt ist.

Professor Nerlich ist kein Psychologe und kein Psychosomatiker, dessen Hauptaufgabe es ist, die Seele seiner Patienten aufzubauen. Er sieht sich eher als Kunsthandwerker, der die bestmögliche Operation im Sinn hat. Aber sein Charisma hat schon vielen Menschen geholfen. Er glaubt daran, dass die körperliche Beeinträchtigung eines Menschen nicht automatisch Unglück bedeutet. Der Professor spricht zum Beispiel gern über einen Mitarbeiter im Krankenhaus, der vor 14 Jahren nach einem Sprung ins Wasser schlecht gelandet ist und seitdem eine hochgradige Querschnittslähmung hat. Er sollte die Schreinerei des Vaters übernehmen, daraus wurde natürlich nichts. Aber er leitet heute den Organisationsbereich des Regensburger Klinikums. »Er ist ein strahlender, fröhlicher Mensch, obwohl er sich nachts nicht selbst umdrehen kann. Er ist glücklich und fährt ein umgebautes Auto, und er ist ein überaus wertvoller Kollege, eine echte Führungskraft. Ich bewundere Menschen, die mit ihrem Schicksal so tatkräftig und positiv umgehen«, sagt Dr. Nerlich, der inzwischen in Pension ist und selbst gern Ski fährt.

Er spricht mir aus der Seele. Solche Lebensgeschichten müssen öfter erzählt werden. Wir reden viel zu viel über Defizite, aber zu wenig über herausragende Menschen, die Vorbilder sind bei der Gestaltung eines brüchigen, aber hochgradig sinnerfüllten Lebens. Sie wachsen am eigenen Schicksal. Gefallene sind sie nur für eine kurze Phase, bevor sie sich wieder aufrappeln und aufstehen. Dieses Wiederaufstehen und Über-sich-hinaus-Wachsen lässt sie zu unglaublich starken Persönlichkeiten werden.

Meine Lebensaufgabe:
Der Kampf mit den Entzündungen

Ich bin Stammgast bei Ärzten. Es ist eine Binsenweisheit: Als Leistungssportler musst du dich immer mit Verletzungen auseinandersetzen. Wir leben am Limit, wir strapazieren unseren Körper, wir müssen immer wieder in ihn hineinhorchen. Rückschläge und Verletzungen gehören zu unserem Leben dazu, der Umgang mit ihnen macht erst den großen Sportler aus. Schlimm ist es nur, wenn Verletzungen bei Großereignissen auftreten. Oder kurz davor. Bei der WM 2020 ist mir genau das passiert. Ich hatte eine Entzündung am Stumpf und das genau vor dem entscheidenden Rennen, das mir die Qualifikation für die Paralympischen Spiele sichern sollte. Zwei Wochen vor der WM war da diese Entzündung in der Größe eines Golfballs in meiner Kniekehle, ich war entsetzt und verstört. Es erinnerte mich an die Paralympischen Spiele in London, wo am letzten Trainingstag vor dem Wettkampf eine Entzündung aufgetaucht war. Ich versuchte, nicht in Panik zu geraten, aber sportlich stand alles auf dem Spiel. Mein Arzt akupunktierte mich, ich machte eine Trainingspause und versuchte, die Belastung zu drosseln. Jedoch sackt dadurch zugleich die Fitness schnell ab. Ein enormer Nachteil, war ich doch vorher in einer phantastischen Form gewesen.

Nach meiner Rückkehr zum Training schaffte ich meine besten Zeiten nicht mehr. Sosehr ich mich auch abmühte, ich war zu langsam. Ein Landestrainer gab mir klar zu verstehen: »Du wirst bei der WM nicht mehr erwarten können!« Gut, dass mich solche Sprüche erst recht anstacheln. Man kann sich von so etwas runterziehen oder anspornen lassen. Es entsetzte mich jedoch, dass jemand in in einer solchen Position eine Sportlerin so demotiviert. Ein paar Tage später sprach ich ihn an: »Ich habe nicht das Gefühl, dass du hinter mir stehst.« Er entschuldigte sich für seine unbedachte Äußerung. Das war okay. Ich spreche lieber offen etwas an, als hinter dem Rücken von jemandem zu lästern.

Zum Glück gab es den Bundestrainer Tobias Bachsteffel, der mich viel besser kannte: »Du schaffst es, du hast immer geliefert, du hast so oft gezeigt, dass du es kannst.« Ich kenne meinen Körper, ich weiß, was er unter außergewöhnlichen Umständen leisten kann. Und ich motivierte mich damit, dass ich mir nichts vorwerfen wollte, ich wollte mir sagen können, dass ich alles Menschenmögliche getan hatte. Ich kühlte meinen Stumpf, sobald ich das Radtraining beendet hatte, ruhte mich im Rollstuhl aus, förderte die Mikrozirkulation durch das Bemer-Gerät, das Magnetfeldtherapie nutzt, um die Heilung zu verbessern.

Genau zum Renntag fühlte ich mich gut, mein Körper hatte sich beruhigt. Es war das größte Geschenk, das er mir machen konnte. Ich habe mich bei ihm bedankt, dass er mich starten ließ, und bin mit Freude auf die Bahn. Ich redete mit meinem Bein: Wir zwei stehen das jetzt durch, nach der WM kriegst du dann deine Operation. Never give up your dream. Ich erinnerte mich an einen Satz meines Ehemannes: It's not over – until it's over. Frei übersetzt: Es ist nicht vorbei – solange es nicht vorbei ist.

Dann war ich auf der Bahn und mental in meinem Tunnel. Ich nahm gar nichts mehr wahr, es ging nur darum, alles aus meinem verletzten Körper herauszuholen. Ich qualifizierte mich für das kleine Finale, gewann Bronze und strahlte wie ein Honigkuchenpferd. Für mich war es wie eine Goldmedaille. Ein paar Tage später ließ ich mich von meinem Arzt Dr. Kessler, dem ich bedingungslos vertraue, operieren. Es ging gut. Es ist noch immer gut gegangen. Ein Satz aus dem Köl'schen Grundgesetz, eine Art Anleitung für das gute Leben im Rheinland. Aber Operationen werden mich wohl mein Leben lang begleiten.

Prothesen-Düsentrieb Thomas Wellmer: Der Mann mit dem Gefühl für Beine

Mich wieder auf »zwei« Beine gestellt und mir das Gehen beigebracht hat er: Thomas Wellmer. Der 63-Jährige ist der Daniel Düsentrieb der Orthopädietechniker. Der Mann mit dem abgebrochenen Chemiestudium hat seit 1978 schon vielen Behinderten geholfen, zum Beispiel Kindern, die durch Knochenkrebs ein Bein verloren haben. Er kann mein Bein lesen, er ist Handwerker und Psychologe zugleich. »Es hat mich immer zur Prothetik hingezogen, dann wurde es für mich Leidenschaft, Berufung, Lebensaufgabe«, sagt er. Die Prothetik befasst sich mit der Entwicklung und Herstellung von künstlichen Körperteilen. Die Ursprungsfunktion des Körpers, die aus diversen Gründen ausgefallen ist, wird durch die Prothese so gut wie möglich imitiert.

Thomas hat mir schon als Sechsjährige die erste Prothese gebaut, angeblich hab ich kaum stillgehalten, weil ich so einen großen Bewegungsdrang hatte. Er hat mir sogar einen Schuhlöffel für meine Prothesen gebaut. Wenn mich der Schuh drückt, auch im übertragenen Sinne, ist er da. Oder ich flitze zu ihm. Wenn ich Entzündungen am Stumpf habe, was nicht selten vorkommt, passt er die Prothese perfekt an. Es ist Millimeterarbeit, dafür braucht man eine Menge Erfahrung und ganz viel Fingerspitzengefühl. Der Schaft muss perfekt sitzen, sonst spüre ich das sofort. Und eine Gehprothese und eine Radpro-

these sind zwei ganz unterschiedliche Kunstwerke. Die Gehprothese bezahlt die Krankenkasse, die Sportprothese nicht.
Der Preis für mein Sportgerät: 5 000 Euro aufwärts. Ich habe
mehrere davon. Es ist mein wichtigstes Arbeitsmittel. Wenn die
Prothese nicht stimmt, kann ich alles andere vergessen.

Das war mir schon ganz früh klar. Als ich zehn Jahre alt
war, wollte mein Vater zu einem anderen Orthopädietechniker
wechseln. Ich habe mich geweigert. Ich wusste, dass Thomas
mit seiner Kunst, mein Bein zu tunen, nicht zu toppen war.
Ich wollte ihn auf keinen Fall verlieren. Auch weil er mich immer motiviert hat. Er ist rustikal, aber feinfühlig. Wenn man
ständig mit Menschen in Extremsituationen zu tun hat, auch
mit traumatisierten, kann man kein Trampeltier sein. Er ist der
Ruhepol, der alles wieder so einstellt, dass es passt. Und er ist
quasi der Mentalcoach, wenn er ans Bett von Verunglückten
tritt. Der Erste, der ganz konkret Trost und Hoffnung spen-
det. Superwichtig, weil sich ja keiner mit Ersatzbeinen oder
Ersatzarmen beschäftigt, bis er selbst in diese Situation gerät.
Thomas versucht, jedes Drama etwas zu versachlichen, Perspektiven aufzuzeigen. Seine Patienten wissen nicht, dass wir
im bestmöglichen Zeitalter für Behinderte leben. Noch nie war
technisch so viel möglich. Keiner muss mehr »Krüppel« sein.

Der Techniker braucht natürlich das Feedback der Sportlerin, wir sind in ständigem Austausch. Immer geht es darum,
den Druck auf den Stumpf bei der sportlichen Höchstleistung
möglichst zu beseitigen. Thomas Wellmer ist da ein Zauberer.
Was für einen Fußballer der Arzt mit den goldenen Händen ist,
Hans-Wilhelm Müller-Wohlfahrt, ist Thomas für mich. Natürlich lasse ich ihn zu den Paralympischen Spielen einfliegen. Auf
meine Kosten. Er ist das entscheidende Puzzleteil für meinen
Erfolg. Er macht den Unterschied aus. In London war er nicht

dabei. Das war ein Fehler. Nur er kann bei Druckstellen durch Veränderungen im Schaft das Abheilen beschleunigen. In Rio war Thomas dabei, die Medaillen sind auch ganz entscheidend sein Verdienst.

Er hat mich früh auf das richtige Gleis gesetzt. »Mir fiel auf, dass mit dem Stumpf von Denise etwas nicht stimmte. Er verformte sich in Bewegung, das war ungewöhnlich. Die zwei Knochen am Unterschenkel, das Schienbein und das Wadenbein, passten nicht zusammen. Normalerweise ist das Schienbein der lange Knochen und das Wadenbein der kurze. Hier war es umgekehrt. Das Wadenbein bohrte sich durch das Gewebe hindurch. Ich erschrak richtig, als ich die Röntgenbilder sah. Für eine vernünftige Stumpfform, die auch Sport erlaubt, musste das Schienbein verlängert und das Wadenbein gekürzt werden. Diese Prozedur führte dann zu einem vernünftig belastbaren Stumpf.«

Thomas Wellmer sagte mir auch, dass die Ärzte in der DDR offenbar einiges falsch gemacht hatten. Ich hätte keine volle Unterschenkelamputation gebraucht. Chirurgen seien manchmal Metzger, meinte Thomas. Eine Vorfußamputation hätte wohl gereicht. Und die Unterschenkelamputation sei eben auch nicht perfekt ausgeführt worden, sonst hätte es nicht die Komplikationen mit dem Wadenbein gegeben. Aber was bringt es mir, mich darüber aufzuregen? Das ist müßig. Über verschüttete Milch denke ich nicht nach.

Thomas ermunterte mich auch, nicht mehr mit langer Hose Rad zu fahren. Jeder durfte meine Sportprothese sehen, ich trug sie mit Stolz, sie war ja von Meisterhand gefertigt. Am Anfang fühlte ich mich aber ehrlicherweise erst mal nackt, bei der Sportprothese waren ja nur noch Carbon und ein Stahlrohr zu sehen. Ganz weit weg von einer kosmetischen Prothese, die einem echten Bein sehr ähnlich sieht. Aber ich wollte nichts mehr kaschieren. Ich hatte nichts zu verbergen, auch nicht das Stahlrohr meiner Radprothese, das in dem Klickpedal steckte. So ist es eben, und ihr müsst mich so nehmen, wie ich bin. »Scheiß da nix, dann fehlt da nix«, lautet ein flotter bayerischer Spruch. Übersetzt heißt das: Gib nichts auf deine überflüssigen Ängste und die mögliche Meinung der anderen, probier dich aus, dann geht's dir auch gut.«

Bei der Radprothese ging es immer darum, die optimale Kraftübertragung auf das Pedal zu bekommen. Und nicht um ein schönes Gangbild. Die Anforderungen sind also ganz andere als bei einer klassischen Gehprothese. Mögliche Probleme sieht Thomas früher als ich selbst. Er kennt mich besser als jeder andere. Genau dieses Vertrauensverhältnis wünscht man sich im Sport. Ich bin kein normaler Kunde von ihm. Er ist mit seinem Wissen und Einsatz für mich eigentlich unbezahlbar. Thomas selbst geht es nicht ums Geld. Zwischen uns ist eine enge Bindung entstanden, die uns schon von Erfolg zu Erfolg getragen hat. Sie ist von seiner Kompetenz als Handwerker der Premiumklasse geprägt, aber auch von seiner Menschlichkeit und seinem entspannten Lachen, das jede vermeintliche Tragödie entdramatisiert.

Lachen befreit:
Schwarzer Humor im Handgepäck

Lachen ist das Gegenteil von Klagen, die Leichtigkeit des Seins, die entspannte Schwester des Optimismus. Kinder lachen 100-mal öfter als Erwachsene, warum geht uns das im Alter verloren? Weil wir im Alltag mehr Kopf als Herz sind, täglich unsere

Sorgen zählen? Ich bin ganz klar Verfechterin der guten Laune und eine Gegnerin der mürrischen Verkopftheit. Wenn ich jemandem ein Lächeln zuwerfe oder einen Witz reiße, kann das auf eine wunderbare Art ansteckend sein.

Was ist Humor? »Humor ist der Knopf, der verhindert, dass einem der Kragen platzt«, sagte der Dichter Joachim Ringelnatz, der am Morgen so gern mit dem Gefühl erwacht ist, das auch ich liebe: »knallvergnügt«. Mit einem Lächeln, das einem jemand ins Gesicht zaubert.

Humor ist die Königsdisziplin der Lebensbewältigung und eine meiner wichtigsten Lebenszutaten. Man kann ihn nicht kaufen, man muss ihn selbst entwickeln. Durch Humor kann man Frieden mit einer unbefriedigenden Situation schließen. Humorlose Menschen haben die Leichtigkeit des Lebens aus den Augen verloren, sie können in den Absurditäten des Alltags keine Komik mehr sehen. Schade, denn da entgeht ihnen etwas. Humor ist ein gutes Ventil.

Darf man Witze über Behinderte machen? Aber ja, bitte. Unbedingt. Unter einer Bedingung: wenn es nicht verächtlich und herablassend von oben herab passiert. Wenn es nicht unter die Gürtellinie geht und ins Pöbeln ausartet. Wir Behinderte lachen gern selbst über uns, üben uns in schwarzem Humor. Wir sind Meister der Selbstironie. Der Armamputierte wird dann zum einarmigen Banditen. Und manchmal trete ich selbst mit Schwung in ein Fettnäpfchen. Meine Zimmerkollegin Henrike fragte ich mal im Trainingslager, ob ich das Licht ausmachen dürfe. Sie hörte ein Hörbuch, ich hatte gelesen. Was ich in diesem Moment einfach mal kurz vergessen hatte: Henrike ist blind. Und sie sagte nur trocken: »Drück ruhig den Schalter, bei mir ist das Licht eh schon aus.« Bei uns wird viel geflachst, wir haben einen gut ausgeprägten schwarzen Humor. Samthandschuhe gehören nicht zu unserer Grundausstattung.

Beim Thema Humor bin ich sehr entspannt. Ein Scherz bricht das Eis zu Beginn einer Begegnung. Ich versuche, anderen zu helfen, lockerer zu werden, wenn sie beim Thema Behinderung etwas beklommen sind, weil sie Angst haben, etwas falsch zu machen. Bei allem Bemühen um eine Sprache, die frei von Diskriminierung ist: Wenn Menschen total verkrampft sind, weil sie möglichst politisch korrekt sein wollen, macht uns das manchmal auch das Leben schwer. Das führt eher zu Verspannungen und verkehrt die gute Absicht in ihr Gegenteil. Das Einzige, das wir Behinderten wollen, ist Normalität. Und ein gesundes Interesse an uns.

Der Comedian Chris Tall sagt ganz offen, dass er über jeden Witze macht, auch über Behinderte, sonst würden die sich diskriminiert fühlen: »Sind Rollstuhlfahrer im Saal? Bitte mal aufstehen!« Dass andere über uns lachen, wissen wir. Die Kunst, über uns selbst zu lachen, ist entscheidend und befreiend.

Und einige von uns sind auch prima Komiker. Ein 14-jähriger Comedian ist 2019 damit durchgestartet, Menschen intelligent zu unterhalten. Carl Josef hat eine schwere Muskelerkrankung und sitzt im Rollstuhl. Die Muskeldystrophie vom Typ Duchenne ist eine seltene Erbkrankheit, etwa eines von 3 500 männlichen Babys ist davon betroffen. Carl Josef hat genau dieses Los gezogen. Wahrscheinlich wird er nicht älter als 30 Jahre werden. Aber trübselig ist er deswegen nicht. Sein Youtube-Video, in dem er sein Leben im Rollstuhl beschreibt, wurde 2019 in wenigen Tagen über zwei Millionen Mal angeklickt.

Wie er damit umgeht, ist große Klasse. Ihn könne nichts aufhalten, außer Bordsteinen, scherzt er. Wenn er mit dem Rollstuhl auf die Bühne rollt, sagt er: »Ihr fragt euch jetzt alle dasselbe.

Und ich weiß, ich muss es ansprechen: Ich bin Single.« Ein paar Kostproben seines Programms: »Ihr braucht kein Mitleid mit mir zu haben. Ich hasse es wirklich, wenn Leute Mitleid mit mir haben – außer es ist eine gutaussehende Frau. Dann huste ich extra viel. Und extra laut.« Er hält wirklich allen den Spiegel vor: »Meine Krankheit zwingt mich, den ganzen Tag auf einem Stuhl zu sitzen und auf einen Bildschirm zu starren. Kurz gesagt, ich lebe das Leben so, wie ihr es auch tut.« Er spart nicht einmal das heikle Thema Sex aus: »Ich habe mir mal Gedanken gemacht, ob ich mit dieser Krankheit Sex haben kann. Es hat sich herausgestellt, die kleine Raupe ist ein Schwellkörper, kein Muskel. Die Vertrauensbasis bei den Frauen wird top sein, denn ich kann nicht fremdgehen – nur fremdrollen.« So souverän kann Behinderung aussehen. Carl Josefs Traum ist es, seine Krankheit zu besiegen. »Just do it. Ich gehe mit meinen 14 Jahren unbekümmert an viele Sachen ran.« Wer ihn bei seinem Kampf unterstützen will, kann dies unter www.gofundme.com/carljosef tun.

Tan Caglar ist auch ein Mensch, für den Humor eine wichtige Lebenszutat ist. Er ist ein deutsch-türkischer Comedian und sitzt im Rollstuhl, gehört also gleich zwei Randgruppen an. »Ich habe eine Randgruppen-Flatrate«, sagt er lächelnd. Klar, dass das ein wunderbarer Humus für Gags ist, sein Programm beginnt er so: »Meine Damen und Herren, wie Sie sehen, hat mich das Schicksal leider nicht sehr gut behandelt, ich bin von Geburt an gehandicapt, und Sie können sich wahrscheinlich denken, wovon ich spreche.« Dann folgt eine kleine Pause und die Pointe: »Ich bin Türke.« Tan Caglar weiß, wie es zugeht im Leben: »Ich glaube, wir Menschen sind gar nicht dafür gemacht, wegen zwei Sachen gleichzeitig zu diskriminieren. Eine Sache ist einfach dominanter, und in meinem Fall ist es natürlich der Rollstuhl, weil er auffälliger ist.«

Rollt bei mir!, heißt sein Buch, und das ist nicht übertrieben. Wegen der angeborenen Rückenmarkserkrankung Spina bifida, die die Beinmuskeln immer schwächer werden lässt, wurde er in den Rollstuhl gezwungen, mit Anfang 20 ist das extrem hart. Natürlich ist der Rollstuhl bei ihm ein Thema. Er nimmt die Vorurteile des Publikums auf, die einem Rollstuhlfahrer wenig zutrauen. »Sex mit Rollstuhl, wie geht das?« Seine Antwort: »Keine Ahnung, ich habe meinen Rolli noch nie gebumst.«

»Ich bin nicht so der Typ, der einer Frau hinterherläuft«, scherzt Tan Caglar. Muss er auch nicht. Er ist ein attraktiver Mann, der Stand-up-Comedy macht und bei der Berlin Fashion Week modelt. Dort gab es Standing Ovations für ihn. Er war viel mehr als ein PR-Gag. »Ich hatte das Gefühl, dass die Leute gedacht haben oder damit meinten: Genau das wollen wir hier auch sehen, das gehört dazu.«

Der Rollstuhl ist für ihn kein Fluch mehr, eher ein Anlass, Erfahrungen zu machen, die er sonst nicht gemacht hätte. »Wenn ich mir das im Nachhinein ein bisschen überlege, dann kann man eigentlich alles machen, was man vorher auch gemacht hat, man muss es nur anders machen.« Das war nicht immer so. Als der Tag R kam, den er so gefürchtet hatte, verfiel er drei Jahre lang in eine Depression, auch weil er glaubte, dass er nicht mehr Fußball und Basketball spielen könnte. Mittlerweile spielt er Rollstuhl-Basketball. Die Paralympics haben ihn dafür begeistert. Der Mensch braucht eben neue Anregungen. Und Humor? »Klar, ihr dürft über Behinderte lachen. Wir werden ja sowieso schon mit Samthandschuhen angefasst. Wenn man uns dann auch noch bei den Witzen rausnimmt, ist das einfach unfair.«

Wer für mich auch eine absolute Humorinstanz war: die Motivationstrainerin Vera F. Birkenbihl. Leider ist sie 2011 an einer Lungenembolie gestorben, vier Jahre hatte sie dem Krebs getrotzt. Aber sie hat ein umfangreiches Werk hinterlassen. Und wer sie einmal live gehört hat, vergisst sie nicht mehr. Sie redete fast alle Kerle in der Branche an die Wand. Was für eine Powerfrau! Für mich ist sie ein Vorbild, nicht nur weil sie über zwei Millionen Bücher verkauft hat, sondern weil sie eine typische Resilienzbiographie hatte: Sie floh vor den Konflikten im Elternhaus, brach das Gymnasium ab und war sich nicht zu schade, zeitweise als Toilettenfrau zu arbeiten. »Ich war am Schulsystem gescheitert, weil ich mit der sturen Paukerei nicht klarkam. So vermittelte mir die Schule das Gefühl, ziemlich ›blöd‹ zu sein, während ich außerhalb der Schule das Gegenteil erlebte. Ich begann zum Beispiel mit 13 Jahren, Erwachsenen Deutschunterricht zu geben, zum Beispiel ausländischen Ingenieuren, die bei deutschen Firmen zu Gast waren.«

In den USA bestand sie dann den College-Entrance-Test und studierte Psychologie und Journalismus, ihre neuen Lernansätze fasste sie in dem Buch *Stroh im Kopf?* zusammen. Sie entwarf eine eigene »Wissenschaft vom Gelächter«. Vera F. Birkenbihl empfahl allen Verdrossenen, mindestens 60 Sekunden am Stück die Mundwinkel hochzuziehen und zu lächeln. Im Idealfall fünf Minuten am Tag. Das Unterbewusstsein merke sich das, meinte Birkenbihl: »Jedes Mal, wenn Sie sich 60 Sekunden lang dazu zwingen, den Mund zum Grinsen zu verziehen, denkt Ihr Körper, es ginge Ihnen gut – und dann produziert Ihr Hirn Glückshormone. Aber man braucht 60 Sekunden am Stück – nicht zehnmal sechs Sekunden, das bringt nichts.«

Danke, liebe Vera, für dein Querdenken.

Ich bin überzeugt, dass das Leben auch ein Humortest ist. Mir fallen dazu zwei Erlebnisse ein. Einmal habe ich in München auf die U-Bahn gewartet, ich war aufgebrezelt. Da kam eine Frau auf mich zu, die auf meine Prothese schaute und sagte: »Entschuldigung, es tut mir so leid für Sie, mein herzliches Beileid.« Für mich war die Situation surreal: Eigentlich war ich zum Abendessen verabredet und echt schick angezogen. Und dann kam plötzlich diese Frau daher und tat so, als wäre ich so ein armes Mädchen. Sie hat dann sogar meine Hand genommen. Ich habe ihr gesagt, dass es mir gut gehe und sie kein Mitleid zu haben brauche. Ich wollte nett bleiben. Meine erste Reaktion war eigentlich: Sag mal, geht's noch? Aber ich bin dann weitergegangen, weil ich nicht wusste, was diese Frau alles hinter sich hatte. Es war sicher gut gemeint, aber für mich sehr irritierend.

Ebenso wie das zweite Erlebnis. Ich hatte mich in einem Yogastudio angemeldet, die erste Stunde gefiel mir gut. Als ich zur zweiten Stunde kam, sagte mir die Yogatrainerin laut und deutlich vor allen anderen Kursteilnehmern, dass ich nicht mehr mitmachen könne, weil ich durch meine Erscheinung den Ablauf gestört hätte. Sie könne darüber hinaus nicht die Verantwortung für mich tragen. Offenbar hatte sie noch nie eine behinderte Kundin gehabt. Yoga sei einfach nichts für mich, sagte sie. Auch Einwände von mir, ich sei Leistungssportlerin, belächelte sie nur. Ich war verletzt. In dem Moment war ich wieder das kleine Kind von früher, das beim Schulsport immer zuletzt ins Team gewählt worden war.

Als ich wieder zu Hause war, war es schon dunkel. Ich schnappte mir meine Lampe und bin auf meinem Mountainbike durch den Wald gefahren, um mich abzureagieren. Ich habe mich gefragt: Was wäre, wenn das einer Person passiert, die gerade noch lernt, mit ihrer Behinderung umzugehen? Im schlimmsten Fall würde die Person danach nie wieder versuchen, Sport zu machen. Und mal ganz ehrlich, was könnte im schlimmsten Fall schon passieren? Dass ich beim Handstand umfalle und jemanden mit meiner Prothese erschlage? Absurd. Im schlimmsten Fall könnte ich eine Übung nicht ausführen. Aber ich würde mal behaupten, dass das auch bei Menschen mit zwei Armen und zwei Beinen in einer Yogastunde häufiger passiert. Wie gut, dass ich das erlebt habe und nicht jemand, der erst im Begriff ist, mit seiner Behinderung klarzukommen und wieder ins Leben zu finden. Ich bin gefestigt und kann, wenn auch mit Abstand, über diesen Irrsinn lachen. Ein Sonnengruß an alle Yogalehrer, auch an die unbelehrbaren.

MEIN RESILIENZ-TIPP TO GO
Überarbeite deine Denkweise: Mit der falschen Einstellung kann dir nichts und niemand helfen. Mit der richtigen Einstellung hält dich nichts und niemand auf!

Resilienz-Guide **Optimismus**

»Mitten im Winter habe ich erfahren, dass es in mir einen unbesiegbaren Sommer gibt.« Kann man schöner und poetischer ausdrücken als der große französische Schriftsteller Albert Camus, was Resilienz ausmacht? Es ist die tiefgreifende Erkenntnis der eigenen Stärke, die sich in der Krise einstellt. Man braucht eine Herausforderung, einen Schock, eine Belastung, einen unangenehmen Zustand, einen seelischen Schneesturm, bevor man sich seiner Kräfte bewusst wird. Oder ganz neue in sich wachsen fühlt. Vor den Jahreszeiten des Lebens brauchen wir keine Angst zu haben, das will uns Camus sagen. Die Kälte hält nie ewig an, die Wärme aber auch nicht. Wir haben beides in uns. Der Sommer, die Sonne, die Unbeschwertheit, sie sind immer da. Auch im ärgsten Frost.

Das sagt derselbe Albert Camus, der auch die Geschichte des Sisyphos neu deutete: In den griechischen Mythen wurde der König von Korinth von den Göttern dazu verurteilt, einen Stein den Berg hinaufzurollen, der ihm kurz vor dem Ziel immer wieder entglitt. Die sinnlose Sisyphosarbeit ist sprichwörtlich geworden. Doch Camus interpretiert den Mythos auf andere Weise: »Sein Schicksal gehört ihm, sein Fels ist seine Sache. Der Kampf gegen Gipfel vermag einen Menschen auszufüllen. Wir müssen uns Sisyphos als einen glücklichen Menschen vorstellen.« Ein Sinnbild für das Leben. Erst unsere Betrachtungsweise entscheidet darüber, ob man etwas in seinem Leben als Bürde oder erfüllende Aufgabe sieht. Unser Optimismus und unser Humor lassen uns die anstrengenden Aufgaben in unserem Leben mit deutlich mehr Leichtigkeit erledigen.

Psychologie ist nicht nur das Studium von Krankheit, Schwäche und Schaden, es ist auch das Studium von Glück und Stärke. Bei Martin Seligman, einem der Gründungsväter der Positiven Psychologie, wird genau das betont. Die Essenz seiner Studien: Optimisten haben die besseren Jobs, sind kreativer, kontaktfreudiger, gesünder und langlebiger. Der Starpsychologe glaubt, dass Optimismus erlernbar ist. Seligmans Kinder schreiben täglich vor dem Zubettgehen drei Dinge auf, die an diesem Tag richtig gut gelaufen sind. Dankbarkeit macht offenbar nachhaltig optimistisch. Vergebung ebenso. Die Kunst des Loslassens von negativen Gedanken, in denen man wie in einer Schlinge hängt. Und die Konzentration auf eigene Stärken. Seligman nennt sie Signaturen: ganz persönliche Merkmale. »Erkenne dich selbst«, steht über dem Apollontempel von Delphi. Eine lebenslange Resilienzübung. Denn Resilienz ist dynamisch, nie in Stein gemeißelt. Es gibt Durststrecken. Aber der resiliente Mensch weiß, dass auch sie mal zu Ende gehen.

In der Salutogenese, der Wissenschaft vom Wohlbefinden und der Gesundheitsentstehung, die von dem Psychologen Aaron Antonovsky erfunden wurde, gelten folgende Prinzipien: »Meine Welt ist verständlich, stimmig und geordnet. Auch Probleme und Belastungen, die ich erlebe, kann ich in einem größeren Zusammenhang sehen. Das Leben stellt mir Aufgaben, die ich lösen kann. Ich verfüge über Ressourcen, die ich zur Meisterung meines Lebens, meiner aktuellen Probleme mobilisieren kann. Für meine Lebensführung ist jede Anstrengung sinnvoll. Es gibt Ziele und Projekte, für die es sich zu engagieren lohnt.« Antonovsky hat den Zusammenhang zwischen Resilienz und Glück begriffen: »Nicht die Umstände bestimmen des Menschen Glück, sondern seine Fähigkeit zur Bewältigung der Umstände.« Und dabei ist Optimismus eine zentrale Hilfe.

Die 13 Basics der Zuversicht

Kann man seelische Widerstandskraft und Optimismus mit einem Fragebogen messen? Die Soziologin Karena Leppert von der Uniklinik Jena hat es 2008 versucht. Die Aussagen im Fragebogen machen sehr gut deutlich, worum es geht – es sind die Basics der Zuversicht:

1. Wenn ich Pläne habe, verfolge ich sie auch.
2. Normalerweise schaffe ich alles irgendwie.
3. Ich lasse mich nicht so schnell aus der Bahn werfen.
4. Ich mag mich.
5. Ich kann mehrere Dinge gleichzeitig bewältigen.
6. Ich bin entschlussfreudig.
7. Ich nehme die Dinge, wie sie kommen.
8. Ich behalte an vielen Dingen Interesse.
9. Normalerweise kann ich eine Situation aus mehreren Perspektiven betrachten.
10. Ich kann mich auch überwinden, Dinge zu tun, die ich nicht machen will.
11. Wenn ich in einer schwierigen Situation bin, finde ich gewöhnlich einen Weg hinaus.
12. In mir steckt genügend Energie, um alles zu machen, was ich machen muss.
13. Ich kann es akzeptieren, wenn andere Leute mich nicht mögen.

»Ich habe, ich bin, ich kann« – so fasst die Schottin Brigid Daniel, Professorin für Sozialarbeit, in Christina Berndts Buch *Resilienz: Das Geheimnis der psychischen Widerstandskraft* die drei Basics der Resilienz zusammen. »Ich habe Menschen, die mich gernhaben und mir helfen. Ich bin eine liebenswerte Person und respektvoll mir und anderen gegenüber. Ich kann Wege finden, Probleme zu lösen und mich selbst zu steuern.« Mehr braucht man eigentlich nicht, da steckt alles drin.
Krisen tauchen in jedem Menschenleben auf, sie sind in uns angelegt. Von der Scheidung bis zur Arbeitslosigkeit, von schwerer Krankheit bis zum plötzlichen Tod eines geliebten Menschen. Immer wieder werden wir gefordert, aber übertriebene Ängste müssen wir deswegen nicht entwickeln, wenn wir ein gesundes Selbstwertgefühl und eine vielseiti-

ge Lebenserfahrung mitbringen. »Wenngleich die Fundamente der psychischen Widerstandskraft schon in frühester Kindheit gelegt werden, so lassen sie sich doch auch später noch gießen. Man muss nur wissen wie«, meint die Wissenschaftsjournalistin Christina Berndt, die mit ihrem Buch *Resilienz – das Geheimnis der psychischen Widerstandskraft* einen Bestseller geschrieben hat. Resiliente Menschen begreifen das Leben als meisterbar, sie beweisen immer wieder, dass sie mit schwierigen Situationen auf Dauer klarkommen. Vielleicht nicht im ersten Moment, nicht in den ersten Tagen, aber nach und nach können sie Dramen in ihr Leben integrieren. Krisen werden zur wichtigen Lebenserfahrung – manchmal sogar zur Anekdote, die gern erzählt wird. Solche Menschen sehen Chancen da, wo andere nicht einmal hinschauen.

Warum Optimisten häufiger geküsst werden

Wenn man Optimismus in Form einer Pille pressen könnte, wäre sie ein Welterfolg. Weit vor Viagra und Aspirin. Davon ist Jens Weidner überzeugt. Der Professor für Erziehungswissenschaften und Kriminologie ist Vorstand des Hamburger Clubs der Optimisten und Autor eines Standardwerkes (*Optimismus – warum manche weiter kommen als andere*). Seine Grundthese ist einfach: Optimisten sind zufriedener, glücklicher, hoffnungsvoller und erfolgreicher, den Pessimisten haushoch überlegen. Sie leben, das ist auch die Erkenntnis des amerikanischen Psychologen Martin Seligman, 19 Prozent länger als die Schwarzseher, kommen nach Operationen schneller auf die Beine, verdienen im Durchschnitt besser und werden häufiger geküsst. Alles wissenschaftlich gut abgesicherte Erkenntnisse, beteuert Jens Weidner.

»Optimismus bewährt sich vor allem in der schlechten Zeit«, sagt er. »Optimistisch zu sein, wenn alles wie geschmiert läuft, kann jeder Dummdödel. Optimismus bedeutet nicht, dass ich heute glücklich bin. Es ist eine Art Wettschein darauf, dass die Zukunft etwas Gutes bereithält, im Fall von Paralympics-Teilnehmern zum Beispiel bessere Medizintechnik. Das heißt aber nicht, dass man als Optimist nur abwartet und Tee trinkt und nichts tut. Hope for the best and care for the rest – das ist der Slogan der realistischen Optimisten. Du kannst nur das erreichen, was du denken kannst, was es in deiner Vorstellung gibt. Ich war als Student Briefträger im Nebenjob, eine Kollegin sagte mir kürzlich, dass ich schon mit 18 Jahren erwähnt hätte, dass ich Professor werden wolle. Ich hatte das ganz vergessen, das war ein bisschen größenwahnsinnig von mir, aber es hat sich erfüllt.«

Optimisten sind Meister der Vorfreude, sie haben ein überdurchschnittlich großes Vorstellungsvermögen. Schon der italienische Philosoph Niccolò Machiavelli nannte sie Condottiere, lächelnde Siegertypen. Wirkliche Optimisten seien aber keine Typen, die naiv mit rosaroter Brille herumliefen, meint Professor Weidner, sie seien eher Pragmatiker: »Optimisten verschwenden kaum Gedanken an Realitäten, die sich derzeit nicht verändern lassen. Sie konzentrieren sich auf das, was machbar ist und Erfolg verspricht, auch wenn das viele kleine Schritte bedeutet. Sie werden aktiv, wenn sie eine mindestens 51-prozentige Erfolgschance haben, ihre Projekte und Innovationen umzusetzen. Die Haltung ›Das packen wir‹ verbindet sie.«

Es gibt viele Definitionen von Optimismus. Die von Daniel Goleman, der 2005 durch sein Buch *EQ Emotionale Intelligenz* bekannt wurde, trifft den Kern besonders gut: »Optimismus bedeutet, dass man die feste Erwartung hat, dass sich trotz Rückschlägen und Enttäuschungen letztlich alles zum Besten wenden wird. Aus der Sicht der emotionalen Intelligenz ist Optimismus eine Haltung, die die Menschen davor bewahrt, angesichts großer Schwierigkeiten in Apathie, Hoffnungslosigkeit oder Depression zu verfallen. Und Optimismus zahlt sich im Leben aus.«

Jeder resiliente Mensch habe Optimismus als Grundausstattung, meint Jens Weidner. »Eine Behinderung ist kein Grund, jemanden mitleidig anzuschauen. Man kann aus einer Behinderung auch Kraft schöpfen und Menschen mitreißen, das ist eine enorme Lebensleistung. Und es ist förderlich, wenn man sich above average einschätzt – ein wenig über dem Durchschnitt. Das fördert das Selbstwertgefühl. Das hat nichts mit narzisstischem Größenwahn zu tun. Damit kann man dann zu einem Best-of-Optimisten werden. Er legt die Latte niedrig an und freut sich über die kleinen Siege auf dem Weg zum Ziel. Er überfordert sich nicht in seiner Tatkraft, er kann sich selbst loben.« Das heißt nicht, dass dem Optimisten alles gelingt. Aber er preist Rückschläge ein und empfindet sie nicht als Katastrophe, sondern als Lernerfahrung. Aus Schaden wird man klüger.

Jens Weidner ist auch als Wissenschaftler ein unverbesserlicher Optimist: Er glaubt an die Veränderbarkeit des Menschen. Einmal Verbrecher, immer Verbrecher – diese Sichtweise ist ihm fremd. Deshalb hat er ein Anti-Aggressivitäts-Training entwickelt, mit dem jährlich 2 000 Aggressive behandelt werden. Bei zwei Dritteln wirkte es. Ein großer Fortschritt für die Gesellschaft. Und der Horizont der Täter wurde erweitert, was sie deutlich friedlicher und resilienter machte. »Wir arbeiten ein halbes Jahr mit ihnen. Wenn wir es schaffen, das Leid der Opfer in ihre Seele einzumassieren, haben wir gute Karten. Ich wollte beweisen, dass man Menschen, die Fehler gemacht haben, nicht für alle Zeit aufgeben muss«, sagt der Professor. Er ist zwar Weltverbesserer, aber kein naiver. Das maßvolle Rosarot, das ist seine Empfehlung für ein gelungenes Optimistenleben. Und dabei nicht die Hände in den Schoß legen.

In Deutschland dominiert der Typ des sekundären Optimisten. Er prüft kritisch die Risiken, bevor er sich für ein Projekt entscheidet und begeistert, er ist moderat offen für Neues. Damit ist er weit weg von der amerikanischen Take-it-easy-Mentalität oder dem Don't-worry-Optimismus der Iren. Aber er ist eben auch kein Miesmacher, der Spaß an der Zerstörung von guten Ideen hat und auf hohem Niveau jammert. Wenn sich der sekundäre Optimist entschlossen hat, setzt er alles daran, sein Ziel zu erreichen. Er hat einen langen Atem und lässt sich nicht irritieren.

Eines ist klar: Der Optimismus ist eine unbesiegbare Kraft. Und die Tatsache, dass viele Menschen Unternehmen gründen, obwohl nachweislich jedes dritte wieder pleitegeht, oder heiraten, obwohl die Hälfte aller Ehen geschieden wird, zeigt das.

Die affektive Veranlagung entscheide über die Perspektive, darüber, wie wir das Leben betrachten würden, meint die amerikanische Psychologieprofessorin Elaine Fox, die das Buch *In jedem steckt ein Optimist* geschrieben hat. Die Wurzeln des Optimismus, so die Hirnforscherin, lägen tief in unserem Lust- oder Belohnungszentrum, während der Pessimismus in den Gehirnarealen verwurzelt sei, die vor Gefahren warnen, im Alarmsystem, im Angstzentrum. Die gute Nachricht von Elaine Fox: Unsere Gehirne können sich verändern, niemand wird als Pessimist geboren und muss es lebenslänglich bleiben. Die Schaltkreise von Freude, Vergnügen, Angst und Trauer gehören zu den formbarsten im gesamten Gehirn. Ihre Botschaft an die Pessimisten dieser Welt: »Wenn es uns gelingt, ein ausgewogenes, adäquates Verhältnis herzustellen zwischen jenen Schaltkreisen in unserem Gehirn, die uns Gefahren und Bedrohungen, und jenen, die uns Angenehmes und Vorteilhaftes wahrnehmen und verarbeiten lassen, müssen wir uns nicht mit einem Leben abfinden, das von Furcht und Sorge geprägt ist.«

7. Ziele:
Meine Wegweiser, um dranzubleiben

Es gibt Menschen, die in ihrem Leben keinen Antrieb verspüren, weil sie keine richtigen Überzeugungen haben, weil sie noch nicht gefunden haben, wofür sie brennen. Es ist oft ein zielloses Leben, das jeden Tag gleich verläuft. Es fehlen die Träume und Ziele vor Augen. Sich zu motivieren, selbst für die kleinen Dinge im Leben, fällt einem dadurch deutlich schwerer. Ich bin überzeugt davon, dass Ziele essentiell sind. Dass Ziele eine Art Wegweiser sind und uns dabei helfen, aus dem Dunkel zu finden. Ich habe mir immer Ziele gesetzt. Beim Sport liefern Ziele die Motivation für die tägliche Mühe, die ich mir mache. Ziele sind der Schlüssel zum eigenen Potenzial. Natürlich habe ich nicht jeden Tag die gleiche Lust, an mir zu arbeiten, das Radfahren ist ja manchmal eine richtige Schind(l)erei, aber Ziele helfen mir, mein Programm trotzdem durchzuziehen. Sie stärken meine Disziplin. Jeder kann sich motivieren. Sofern man sich eine Frage beantworten kann: Wofür tue ich das?

Unser Weg zum Ziel:
Eine Reise mit vielen Abenteuern

Sowohl in meiner Sportkarriere als auch abseits davon habe ich mir immer große Ziele, wie jetzt noch einmal die paralympische Goldmedaille, aber auch kleinere Zwischenziele auf dem Weg dorthin gesetzt. Wenn Ziele zu groß und zu weit entfernt sind, können sie einem unerreichbar erscheinen, das demotiviert. Deswegen ist es wichtig, sich auf dem Weg kleine Meilensteine einzubauen. Immer mit dem Blick auf das große Ganze. Ohne den hätte ich wohl nicht so intensiv für das Abitur gebüffelt, aber ich wusste, dass es die große Freiheit bedeutete. Das Abitur hat mir ermöglicht, meinen Traumberuf zu ergreifen, zu studieren, die Welt mit anderen Augen zu sehen. Beständige Bildung und die Lust am Lernen sind wichtige Schlüssel zum Erfolg. Fortbildung ist Fortschritt.

Das Schöne ist: Ziele machen glücklich, selbst wenn man sie am Ende verfehlt. Denn der Weg dorthin ist schon kostbar, dabei beginnt nämlich unsere Persönlichkeitsentwicklung. Was auf dem Weg zur Medaille passiert, ist das eigentliche Interessante und Erfüllende. Weder nach links noch nach rechts zu schauen ist ein großer Fehler. Die Randerscheinungen sind ebenso wichtig wie die Nebengeräusche. Die muss man mitnehmen, denn Gewinnen ist nicht alles im Leben. Selbst Gewinner fühlen sich nach dem Triumph manchmal leer. Der Weg ist das Ziel. *Mein langer Lauf zu mir selbst* – diesen Titel trägt Joschka Fischers Buch, in dem er beschreibt, wie er sich, gerade von seiner Frau verlassen, trotz Übergewicht zum Marathonlaufen motivierte. Es ging ihm nicht um die Zeit, die er in diese Aufgabe investiert hat, der Prozess selbst hat etwas in ihm ausgelöst. Eine neue Erkenntnis: Ich habe die Macht, mich zu verändern und Liebeskummer durch Aktivität zu besiegen. Wenn ich ein festes Ziel habe.

Als kleines Mädchen hatte ich nie das Ziel, Leistungssportlerin zu werden. Ich bin tatsächlich, wie man so schön sagt, »reingestolpert«. Aber nachdem ich reingeschnuppert hatte, habe ich alles auf eine Karte gesetzt und mich völlig diesem Sport verschrieben: ganz oder gar nicht. Dieses Ziel muss man komplett verinnerlichen, damit muss man einschlafen und wieder aufwachen. Mit Feuer und Flamme geht es leichter von der Hand. Nur so greift man nach den Sternen. Das entscheidende Kriterium dabei: Du musst das tun, was du liebst. Im Herzen, nicht auf dem Konto. Und wenn ich ein Ziel nicht (gleich) erreiche, ist das keine Katastrophe. Vielleicht im ersten Moment nach der Ziellinie. Aber mit Versagen hat das nichts zu tun.

Auch nicht mit Beliebigkeit, wenn man sich doch entscheidet, etwas anderes zu verfolgen. Nach der Trial-and-Error-Methode können wir verschiedene Ziele ausprobieren. Der Mensch ist ein Ideenproduzent. Und ich habe immer Flausen im Kopf und will etwas Neues ausprobieren. Einen Ironman schaffen. Im Rennrollstuhl zum Beispiel. Nur für mich selbst. Skilanglauf auf einer Art Schlitten zu betreiben. Als Moderatorin im Fernsehen auftreten. Die Ideen gehen mir nicht aus. Ganz grundsätzlich bin ich davon überzeugt, dass es unserer Gesellschaft guttun würde, mehr Menschen mit Behinderungen ganz selbstverständlich vor der Kamera zu sehen. Nicht nur bei »Menschen – das Magazin«, welches im ZDF eine Viertelstunde in der Woche Behindertenthemen in den Fokus nimmt. Ich bin froh, dass wir diese wertvolle Sendung haben, aber hier ist noch viel Luft nach oben.

Es kann helfen, wenn wir andere Menschen in die Verfolgung unserer Ziele mit einbeziehen. Bei mir weiß mein Coach genau, wie intensiv ich trainiere und ob ich seine Pläne umsetze, er kann es auf seinem Computer nachvollziehen. Ich kann und will ihn nicht bescheißen. Und das ist gut so. Aber nicht jeder muss einen Coach haben. Es reicht schon, wenn wir eine Freundin bitten, dass sie uns anruft und an eine Abmachung erinnert. In zwei Stunden muss das erledigt sein, ruf mich an, ob ich es wirklich gemacht habe – so einfach kann das gehen. Trick 17, wenn gerade die Eigenmotivation fehlt. Auch das motiviert enorm, ein Ziel zu erreichen, man will sich nicht blamieren, man will nicht unzuverlässig sein. Eine Supermethode, um sich anzutreiben.

Natürlich gibt es auch Menschen, vor denen wir uns bei der Verfolgung eines Ziels hüten sollten. Besserwisser zum Beispiel, Energieräuber, die unsere Motivation wie Vampire aussaugen. Und dann gibt es noch die Sorte, die einen gern kleinhalten möchte, die nicht will, dass man sich ausprobiert und neue Seiten an sich entdeckt. Solche Menschen wollen ihr eigenes Überlegenheitsgefühl behalten. In diesem Fall kann ich nur raten, Abstand zu nehmen und diese Personen aus seinem engeren Kreis auszusortieren. Sie sind Bremsklötze. Sie ziehen einen nur runter. In einer Fabel von Nossrat Peseschkian aus dem Buch *Der Kaufmann und der Papagei* wird deutlich, wie wenig es bringt, zu sehr auf andere Leute zu hören:

Ein Vater zieht mit seinem Sohn und einem Esel durch die Gassen einer Stadt. Der Sohn führt das Tier, der Vater sitzt auf dem Esel. Ein Passant sagt: Wie kann man nur so faul auf dem Esel sitzen, wenn man sieht, dass das Kind sich müde läuft. Der Vater nimmt sich das zu Herzen und steigt ab, der Junge darf jetzt auf dem Esel sitzen. Was dem nächsten Passanten nicht gefällt: Der Junge sitzt wie ein Prinz auf dem Esel, während der arme alte Vater nebenherläuft. Das beeindruckt den Jungen, er bittet den Vater auch auf das Tier. Was wiederum Tierschützer empört: Dem armen Esel tut der Rücken weh, während der junge und der alte Nichtsnutz sich ausruhen. Der Vater und der Sohn steigen ab und laufen neben dem Esel. Was den nächsten Besserwisser provoziert: Wofür hat man einen Esel, wenn er einen nicht tragen kann? Vater und Sohn beschließen das einzig Richtige: »Egal, was wir machen, es gibt immer jemanden, der damit nicht einverstanden ist. Ab jetzt tun wir das, was wir selbst für richtig halten.«

Ich bin für klare Entscheidungen. Ich stürze mich nicht kopflos in etwas, aber Neuland reizt mich immer. Das Wasser ist eigentlich nicht mein Element, ich mag den Asphalt lieber. Aber es gibt ein Prinzip, das mir sehr einleuchtet. »Ein Schiff im Hafen ist sicher, aber dafür wurde es nicht gebaut«, sagt Grace Hopper, eine amerikanische Computerpionierin. Wir müssen ins Abenteuer, raus in die Wildnis, wenn wir uns selbst erfahren wollen. Wir müssen dahin, wo es Wellen gibt, wo wir getragen und getrieben werden. Wo wir uns finden können. Das, was uns ausmacht, unseren Wesenskern.

Udo Hempel ist bei diesem Thema eines meiner Vorbilder. Er hat mich in meinen Anfängen auf der Bahn unterstützt und mein Potenzial erkannt, als noch keiner dachte, ich könnte Weltmeisterin werden oder gar Weltrekord fahren. Dieser Mann, Jahrgang 1946, Olympiasieger in München und danach lange Jahre Bundestrainer, inspiriert mich, weil er auch über seine Karriere hinaus immer »drangeblieben« und selbst mit Mitte 70 sportlich fit und geistig am Puls der Zeit ist. Er ist mein Mr Forever Young, er lebt das. Klar, dass er noch sein altes Renngewicht von 75 Kilogramm hat. Und mit seinen Ideen und Plänen ist er nach wie vor ein Visionär. So hat der Organisator großer Radrennen, der die Tour de France sogar in seine Heimatstadt Büttgen gelockt hat, jetzt seinen Bootsführer-schein gemacht. Ich würde sofort bei ihm einsteigen und zur Seefrau werden. Bis ins hohe Alter hinein so offen, neugierig und diszipliniert zu sein ist mein Wunsch für mich. »Net kalle, donn«, ist sein Motto. Aus dem Rheinischen übersetzt: Nicht lange reden, anpacken! Könnte von mir sein.

Mein Schiff ist ein Rennrad. Wenn ich auf meinem Fahrrad sitze, bin ich glücklich und habe das Gefühl, die ganze Welt vor mir zu haben. Ich bin auf der richtigen Straßenseite des Lebens, keine Geisterfahrerin. Ich überhole dabei viele und werde auch überholt, aber das gute Gefühl kann mir keiner nehmen. Ich habe mein Ziel klar vor Augen und freue mich auf die Fahrt.

Was ist der Sinn des Lebens? Darauf muss jeder seine ganz individuelle Antwort finden. Bei mir ist es wohl: Weniger kann mehr sein. Mir fehlt etwas so Kostbares wie ein Unterschenkel, aber dafür habe ich ganz viel hinzubekommen. Ich wurde Weltmeisterin, durfte fast die ganze Welt bereisen und meinen Horizont im wahrsten Sinne des Wortes erweitern. Ob aus mir ohne den Unfall eine Leistungssportlerin geworden wäre, ist fraglich. Aber selbst wenn – hätte ich dann dabei so viel Sinn-haftigkeit empfunden wie jetzt? Wenn mich das Leben eins ge-lehrt hat, dann ist es Dankbarkeit. Dankbarkeit dafür, dass ich mit meinen »zwei Beinen« fast jeden Tag selbstständig durch das Leben gehen kann. Dankbarkeit dafür, dass ich mit dem Fahrrad jeden Berg bezwinge und die Welt erkunde.

Das ist mir nicht in den Schoß gefallen. Ich habe hart da-für arbeiten müssen. Aber ein Handicap des Körpers muss nicht zum Handicap des Lebens werden. Auch aus einer ver-meintlich schlechteren Startposition lässt sich verdammt viel herausholen, wenn man ein klares Ziel vor Augen und einen starken Willen hat. Ich bin stolz auf das, was ich erreicht habe.

Vielleicht gerade weil es nicht immer einfach war und ist. Aber mit viel mehr Stolz erfüllt es mich, wenn ich andere dazu inspirieren kann, ihren eigenen Weg zu gehen. Ihre eigenen Ziele zu finden. Sich aus ihrer Komfortzone zu bewegen. Es erfüllt mich, wenn ich den Staffelstab weiterreichen kann.

Wilma Rudolph:
Schneller als der Wind trotz Kinderlähmung

Es gibt Menschen, die sich nie aufgeben, die immer eine Lösung finden. Menschen, die an einem Handicap wachsen, sich völlig neu erfinden. Was sie alle gemeinsam haben: Sie haben Ziele. Wilma Rudolph zum Beispiel, eine amerikanische Olympialegende mit Kinderlähmung. 1960 gewann die Sprinterin, die als »schwarze Gazelle« Weltruhm erlangte, drei Goldmedaillen über 100 Meter, 200 Meter und in der Staffel über 4 x 100 Meter. »War ich nicht schneller als der Wind?«, fragte sie lächelnd nach ihren Goldläufen. All das war ihr nicht in die Wiege gelegt worden. Sie war das 20. von 22 Kindern ihrer bitterarmen Eltern, die als Gepäckträger und Hausmädchen arbeiteten, und kam als kränkliches Frühchen, das nur zwei Kilogramm wog, zur Welt. Zwei Jahre ihrer Kindheit verbrachte sie im Bett, eine Lungenentzündung und Scharlach setzten ihr zu.

Noch schlimmer für sie: Im Alter von vier Jahren erkrankte sie an Kinderlähmung, das linke Bein blieb gelähmt, sie konnte anfangs nicht in die Schule gehen. Als sie mithilfe von Schienen an den Beinen laufen konnte, wurde sie verlacht und verspottet. »Ich lebte in der Todesangst, abgelehnt zu werden«, sagte Wilma Rudolph. Aber der Mut, ihr Schicksal nicht als unabwendbar zu akzeptieren und ein paar Sterne vom Himmel zu holen, war größer als die Angst, sie gab nie auf. Dank Physiotherapie und spezieller Massagen, die ihre Mutter und ihre Geschwister mehrmals täglich an ihr durchführten, konnte sie mit zwölf Jahren normal gehen – ohne Krücken, ohne orthopädische Schuhe.

Es war eine Teamleistung der gesamten Familie. Beim Basketballspiel fiel sie dann auf, weil sie so geschmeidig und schnell war. Es war wie ein Wunder: Das Mädchen, das so lange unter den Folgen der Kinderlähmung gelitten hatte, wirkte leichtfüßig. Ed Temple, ein Leichtathletikcoach, erkannte ihr Talent und förderte sie. Wie so oft muss mindestens ein Mensch an deine Fähigkeiten glauben. Der Gedanke an ein Sportstipendium an der Tennessee State University motivierte Wilma Rudolph so, dass sie ihr Sprinttalent trainierte. Laufen war ihr Leben und durch die Behinderung nie eine Selbstverständlichkeit. Sie lief so schnell, als wollte sie der Armut davonlaufen. Ihre Mutter motivierte sie: »Du kannst als Erste in der Familie ein College besuchen. Wenn dies durch Laufen möglich ist, dann möchte ich, dass du alles daransetzt, die Beste zu sein.« Das setzte in ihr alle Energien frei. Mit 16 Jahren war Wilma Rudolph zum ersten Mal bei Olympia dabei. Was für eine Leistung für ein Mädchen, das gesundheitlich eigentlich schon abgeschrieben worden war! Ein Beweis dafür, wie sehr ein großes Ziel motivieren kann. Wilma Rudolph hat die Energie für ihre Erfolge aufgebracht, um durch Sport einen sozialen Aufstieg zu schaffen. Und dafür wird sie heute auch an einer Schule im Berliner Stadtteil Zehlendorf geehrt: Sie heißt Wilma-Rudolph-Oberschule.

Auch jenseits des Sports war Wilma Rudolph ein Vorbild: Sie kämpfte gegen Rassismus und war Teil der amerikanischen Bürgerrechtsbewegung. Als nach ihrem Triumph in Rom in ihrer Heimatstadt Clarksville eine Parade veranstaltet werden

sollte, machte Wilma Rudolph ihre Zustimmung davon abhängig, dass dafür die Rassentrennung aufgehoben wurde. Sie
setzte sich durch. Großartig! Solche Pionierinnen, die nicht nur
an sich selbst denken, braucht die Welt. Ein großer Sportler zu
sein ist gut und schön, aber erst wenn man ein großer Mensch
ist, ist man ein wirklicher Star.

Matthias Steiner:
Ein Diabetiker wird zum stärksten Mann der Welt

Verzweiflung ist ein Teil des Lebens, aber sie ist eine vorübergehende Erscheinung. Das hat auch Matthias Steiner so erlebt.
Es gibt viele Olympiasieger in Randsportarten, die meisten werden schnell vergessen. Der Gewichtheber Matthias Steiner hat
sich jedoch ins kollektive Bewusstsein eingeprägt. Weil er als
Olympiasieger in Peking 2008 auf dem Treppchen das Bild seiner Frau Susi hochgehalten hat, die ein Jahr vorher von einem
Raser totgefahren worden war. Diese Geste, in der so viel Trauer
und Genugtuung lagen, berührte die ganze Welt. »Susi wird da
oben alles mitbekommen. Der Sieg ist auch ihrer, wir haben alles
zusammen geplant«, sagte er.

Matthias Steiner hat gezeigt, dass man aus Wut Kraft schöpfen kann. Kaum einer steht so für Resilienz wie er. Aber das
liegt nicht nur an dieser Goldmedaille, die mit so viel Schmerz
verbunden war. Seine Erfahrung mit Resilienz geht viel tiefer.
Was macht einen Mensch auf eine herausragende Weise resilient? Wenn ihm Aufgaben gestellt werden, die fast nicht zu bewältigen sind. Aber eben nur fast.

Dass Matthias Steiner nicht umzuwerfen ist, zeigte sich früh.
Im Gegenteil: Wenn er beim »Mensch ärgere dich nicht«-Spiel

auf der Verliererseite war, warf er häufiger mal das Brett vom Tisch. »Ich konnte einfach nicht verlieren, das zeichnete mich früh aus. Manchmal flog da auch Porzellan durch die Wohnung.«

Mit dem Vater gab es früh Kämpfe, es wurde gerangelt nach dem Motto: Was kann er noch? Was kann ich schon? Der Vater brachte ihn zum Gewichtheben. Matthias Steiner fing an, im Garten zu trainieren, mit 14 opferte er dem Training in der Halle bereits einen halben Tag. In seinen großen Traum, ein starker Mann an der Hantel zu werden, investierte er viel Freizeit. Und dann fand er seine zweite Vaterfigur, seinen Trainer Walter Legel, einen mehrfachen Olympiateilnehmer. Eine natürliche Autorität, die dem jähzornigen jungen Mann die Kunst des Stemmens beibrachte, aber auch, ein guter Verlierer zu sein. Nachdem Matthias Steiner bei einem Wettkampf nach einer Niederlage ausgerastet war und vor Wut gegen seine Sporttasche getreten hatte, schaute ihn sein Coach ein paar Tage lang nicht an. Matthias Steiner entschuldigte sich für sein Verhalten: »Meine Wut so offen zu zeigen macht angreifbar. Es kostet zu viel Energie, die ich besser anderweitig verwenden kann.«

Der erste Resilienztest in Matthias Steiners Leben kam, als Walter Legel plötzlich einen epileptischen Anfall hatte. Schwindelanfälle hatte es bereits vorher gegeben, jetzt wurde bei ihm ein Gehirntumor entdeckt, der nicht mehr zu operieren war. Nur noch ein paarmal hörte der Trainer sein liebstes Geräusch: das Scheppern der Hanteln. Matthias Steiner weinte bitterlich an seinem Sterbebett. »Ich war 17 Jahre alt, es war der erste große Einschnitt in meinem Leben. Für mich brach eine Welt zusammen, ich ließ die Jugend auf einen Schlag hinter mir. Walter hat bis zum Schluss gekämpft, er wollte, dass ich weiter-

mache. Das war ich ihm schuldig. Und ich liebte diesen Sport
ja schon, er hat mir Erfolgserlebnisse gebracht.«

Matthias Steiner ließ sich nicht hängen, trainierte fleißig weiter. Aber einen Tag vor seinem 18. Geburtstag kam der nächste
Schock. Matthias Steiner hatte eine Grippe verschleppt, ging
trotz Beschwerden zur Arbeit. Er hatte eine Lehrstelle als Instal-
lateur für Gas, Wasser und Heizung. Nach Problemen mit den
Augen und ungewöhnlichem Durst – er trank acht Liter Wasser
am Tag – ging er doch noch zum Arzt. Der eröffnete ihm, dass
sein Körper kein Insulin mehr produzierte. Er war Typ-1-Diabe-
tiker. Der eigentlich kerngesunde junge Mann war plötzlich mit
einem Handicap geschlagen, das er sein Leben lang mit sich
herumtragen würde. »Ich dachte: Bin ich im falschen Film? Was
habe ich verbrochen? Ich hatte mich auf das Erwachsenwerden
gefreut, und dann so etwas.« Der Arzt empfahl ihm das Ende
der sportlichen Laufbahn: Schluss mit Gewichtheben, strenge
Diät, Einweisung in die Kunst des täglichen Spritzens.

Aber Matthias Steiner gab nicht auf. »Es tat mir total gut,
dass mich 30 Kumpels im Krankenhaus besuchten und mit
mir rumalberten. Meine Krankheit war also offenbar nicht ansteckend, ich war immer noch der Matthias. Und meine Firma
bot mir an, die Lehre zu beenden, obwohl die Arbeit auf Bau-
stellen körperlich wirklich hart ist.« Matthias Steiner erlebte
das, wovon viele resiliente Menschen berichten: Seine innere Stimme meldete sich zu Wort und machte ihm Mut. Sein
Körper hatte trotz der Diagnose weiterhin Lust auf Sport. »Ich
wollte auf den Hometrainer. Der Arzt lehnte das erst mal ab
und sagte dann: nur auf meine eigene Verantwortung. Und gab
mir eine Packung Traubenzucker mit. Die Diätschnitte, die mir
die Schwester gebracht hatte, hatte ich abgelehnt. Sie schmeck-
te ekelhaft. Und ich träumte ja noch von einer Sachertorte.«

Matthias Steiner wollte sich einfach nicht damit abfinden, dass es mit dem Sport vorbei sein sollte, es war ja seine größte Leidenschaft. »Ich fing an zu recherchieren, ob es große Sportler mit Diabetes gab. Ich stieß auf Steve Redgrave, der fünfmal Olympiasieger im Rudern geworden ist, allerdings viermal ohne Diabetes. Aber immerhin einmal mit. Das hat mich total motiviert. Und dann gab es noch einen Wiener Arzt, der mir auch Mut machte: Wenn man gut eingestellt sei, könne man Leistungssport betreiben, meinte er.« Matthias Steiner reichte das als Ermutigung. Er hob weiter Gewichte und gehörte bald im Juniorenbereich zur Weltspitze. »Ich war so wütend über den Tod von Walter und meinen Diabetes und versuchte, diese Wut in Energie umzuwandeln. So war es eine positive Wut, keine zerstörerische.«

Im österreichischen Gewichtheberverband wurde er gemobbt, aber er schaffte es nach Athen zu den Olympischen Spielen und belegte dort einen hervorragenden siebten Rang. Eine junge Frau aus Chemnitz hatte ihn ein paar Monate vorher angeschrieben, weil sie ihn im Fernsehen gesehen hatte und toll fand. Kurze Zeit später waren die beiden ein Paar. Und der Gedanke, dass Matthias Steiner vielleicht einmal für Deutschland starten könnte, begann in ihm zu keimen. Als die Österreicher einen neuen Trainer verpflichteten, bei dem Matthias Steiner nicht sicher war, wie er zum Thema Doping stand, wollte er weg. Aber die Hürden der Einbürgerung in Deutschland waren hoch. Drei Jahre lang durfte Matthias Steiner nicht bei Europa- und Weltmeisterschaften starten, er war quasi staatenlos. Erst kurz vor Olympia in Peking bekam er den deutschen Pass. »Es ist gut, dass ich nicht wusste, wie lang das dauern würde, das hätte mich entmutigt. Ich habe sehr viel Resilienz gebraucht, um diese Zeit der Ungewissheit zu überstehen.«

Dann kam der schreckliche Unfall, bei dem seine Frau starb. Andere hätten nach so einem Schock mit dem Sport aufgehört und alles hingeschmissen. Matthias Steiner schwor sich jedoch: jetzt erst recht! »Es zog mir den Boden unter den Füßen weg, aber der Sport war für mich auch eine Therapie. Trainieren, essen, schlafen – ich funktionierte wie ein Automat. Die Vorbereitung auf Olympia half mir bei der Verdrängung, die Trauerarbeit fand so ganz nebenbei in der Trainingshalle statt. Ich wusste, es gibt nur zwei Wege: alles stehenlassen und sich vielleicht sogar umbringen. Oder mit noch mehr Energie weitermachen. Ich entschied mich für den zweiten Weg, weil ich da schon durch meine vorherigen Erfahrungen abgehärtet war. Und in mir war so eine Wut auf das Schicksal, das mir eine Revanche schuldete.«

Matthias Steiner machte auch weiter, weil er das Zugpferd der deutschen Gewichtheber war: »Ich wurde gebraucht, das war ein sehr wichtiges Gefühl für mich. Der Mensch lebt nicht nur für sich allein, sondern auch für seine Mannschaftskameraden.«

In Peking bestritt Matthias Steiner dann den Wettkampf seines Lebens, er brachte 258 Kilos in die Höhe. »Das war auch für Susi, ich habe unsere gemeinsame Geschichte fertiggeschrieben. Sie hatte ja schon dafür gespart, nach Peking mitzukommen. Ihr Foto hatte ich immer bei mir. Es war unsere letzte gemeinsame Reise.«

Resiliente Menschen sind auch immer offen für einen Neuanfang. Ein paar Monate nach dem Olympiasieg lernte Matthias Steiner die Nachrichtenmoderatorin Inge Posmyk kennen. »Wir verabredeten uns zum Essen, es dauerte acht Stunden, in denen wir ununterbrochen geredet haben. Danach war klar, dass wir zusammengehören. Völlig egal, was andere Leute darüber denken. Mich hat es schon immer gestört, wenn andere einem vorschreiben wollten, wann man sich wieder binden könne.«

Heute ist Matthias Steiner ein glücklicher Mann, mit seiner Frau hat er zwei Kinder. Er hält Vorträge über die Kunst, wieder aufzustehen, hat sich als Sänger ausprobiert, brillierte als Tänzer bei »Let's Dance« und hat mit seiner Frau ein Low-Carb-Brot auf den Markt gebracht. Er ist kreativ und nie wehleidig. »Mein Leben hat mich so geprägt, dass ich eine hohe Resilienz habe. Die Schicksalsschläge schwächen einen natürlich für den Moment, aber langfristig machen sie einen stärker. Man kann seinen Weg immer weitergehen, auch wenn sich die Richtung ändert. Der Mensch hat die Freiheit, sich immer neue Ziele zu setzen.«

MEIN RESILIENZ-TIPP TO GO
Setze dir Ziele und denke auch an Zwischenetappen! Sie sind deine Streckenposten, um die notwendige Disziplin an den Tag zu legen, wenn die anfängliche Motivation nachlässt oder das große Ziel verschwimmt.

Resilienz-Guide **Ziele**

Was ist meine wahre Identität, meine Essenz? Was sind meine eigenen Bedürfnisse, und welche wollen andere mir bloß einreden, um mich für ihre Zwecke zu manipulieren? Was ist der Sinn meines Lebens, den mir keiner nehmen kann? Das ist vielleicht die interessanteste Frage überhaupt, eine lebenslange Aufgabe, denn der Sinn des eigenen Lebens kann sich ja auch ändern. Wir dürfen ihn ändern, er ist nicht in Stein gemeißelt, wir müssen keinen Eid auf ihn ablegen. Wir können unsere echten Bedürfnisse erkennen, wenn wir mit uns im Reinen sind und kein Stimmenwirrwarr in uns herrscht.

»Das Schicksal waltet – und der Mensch gestaltet«, hat die Psychologin Elisabeth Lukas einmal gesagt. Was sie uns in diesen sieben Worten mitgeben wollte: Wir sind dem Leben nicht ausgeliefert. Wir können in unser Leben eingreifen, wir sind seine Gestalter – wer denn auch sonst? Der Maler Markus Lüpertz, auch ein eigenwilliger Typ, hatte dazu einen guten Gedanken: »Der Wille ist vielleicht die einzige wirkliche und entscheidende Freiheit, die wir uns im Leben geben können. Ich kann mich nicht einem vermeintlich vorgegebenen Schicksal überlassen und tatenlos zusehen, wie sich mein Leben entfaltet. Als freier Mensch muss ich meine Ziele und Träume selbst verwirklichen.« Genau das ist Resilienz. Nicht darauf warten, dass andere uns durchs Leben tragen. Selbst vorausgehen. Eigenen Interessen folgen. Neugierig sein. Und lieber nachsichtig als vorsichtig durch die Welt gehen.

Was macht den Sinn des Lebens aus, kann man das verallgemeinern? Der Psychologe Viktor E. Frankl, der immer an die »Trotzmacht des Geistes« erinnert hat, war der Meinung, dass Sinn nicht erfunden, sondern nur gefunden werden kann. In seiner ihm eigenen klaren Sprache hat er es so ausgedrückt: »Im Dienst einer Sache oder in der Liebe zu einer Person erfüllt sich der Mensch selbst. Ganz Mensch ist der Mensch eigentlich nur dort, wo er ganz aufgeht in einer Sache, ganz hingegeben ist an eine andere Person. Und ganz selbst wird er, wo er sich selbst übersieht und vergisst.« Frankl wusste, wie elementar wichtig es ist, ein Ziel zu haben: »Man pflegt zu sagen: Wo ein Wille, dort ist auch ein Weg. Ich wage zu behaupten: Wo ein Ziel, dort ist auch ein Wille.« Er glaubte an die Kraft der Selbstbestimmung: »Herrlich ist es zu wissen, dass die Zukunft, meine eigene und mit ihr die Zukunft der Dinge, der Menschen um mich, irgendwie – wenn auch in noch so geringem Maße – abhängig ist von meiner Entscheidung in jedem Augenblick.« Und Frankl glaubte auch an die Wechselwirkung von Persönlichkeit und Handlung: »Der Mensch handelt nicht nur gemäß dem, was er ist, sondern er wird auch, wie er handelt.«

Stephen Hawking wollte lieber zu den Sternen blicken als auf seine Füße.

Nach diesem Prinzip hat auch Stephen Hawking gelebt. Der britische Physiker, von 1979 bis 2000 Inhaber des Lehrstuhls für Mathematik an der Universität Cambridge, litt seit seinem 21. Lebensjahr an der unheilbaren Muskel- und Nervenkrankheit ALS, seine Muskeln starben nach und nach ab, seit 1968 saß er im Rollstuhl. Mit dem Fortschreiten seiner Krankheit konnte er sich nur mit einem Sprachsynthesizer verständigen, Bewegungen von Augenbrauen und Wangenmuskeln übersetzte der Computer in Worte. Und dennoch wurde Stephen Hawking zu einem der größten Physiker unserer Zeit. Der große Durchbruch kam erst, als seine ALS bereits fortgeschritten war. Wie hat er diese einmalige wissenschaftliche Karriere geschafft? Indem er seine neuen Lebensbedingungen als Herausforderung betrachtet hat. Stephen Hawking sagte, dass ihn sein Leben vor der Diagnose ziemlich gelangweilt habe. Erst durch die Krankheit habe er in sich die Energie gefunden, um richtig durchzustarten.

In seiner letzten Videobotschaft vor seinem Tod sagte Hawking: »Können Sie mich hören? Es war eine großartige Zeit, am Leben zu sein und Forschung in der theoretischen Physik betreiben zu können. Also, erinnern Sie sich daran, nach oben zu den Sternen zu blicken – und nicht nach unten auf ihre Füße. Versuchen Sie einen Sinn zu erkennen in dem, was Sie sind, und fragen Sie sich, was das Universum existieren lässt. Seien Sie neugierig! Und wie schwierig das Leben auch scheinen mag, es gibt immer etwas, was Sie tun können. Es ist wichtig, dass Sie nicht einfach aufgeben. Danke fürs Zuhören.«

Stephen Hawking war ein Wunder an Willenskraft – und ein medizinisches dazu. Als er mit 21 Jahren erkrankte, prophezeiten ihm die Ärzte nur noch wenige Jahre Lebenszeit. Aber Stephen Hawking wurde 76 Jahre alt. Er war zweimal verheiratet, seine drei Kinder waren sein Stolz. Mit seiner Tochter Lucy schrieb er drei Kinderbücher. Er starb mit dem Gefühl einer Lebensleistung, die ihm niemand zugetraut hatte. Nur er sich selbst. *Eine kurze Geschichte der Zeit* heißt sein wichtigstes Werk, ein Bestseller der populären Wissenschaftsliteratur. Für mich war sein Leben eine lange Geschichte der Resilienz. Wenn es ein Stephen Hawking schafft, können auch andere es schaffen, ihr Leben neu zu sortieren und sich nicht aufzugeben. Auch wenn man kein Genie ist. Es ist schon genial, nach einem Sturz wieder aufzustehen.

Georg Fraberger: Keine Hände, keine Füße, aber ein verdammt gutes Leben

Georg Fraberger ist ein Phänomen. Der Wiener Psychologe wurde ohne Arme und Beine geboren, aber er hat dieses Schicksal angenommen und sich davon nicht entmutigen lassen. Guter Beruf, Familie, Liebe, Ansehen – er hat all seine Ziele erreicht. »Ein ziemlich gutes Leben« heißt die Geschichte seines Lebens, und wer mit ihm spricht, spürt, dass das keine Übertreibung ist. »Mein Leben ist erstaunlich gut, ich bin eigentlich wunschlos glücklich. Zum Lebensglück braucht man weder Hände noch Füße. Mein Leben ist ein gutes Leben, das voll ist mit täglichen Auseinandersetzungen, Liebe, Intimität, Schönheit, Arbeit, Urlaub, Kindern. Praktisch wären sie schon, die Hände und Füße – zur Umsetzung meiner Ideen könnte ich sie gut brauchen. Aber ein gutes Leben, das gelingt auch ohne sie. Dafür brauche ich nur mich, so wie ich bin, und eine Idee vom Leben.«

Fraberger ist ein Energiepaket – er ist nur 112 Zentimeter groß und wiegt 39 Kilo. Aber weniger ist bei ihm mehr. Woher kommt so viel Resilienz bei einem Menschen, dem auf den ersten Blick so viel Elementares fehlt? »Ich habe mich immer geliebt und angenommen gefühlt, von Eltern, Brüdern, Opas und Omas«, erzählt der Psychologe, der von seinem Vater den besten Rat erhielt: »Schau mal, die Menschen schauen dich alle an, aber den Placido Domingo, der den Parsifal singt, schauen sie auch an. Auch er wird angestarrt, manchmal gegen seinen Willen. Und Models geht es ebenso. Also, mach dir nichts draus. Du bist einfach eine spezielle Sehenswürdigkeit.« Dank dieses Arguments konnte Georg Fraberger besser mit seiner besonderen Erscheinung umgehen. »Materie ist Materie«, sagte er sich. »Ich fühlte mich angenommen. Ich war eine Laune der Natur, warum ich behindert bin, wird immer ein Rätsel bleiben. Nach dem Warum zu fragen, bringt mich nicht weiter. Aber ich komme aus einer katholischen Gegend, in der die herrschende Meinung war: Der liebe Gott hat jeden gern, egal, wie er aussieht. Und die Natur macht keine Fehler. Meine Eltern machten mir klar, dass jedes Leben willkommen ist. Sie erzogen mich genauso wie meine Brüder. Da war kein großer Unterschied, außer dass ich mich nicht selbst an- und ausziehen konnte.« Fraberger hat eine Armprothese auf der rechten Seite, mit der er Türen öffnen, Knöpfe drücken und Hände schütteln kann. Er ist kein Grobmotoriker, er hat, die Technik erlaubt es ihm, Fingerspitzengefühl, ist feinfühlig.

Manche Menschen denken, dass an starken Menschen alles abprallt. Das stimmt nicht. Und doch gibt es diese Vorurteile: Sind resiliente Menschen emotionale Dickhäuter, haben sie einfach ein dickes Fell und lassen deswegen weniger an sich heran? Nein, sie sind sensibel, aber auch tatkräftig. Und raffiniert. Jeder kennt die Geschichte des Elefanten Dumbo, der mit außergewöhnlich großen Ohren zur Welt kommt, Disney hat einen Zeichentrickfilm aus der Buchvorlage gemacht. Das Publikum im Zirkus verlacht ihn und bewirft ihn mit Erdnüssen, Dumbos Mutter Mrs Jumbo wütet im Ring, stellt sich schützend vor ihren Sohn. Als Kinder entdecken, dass der kleine Elefant fliegen kann, indem er mit den Ohren schlägt, wird er der Star des Zirkus. Er hat seine vermeintliche Schwäche zu seiner Stärke gemacht, er kann etwas, was andere nicht können.

Die Geschichte vom Dickhäuter Dumbo habe ihn berührt, sagt Georg Fraberger: »Da sieht ein Mann den kleinen Elefanten und sagt: ›Um Gottes willen, du bist so hässlich, dieses Gesicht kann nur eine Mutter mögen.‹ Dieser Satz beschreibt das ganze Drama. Das kennen wir doch alle. Man versucht von Anfang an, jemanden zu finden, der das Gesicht mag, das man hat, und einen so akzeptiert, wie man ist. Für diese Anerkennung, für diese Liebe machen wir als Kind alles.« Und wohl auch als Erwachsener. Egal, ob behindert oder nicht.

13 Operationen musste Georg Fraberger für ein bisschen mehr Lebensqualität über sich ergehen lassen, manche sehr schmerzvoll. Aber die Ärzte machten ihm Hoffnung, dass er später Autofahren und studieren könnte. »Es gab immer Hoffnung auf ein gutes Leben. Ich war immer eingebunden bei Entscheidungen über die Operationen, es wurde nicht über mich verfügt. Das half mir auf dem Weg zu meiner Selbstbestimmung.« Resilienz spiele sich im Kopf ab, meint Georg Fraberger. »Der entscheidende Gedanke ist: Ich bin mehr als meine Probleme. Natürlich habe ich auch getrauert, man hat mir die Zeit dafür gegeben, aber immer auch gesagt: Und jetzt geht es weiter. Es geht immer weiter.«

**Alle Menschen erfahren Leid,
aber auch wenn ihre Probleme unterschiedlich sind,
können sie einander helfen.**

Georg Fraberger hatte Angst vor der Universität, auch weil sie nicht behindertengerecht ausgebaut war, aber seine Mutter setzte ihn auf das richtige Gleis. »Meine Mutter hat damals gesagt: ›Was ist das Schlimmste, das passieren kann?‹ Ich sagte: ›Dass mich keiner mag.‹ Sie meinte: ›Das kannst du riskieren. Wenn dich wirklich keiner mag, kommst du einfach wieder nach Hause, wo dich alle mögen.‹ Also bin ich los. Das war ein entscheidender Moment, in dem ich verstanden habe, dass ich, wenn ich etwas möchte, auch was tun muss.« Im Studium lernte Georg Fraberger, dass der entscheidende Schlüssel in der Seele liegt, nicht im Denken. »Alle Menschen erfahren Leid und können einander helfen. Am Anfang meiner beruflichen Laufbahn als Psychologe hatte ich ein schlechtes Gewissen, weil ich ja quasi vom Leid anderer Menschen lebe, die mit ihren Problemen zu mir kommen. Aber dann habe ich meinen Blickwinkel verändert: Wir sind alle Arbeitgeber und Arbeitnehmer. Durch meine Behinderung gebe ich auch anderen Arbeit, zum Beispiel der Firma, die meinen Rollstuhl herstellt. Niemand ist ausschließlich bedürftig oder ausschließlich von anderen unabhängig.« Ein wichtiger Gedanke, um sich nicht selbst kleinzumachen und zu genieren.

Der Film *Harold und Maude*, in dem sich ein 20-Jähriger in eine 79-Jährige verliebt, baute ihn zusätzlich auf. »Maude sagt darin zu Harold: Jeder Mensch hat das Recht darauf, sich lächerlich zu machen. Diese Botschaft hat mir Auftrieb gegeben. Und ich habe sie im Leben ausgiebig befolgt.«

Die Frau, die mich liebt, wird mich nicht lächerlich finden – davon war Georg Fraberger überzeugt. Er verteilte Zettel mit seiner Telefonnummer, ein eher hilfloser Ansatz, aber er wurde immerhin aktiv. In Österreich rief kaum eine Frau zurück, in England, wo er ein Jahr verbrachte, schon. Seine jetzige Ehefrau, mit der er seit zehn Jahren glücklich verheiratet ist, lernte er über das Internet kennen. »Aus meinem Profil war erst einmal nicht ersichtlich, dass ich behindert bin. Sie schrieb mir kurz und klar: ›Ah, du schaust sympathisch aus – telefonieren?‹ Dann sprachen wir miteinander, und ich sagte ihr, ich müsse ihr etwas zeigen: meinen Rollstuhl. Aber das schreckte sie nicht ab. Dann lud ich sie nach Wien ein mit der Maßgabe: Entweder bleiben wir danach zusammen oder sehen uns nie wieder.« Es wurde eine große Liebe. Vier Wochen später zog sie bei ihm ein, ein paar Monate danach wurde geheiratet. Georg Fraberger hat bereits ein Kind aus der ersten Ehe und erweiterte mit der zweiten noch mal seine Familie. Seine zweite Frau schenkte ihm vier Kinder, die in seinem großen Haus in der Nähe von Wien auf ihm herumturnen. Es ist das Natürlichste der Welt für sie. Die Prothese ist für sie einfach nur die Roboterhand von Papa, der Rollstuhl eine Art Segway. Ihr Vater mag ungewöhnlich aussehen, aber er ist selbstbewusst im besten Sinne: »Ich sehe mich als reichen Menschen an. Ich bin ein Sportler – in einem unsportlichen Körper. Ich bin ein Musiker – der kein Instrument spielt. Ich bin ein Millionär – reich an guten, erbaulichen Gedanken. Meine Gedanken prägen mich, das macht Resilienz aus.« Und eine gewisse Findigkeit: »Wenn ich weiß, dass es mir nicht möglich sein wird, mit meiner Frau bei Vollmond barfuß im Sand spazieren zu gehen, muss ich mir überlegen, wo eine Bank steht, damit wir auf einer Ebene den Vollmond betrachten können.«

Seine Frau hat ihn verändert: »Ich wollte nach meiner Doktorarbeit Professor werden, aber sie machte mir klar, dass das weniger Zeit für die Familie bedeuten würde. Das habe ich verstanden, sie hatte recht. Wir leben ein großartiges, erfüllendes Leben. Und diese Möglichkeit kann ich glaubwürdig weitergeben an Menschen, die zu mir kommen. Meine Botschaft habe ich selbst erfahren: Man ist nur dann fit, wenn man mit Misserfolg umgehen kann. Leiden bildet. Ebenso wie Liebe und Kunst. All das bringt einen wirklich weiter. Eine Depression interpretiere ich zum Beispiel oft als gesunde Reaktion auf kranke Beziehungen. Wir sind soziale Wesen. Jeder Mensch kann perfekt sein, wenn er sich annimmt und die Nähe zu anderen wohlwollenden Menschen sucht. Wissen ist nutzlos, wenn es keiner schätzt. Wenn man behindert ist, kapiert man das eher, weil wir immer Nähe zu anderen haben, auch in Alltagsdingen. Um mich kümmern sich im Lauf einer Woche vier Assistenten, wenn ich in meinem Wiener Büro bin. Mein Tagesablauf ist durchorganisiert. Dadurch fühle ich mich unterstützt, nicht entmündigt. Natürlich habe auch ich eine natürliche Schamgrenze, die ich nicht überschreiten will, aber Nähe fällt mir nicht schwer. Mir fällt auf, dass viele Menschen keine Nähe mehr zulassen. Ich habe mich nie abgekapselt, vielleicht ist das ein Grund für meine heitere Stärke.«

Teresa Enke:
Wie aus Verlust und Schmerz Sinnvolles wachsen kann

Es gibt viele Arten, nach einem Schicksalsschlag Sinn zu finden. Teresa Enke ist ein Musterbeispiel dafür, wie aus Leid Sinn erwachsen kann. Am 10.11.2009 hat sich ihr Mann Robert Enke das Leben genommen, er warf sich vor einen Zug. Der Nationaltorhüter hat an einer schweren Depression gelitten. Teresa Enke hatte die Kraft, sofort danach eine Pressekonferenz zu geben, obwohl sie mit Öffentlichkeit zuvor keine Erfahrung gemacht hatte. Sie versuchte, über die schreckliche Krankheit Depression aufzuklären, die von einem Tag auf den anderen jeden befallen kann. »Wir dachten halt auch, mit Liebe geht das. Aber man schafft es doch nicht immer.«
Teresa Enke hat die Robert-Enke-Stiftung gegründet, die über Depression aufklärt, nicht nur im Sport. Es geht auch um die Erforschung und Behandlung der Krankheit. Das ist die gute Botschaft: Man kann mit einer Depression leben und sogar steinalt werden, die Krankheit ist

behandelbar. Robert Enke war fünf Jahre frei von Depressionen, diese Botschaft ist Teresa Enke wichtig. Jeder soll sich bekennen können und Hilfe finden, das ist ihr Ziel. Es darf kein Tabu mehr sein, Schwäche zu zeigen. Die Stiftung fördert zudem Maßnahmen und Einrichtungen für an Herzkrankheiten leidende Kinder. Drei Jahre vor dem Tod von Robert Enke war die gemeinsame Tochter Lara im Alter von zwei Jahren an einer Herzanomalie gestorben. Teresa Enke war also doppelt traumatisiert. Aber sie hat gelernt, diese Dramen einzuordnen. »Ich denke mittlerweile mit Dankbarkeit und Freude an Lara, Robbi und die gemeinsame Zeit zurück. Wenn man mir vor zehn Jahren gesagt hätte, dass ich wieder glücklich werden kann – dann hätte ich das nicht geglaubt.«
Robert Enke beschrieb seinen Zustand einmal selbst so: »Mein Kopf ist wie ein Ballon. Leer und doch so schwer wie Blei. Das kann doch wohl nicht sein.« Teresa Enke hat mit aller Kraft versucht, ihrem Mann zu helfen. Dass es nicht reichte, um ihn vom Suizid abzuhalten, war nicht ihre Schuld. Die Arbeit mit der Stiftung hat ihr geholfen, das schwer Begreifliche anzunehmen, es hat sie befreit. »Es ist alles in seinem Sinn, was in der Stiftung passiert. Das gibt dieser Tragödie einen Sinn – auch wenn ich natürlich viel lieber auf die Stiftung verzichten würde und Robbi zurück in meinem Leben hätte. Für mich war es wichtig, dass es nach Robbis Tod etwas gibt, für das es sich lohnt weiterzukämpfen. Und dass in Zukunft nicht mehr so vielen Menschen das Gleiche passiert. Die Stiftung ist auch seine Stiftung.«
Sie kann heute wieder lachen, blieb nicht in dem Loch stecken, hat auch wieder geheiratet. »Ich bin ein glücklicher, ausgeglichener Mensch.« Ihre Aufgabe, depressiven Menschen zu helfen, hat Teresa Enke wieder zurück in ein erfülltes Leben geführt. Immer das Ziel vor Augen, anderen Menschen mithilfe der Stiftung im Kampf gegen die Depression beizustehen.
Und ihre zweite Tochter Laila könnte irgendwann die Stiftung weiterführen. Kann es etwas Sinnvolleres geben?

8. Scheitern als Chance:
Wie man aus Niederlagen lernt

Worum geht es im Leben? Nicht um Perfektion, sondern um lebenslanges Lernen und um den immer besseren Umgang mit sich selbst. Dabei kann man aus Niederlagen mehr lernen als aus Siegen. Keiner wünscht sie sich, aber wenn wir sie richtig in unsere Biographie einordnen, können sie konstruktiv sein. Und der Umgang mit ihnen macht den Unterschied zwischen Champions und Schönwettermenschen aus. Es klingt kurios, aber Niederlagen können einen voranbringen. Entweder steckt man den Kopf in den Sand und schmeißt alles hin – oder man macht etwas daraus. Ich bin eindeutig für die zweite Variante.

Die erste Lektion im Scheitern: Man ist damit nie allein, auch wenn es sich so anfühlt. Viele erfolgreiche Menschen sind oft auf die Nase gefallen. Rückschläge sind wichtig, um dazuzulernen und sich weiterzuentwickeln. Den einfachen Erfolg gibt es nicht. Auch wenn uns die heile Social-Media-Welt gern etwas anderes suggeriert.

Die zweite Lektion: Das Scheitern hat den Vorteil, dass man ganz viel über sich erfährt, gerade da, wo es wirklich interessant wird: in dem Bereich, in dem Ego und Schmerz sich treffen. Mein Schlüsselerlebnis war 2016 in Rio bei den Paralympischen Spielen. Ich war beim Bahnradfahren in der Form meines Lebens – und wurde durch eine Verkettung unglücklicher Umstände disqualifiziert. Wegen Windschattenfahrens. Die Regeln bei diesem Verfolgungsrennen sind für Laien schwer verständlich. Vereinfacht gesagt: Wenn eine Fahrerin ihre Konkurrentin überholt, darf man sie nicht wiederum selbst überholen. In diesem Fall fuhr meine Konkurrentin in einem Affentempo los. Und wurde dann zusehends zur Schnecke. Da hatte sie mich aber schon überholt. Ich war in der Form meines Lebens, konnte es aber nicht zeigen. Dass es überhaupt so weit gekommen war, lag an einem sehr unglücklichen Umstand: Ein Tablet, das meinem Trainer und mir die Rundenzeiten anzeigen sollte, war ausgefallen. Technischer Defekt im Internetzeitalter. Von diesem Ausfall abgelenkt, nahm mein Coach nicht wahr, wie schnell die Britin anfuhr und zur Gefahr für mich wurde. Als er sie kommen sah, war es zu spät, sie war schon im Begriff, mich zu überholen. Nachdem sie mich aber überholt hatte, kam der berühmte Mann mit dem Hammer. Ihr ging die Kraft aus. Ihre Beine waren völlig übersäuert. Sie wurde immer langsamer. Ich musste aber hinter ihr bleiben. Die Jury nahm mich danach aus dem Rennen, weil ich zu nah an ihr drangeblieben war.

Vier Jahre hatte ich auf dieses Rennen hingearbeitet und dann so etwas. Ich war am Boden zerstört – auch weil ich mir keiner Schuld bewusst war. So viele Leute in meinem Umfeld hatten sich für mich quasi ein Bein ausgerissen, und ich konnte es ihnen nicht zurückgeben. Ich wollte, dass sich die Erde auftat und mich verschlang. Es kam mir vor wie in einem sehr schlechten Film oder einem Traum. Dieses Szenario gab es einfach nicht in meinem Kopf. Ich habe die Welt nicht mehr verstanden. Und die Tränen liefen in Strömen.

Am nächsten Tag jedoch ging die Sonne wieder auf. Meine Wut setzte Energie frei. Und ich rief meinen Coach an und sagte, dass ich bereit sei weiterzukämpfen. Es standen ja noch zwei Wettkämpfe an. Nicht meine Spezialdisziplin, aber immerhin. Das Ergebnis: zwei Medaillen, Silber und Bronze, die keiner für mich auf dem Schirm hatte. Ich hatte ja nichts mehr zu verlieren gehabt, das war auch befreiend. Manchmal ist Loslassen das Geheimnis.

Zwei Jahre später wurde ich auf derselben Bahn gegen dieselbe Gegnerin Weltmeisterin. Damit war ich mit dem Schicksal quitt. Und dachte mir: Wahrscheinlich war ich 2016 noch nicht so weit.

Meine große Erkenntnis: Es braucht einen zeitlichen Abstand, um das Gute im Schlechten zu sehen. Mit Rückschlägen umzugehen macht den großen Sportler aus. Und den souveränen Menschen. Aus Fehlern wird man klug, sagt der Volksmund. Da ist was dran. Nur drei Buchstaben unterscheiden zwischen den Worten »gescheitert« und »gescheit«. Scheitern macht eben klüger. Um das zu begreifen, braucht es Zeit und eine brutale Ehrlichkeit mit sich. Wir belügen uns ja oft auch gern selbst. Und übernehmen nicht die volle Verantwortung für unser Tun. Verantwortung ist wie immer die zentrale Kompetenz, ich möchte mich nicht als Opfer dunkler Mächte sehen. Ich trug zum Beispiel die volle Verantwortung, als ich bei einem Zeitfahren bei der WM 2014 die Leitkegel nicht richtig gesehen habe und zu früh umgedreht bin. Natürlich wurde ich disqualifiziert. Zu Recht, Dummheit muss bestraft werden. Ich kann mich dann herrlich über mich selbst aufregen. Aber ich kann mir auch verzeihen. Shit happens. Und diese Fehler kann ich in Zukunft selbst korrigieren.

Ganz anders war es, als die Paralympischen Spiele 2020 wegen Corona abgesagt wurden. Bei so etwas ist man machtlos. Da kann schon mal die Welt zusammenbrechen. Und bei vielen Athleten war extrem viel Frust zu spüren über die scheinbar verschwendete Energie, die wir in die Vorbereitung gesteckt hatten. Was ich jedoch immer in der Hand habe: meine Interpretation der Ereignisse. Wie gehe ich damit um? Hände in den Schoß legen oder jetzt erst recht? Ich versuche, immer das Positive in allem zu sehen – das ist mehr als eine Phrase, das ist meine emotionale DNA. Nach einem notwendig gewordenen ambulanten Eingriff wegen einer Entzündung konnte ich so endlich meine Kniekehle komplett ausheilen lassen. Die Kniekehle ist mein neuralgischer Punkt. Sie trägt praktisch mein ganzes Gewicht. Sie ist wie ein Scharnier, daher sehr empfindlich. Sie hat mir die erzwungene Pause gedankt.

Aber auch ich kenne dunkle Gedanken. Sollte man negative Gefühle zulassen? Ich finde, ja. Es hat keinen Sinn, sie wegzudrücken und unter den Teppich zu kehren, man muss sie sich anschauen. Und einordnen. Sie dürfen raus, sie müssen es sogar. Aber sie dürfen nicht über uns bestimmen. Sie müssen in den Gesamtkontext gesetzt werden zu dem vielen Positiven, das uns umgibt. Ich habe mir oft Kraftsprüche an den Spiegel und den Kühlschrank geklebt. Die Macht der Selbstsuggestion. Die Botschaft ist im Kern immer die gleiche: Ich bin nicht machtlos. Ich bin wertvoll, also voller Wert. Ich kann mein Leben selbst gestalten, dafür muss ich nur mein Hirn einschalten. Es hat keinen Sinn, sich in den negativen Gedanken zu wälzen wie in einer Panade. Wenn wir uns als Opfer sehen, sind wir verloren. Dann werden die negativen Gedanken zu einem Strudel, der uns immer mehr herunterzieht.

Um es am Beispiel der Paralympischen Spiele zu illustrieren: Ich kann entscheiden, ob ich meinen Rücktritt erkläre oder noch mal ein Jahr in die Verfolgung dieses Ziels investiere. Der Plan, den mein Mann und ich hatten, war anders: Wir dachten daran, eine kleine feine Familie zu gründen. Was ist Lorbeer gegen ein Baby? Er unterstützt mich, egal, wie ich mich entscheide. Und der Traum vom Gold, von der Komplettierung meiner Medaillensammlung, leuchtet immer noch in mir.

Manche Menschen fühlen sich ungerecht vom Schicksal behandelt. Aber was ist schon gerecht? John F. Kennedy, der große amerikanische Präsident, sagte einmal: »Das Leben ist ungerecht, aber denke daran: nicht immer zu deinen Ungunsten.« Ist es gerecht, dass ich in Deutschland geboren wurde und bessere Prothesen habe als die meisten in einem Entwicklungsland? Ist es gerecht, dass ich im Wohlstand lebe und andere hungern? Ist es gerecht, dass ich eineinhalb Beine habe und andere keines?

Schlimmer geht es immer. Wenn ich mich im paralympischen Dorf umsehe, kann ich meine Behinderung manchmal nur als eine Art Schürfwunde empfinden. Wir dürfen nicht immer nur um uns selbst kreisen, sondern müssen die Augen aufmachen. Es ist entscheidend, mit wem wir uns vergleichen. Jeder Sportler hat seine speziellen Erfahrungen mit dem Scheitern gemacht. Wir haben eine hohe Frustrationstoleranz. Und wir sind Siegertypen. Das ist kein Widerspruch. Deshalb stellen Firmen gern Sportler ein: Sie sind keine Heulsusen. Sie sind Meister in der Disziplin »Sich-wieder-Aufrappeln«. Sie sind Macher. Auch in schwierigen Zeiten. Sie können sich schnell an neue Bedingungen anpassen. Sie sind lernfähig. Und sie sind besessen von ihrer Aufgabe.

Scheitern ist also erlaubt, aber es darf nicht zum Muster werden. Fehler sind okay, wenn man sie nur einmal macht. Ein falsches Muster ist ein Webfehler in uns. Wenn wir öfter an denselben Dingen scheitern, müssen wir uns neu stricken, neu ausprobieren mit einer Mischung aus Neugier und Experimentierlust: lieber eine neue Bruchlandung wagen, als gar nicht mehr zu fliegen. Die Angst darf nicht zu einer Riesenwand werden, die unseren Fortschritt blockiert. Die Resilienz hilft uns dabei, unser inneres Immunsystem. Sie wird gestärkt, wenn wir das Scheitern verdaut haben und zu neuen Ufern aufbrechen. Resilienz ist wie eine Pflanze, die durch eine Teerstraße verdeckt wurde und sich wieder ans Tageslicht kämpft. Die Wurzel war immer da. Sie ist unkaputtbar. Wir haben sie nur untergepflügt. Unsere Selbstheilungskräfte sind enorm. Und unser Schatz an Ressourcen ist groß. Das müssen wir uns immer klarmachen.

Mut tut gut – Angst lähmt. Wir müssen keine Angst vor einem punktuellen Scheitern in unserem Leben haben. Selbst wenn ich sportlich versage: Mein Mann, meine Familie, meine Freunde, die sind immer noch da. Und mögen mich deswegen keinen Deut weniger. So etwas trägt, so etwas erdet. Wir brauchen Wurzel und Flügel. Und manchmal auch Balsam und Trost. Aber kein Selbstmitleid. Ewig Pech hat keiner.

MEIN RESILIENZ-TIPP TO GO
Was war deine größte Lehre im Leben? Wenn wir ehrlich sind, sind Rückschläge unsere größten Lehrmeister. Deine Formel zum Erfolg: nach dem Stürzen wieder aufstehen!

Resilienz-Guide **Scheitern**

Es gibt Menschen, die das Thema Scheitern scheuen. Und sich damit gar nicht befassen wollen. Und es gibt Menschen wie den Schweizer Tennisprofi Stan Wawrinka, der sich das Scheitern auf den linken Unterarm tätowiert hat. Da steht das Zitat des großen Dichters Samuel Beckett: »Ever tried. Ever failed. No matter. Try again. Fail again. Fail better.« Auf Deutsch: »Immer versucht. Immer gescheitert. Egal. Versuche es wieder. Scheitere wieder. Scheitere besser.«

Das Scheitern ist heutzutage kein Tabu mehr. Auf Fuckup Nights erzählen Geschäftsleute von ihren gescheiterten Projekten, es ist amüsant und lehrreich. Schmerz wird zum Entertainment, eine Tragödie zur Komödie. Zeige deine Wunde – und sie wird weniger schmerzen. Der Knacks muss einen nicht dauerhaft belasten, wenn er nicht verborgen, sondern ausgesprochen wird. Das Scheitern ist keine Schande – es ist die Chance für einen Neubeginn. Weg mit der falschen Scham. Dieses amerikanische Denken hält langsam auch in unsere Kultur Einzug. Gut so.

Der Begriff Resilienz kommt im Englischen ursprünglich aus der Materialkunde. Er beschreibt, wie ein Körper nach einem Crash oder einer Quetschung wieder in die Ausgangsposition zurückfedert. Aber das Zurückfedern allein reicht nicht, da steckt kein Lerneffekt drin. Der psychologische Resilienzbegriff beinhaltet, dass man aus einem Schock sogar gestärkt hervorgehen kann, dass es ein emotionales Wachstum gibt, dass das Leben danach intensiver erlebt werden kann. »Posttraumatisches Wachstum« lautet der Fachbegriff dafür. Was meinen die Forscher damit? Dass sich Menschen weiterentwickeln, ihren Wesenskern erweitern, einen Verlust auch als Gewinn empfinden können.

Bill McDermott, ehemaliger Chef des deutschen Softwareriesen SAP, ein unglaublich erfolgreicher Mann, ist so ein Typ. Er stürzte in seinem Haus, dort, wo er sich sicher fühlte, mit dem Wasserglas in der Hand auf einer Treppe und fiel mit dem Gesicht in die Scherben. Ein Auge war nicht mehr zu retten. Seitdem geht er einäugig durchs Leben, aber nach seinem Comeback in der Firma war er voller Dankbarkeit: »Ich bin noch am Leben, und das ist nach so einem schweren Unfall keine Selbstverständlichkeit. Deswegen bin ich, so merkwürdig das klingt, glücklich. Ich fühle mich stärker als je zuvor, leidenschaftlicher, lebendiger.«

In der Krise werden unsere Wurzeln schwer erschüttert, aber uns wachsen auch Flügel, von deren Existenz wir vorher gar nichts ahnten.

Die Wissenschaftler Richard Tedeschi und Lawrence Calhoun von der Universität North Carolina haben den Begriff »posttraumatisches Wachstum« geprägt, als sie Überlebende eines schweren Schiffsunglücks interviewten. Diese Menschen gaben an, dass sie das Leben jetzt viel mehr wertschätzten und jeden Tag auskosteten. Sie lebten bewusster, weil ihnen nichts mehr selbstverständlich erschien. »Es war furchtbar, aber ich bin auch daran gereift«, sagten viele. Eine der typischen Aussagen war: »Ich wünschte, es wäre nie passiert. Aber ich weiß nun, dass ich viel aushalte und künftig noch mehr aushalten kann.« Ganz so, als ob sie die Empfehlung des römischen Kaisers Marc Aurel für ein gelungenes Leben gelesen hätten: »Wie der Fels im Meere, an dem die Wellen unaufhörlich rütteln, steht, so dass ringsum der Brandung Ungestüm sich legen muss, so steh auch du.«
Resilienzforschung gab es damals noch nicht, aber solche Weisheit ist zeitlos. Viele kluge Menschen haben sich seitdem Gedanken über Resilienz gemacht. Vollständig entschlüsselt wurde sie noch nicht, weil es so viele Varianten davon gibt. Mir gefällt diese Definition: »Das Phänomen der Resilienz zu verstehen heißt Ehrfurcht zu empfinden vor den unglaublichen Ressourcen des Menschen, es heißt Gewissheit zu ha-

ben, dass das Leben und die Liebe letzten Endes stärker sein können als jedes Unglück, das uns trifft. Jedes menschliche Wesen ist mit der Gabe der Resilienz geboren, denn die Tendenz zu Wachstum und Entwicklung ist tief in uns angelegt«, schreiben Rosette Poletti und Barbara Dobbs in ihrem Buch *Resilienz – die Kunst, wieder aufzustehen*. Sie sind überzeugt davon, dass Wunder möglich sind: »Man kann als Kind von seinen Eltern oder Erziehungsberechtigten misshandelt, vergewaltigt und gedemütigt worden sein und trotzdem selbst ein guter Vater bzw. eine gute Mutter werden. Man kann durch die Finsternis gegangen sein und trotzdem ein strahlendes Leben führen.«

Christiane Singer sieht das ähnlich. Sie hat in ihrem Buch *Vom guten Umgang mit Krisen*, das 1999 in Italien erschien, den resilienten Menschen beschrieben: »Irgendetwas in mir weiß, dass mir nichts passieren kann, dass nichts mir etwas anhaben kann. Da ist dieser unzerstörbare Kern in uns, der Kern des Göttlichen. Dann hört die Angst auf. Und wenn die Angst aufhört, wird der Schrecken in der Welt seltsamerweise sofort weniger. Denn die Angst ist eine der stärksten Kräfte, die Wirklichkeit schafft.«

Im Chinesischen bedeutet das Zeichen für Krise sowohl Gefahr als auch Chance. Genau diese Wahl haben wir immer. Eine chinesische Weisheit besagt: »Es muss ein schlechter Sturm sein, der niemandem etwas Gutes bringt.« Eine Erkenntnis, die man erst mal im eigenen Kopf verarbeiten muss. In der Gefahr, in dem Verlust, in der Gewalt steckt also immer auch eine wichtige Erkenntnis. Und in jeder Windstille steckt die Möglichkeit, sich zu regenerieren, zu sich zu kommen, seinen Wesenskern zu spüren.

»Super-Survivors« nennen die Psychologen David Feldman und Lee Daniel Kravetz solche Persönlichkeiten, die in einer schweren Krise zu neuer Stärke gelangen. Sie protestieren nicht gegen ihr Schicksal, sie nehmen es an. Sie empfinden sich nicht als Teil des Problems, sondern als Teil der Lösung. Die amerikanische Talkshow-Moderatorin Oprah

Winfrey hat es mal so ausgedrückt: »Scheitern ist Gottes Art, uns zu zeigen: Hey, du läufst in die falsche Richtung.« Wenn es aber eine falsche Richtung gibt, gibt es auch eine richtige. Trial and Error, neuer Versuch. Hauptsache, wir setzen uns in Bewegung. Und sind nicht innerlich erstarrt.

Ein Rückschlag muss kein Grund sein, in Panik zu geraten. Wir brauchen einfach die nüchterne Erkenntnis, dass es im Leben nicht nur Sonnenschein gibt. Manchmal hagelt es Herausforderungen, aber die sind ganz wichtig: Wenn wir ihnen begegnen, bauen wir Resilienz auf. Und sind gestärkt für die nächste Herausforderung. »Bewahre mich vor dem naiven Glauben, es müsste im Leben alles gelingen. Schenke mir die nüchterne Erkenntnis, dass Schwierigkeiten, Niederlagen, Misserfolge, Rückschläge eine selbstverständliche Zugabe zum Leben sind, durch die wir wachsen und reifen«, sagte Antoine de Saint-Exupéry, der große Dichter des *Kleinen Prinzen*, bevor er unter mysteriösen Umständen mit seinem Flugzeug abstürzte.

J. K. Rowling:
Im Scheitern fiel alles Unwichtige von mir ab

Wie wichtig und motivierend das Gefühl eines zeitweiligen Scheiterns ist, hat keine Geringere als J. K. Rowling begriffen. Die Schöpferin von »Harry Potter« machte in einer Rede vor Absolventen der Harvard University darauf aufmerksam, dass keiner Angst vor dem Scheitern haben muss, dass es sogar die Bedingung für inneres Wachstum und Erfolg ist. Als junge Studentin hatte Rowling sich gegen den Willen ihrer Eltern für das Studium der englischen Literatur entschieden. Sie schaffte zwar den Abschluss, doch danach ging es bergab: »Ich kann zu Recht sagen, dass ich sieben Jahre nach dem Tag meines Universitätsabschlusses gemäß den üblichen Maßstäben grandios gescheitert war. Eine außerordentlich kurzlebige Ehe war in die Brüche gegangen, ich war arbeitslos, alleinerziehende Mutter und so arm, wie man es in Großbritannien nur sein kann, wenn man nicht gerade obdachlos ist. Die Ängste meiner Eltern um meine Zukunft und meine eigenen Ängste hatten sich erfüllt, und nach allen üblichen Normen war ich die größte Versagerin, die ich kannte.«

Die Starschriftstellerin redete das entwertende Gefühl des Scheiterns auf ganzer Linie vor den Studenten nicht schön. Aber, wie sie betonte, sie hatte danach nichts mehr zu verlieren. Das war der Beginn von »Harry Potter«. »Mein Scheitern bedeutete, dass alles Unwichtige von mir abfiel. Ich hörte auf, mir einzubilden, eine andere zu sein als jene, die ich war, und verwendete nun meine ganze Kraft darauf, das einzige Werk zu vollenden, das mir wichtig war. Wäre ich tatsächlich mit etwas anderem erfolgreich gewesen, dann hätte ich wohl nie zu der Entschlossenheit gefunden, auf jenem Feld, dem ich mich wahrhaftig zugehörig fühlte, den Erfolg zu suchen. Indem meine größte Angst sich verwirklicht hatte, war ich auch frei geworden, und ich hatte ja immer noch eine Tochter, die ich vergötterte, sowie eine alte Schreibmaschine und eine große Idee. So wurde aus dem Tiefpunkt das solide Fundament, auf dem ich mein Leben wieder aufbauen konnte.«

J. K. Rowling erklärte den Studierenden, dass Scheitern etwas ganz Normales sei: »Ein gewisses Versagen im Leben ist unumgänglich. Es ist unmöglich zu leben, ohne an etwas zu scheitern, es sei denn, Sie lebten so vorsichtig, dass Sie es auch gleich sein lassen können – und in diesem Fall scheitern Sie selbstredend auch.« Aber genau dieses Scheitern sei Grundbedingung für Resilienz, gab Rowling den Studenten mit: »Das Wissen, dass man nach Niederlagen wieder auf die Beine gekommen ist, klüger und stärker als je zuvor, bringt es mit sich, dass man sich künftig sicher ist, überleben zu können. Sie werden sich selbst nie wahrhaft kennen und auch nicht wissen, wie stark ihre menschlichen Beziehungen sind, solange beides nicht in widrigen Zeiten erprobt wurde. Solch Wissen ist ein wahres Geschenk, unter welchen Schmerzen man es sich auch verdient hat.« Scheitern, so Rowling, könne zu tiefen Einsichten führen: »Das Scheitern gab mir jene innere Sicherheit, zu der ich nie gelangt war, indem ich Examina bestand. Das Scheitern lehrte mich Dinge über mich, die ich anders nie hätte lernen können. Ich entdeckte, dass ich einen starken Willen besaß und disziplinierter war, als ich selbst vermutet hätte. Ich stellte auch fest, dass ich Freunde hatte, deren Wert wahrhaft nicht mit Edelsteinen aufzuwiegen ist.«

Auch »Harry Potter« ist eine klassische Resilienzgeschichte. Der Zauberlehrling hat keinen guten Start ins Leben: Seine Eltern wurden ermordet, der Sohn von Zauberern wächst als Waisenkind bei seiner Tante Petunia auf, die jegliche Magie verabscheut. Familiäre Warmherzigkeit: Fehlanzeige. Als Kind muss Harry in einem Schrank unter der Treppe schlafen und die abgelegte Kleidung seines Cousins tragen. Sein Geburtstag wird in der verhassten Pflegefamilie nicht gefeiert. Um zu vertuschen, dass Harry auf die Zauberschule Hogwarts geht, erzählen seine Pflegeeltern den Nachbarn, dass er ein Internat für hoffnungslos kriminelle Jugendliche besucht. Es sind Abgründe von Lieblosigkeit, die J. K. Rowling hier schildert. Und doch sind wir von dieser Figur so fasziniert, dass die Buchreihe zu einem großen Erfolg wurde. Weil Harry Potter über eine Zauberkraft verfügt, die jeder Mensch hat: Resilienz. Er leistet Widerstand, er weiß, dass es das Böse gibt und darüber hinaus viel Gutes, er stellt sich dieser Erkenntnis und macht weiter. Er vertraut seinen eigenen Fähigkeiten.

So wie seine Schöpferin J. K. Rowling. Ihr Erfolg beruht auf vielen Krisen. Zwölf Verlage lehnten das Manuskript für *Harry Potter und der Stein der Weisen* ab. Sie ärgern sich vermutlich bis heute. Für J. K. Rowling bedeutete das: immer wieder einen neuen Anlauf machen, sich nicht unterkriegen lassen, mehr auf die innere Stimme hören als auf die Experten in den Buchverlagen. Ihre Hartnäckigkeit wurde belohnt. Weil sie nicht aufgegeben, weil sie auf sich vertraut hat. Zähigkeit – auch das ist ein wichtiger Aspekt der Resilienz. Viele Künstler berichten davon, wie wenig erbaulich ihr Weg zum Erfolg war, wie viel Frust sie wegstecken mussten.

Manfred Wolfersdorf:
Die konstruktive Kraft des Scheiterns

Manfred Wolfersdorf hat sich ein Leben lang mit dem Thema Scheitern beschäftigt. Der Psychiatrieprofessor, der sich wissenschaftlich mit dem schlimmsten Scheitern überhaupt beschäftigt hat, dem Suizid, unterscheidet zwei Arten von Scheitern: »Die eine Art ist, wenn ich aus eigener Entscheidung eine Absicht beende, weil sie nicht erfolgsträchtig ist. Und die andere, schmerzlichere ist, wenn ich gegen Mauern pralle. Dann muss ich mich fragen: Ist das Ziel falsch? Der Weg? Ist mein Ziel überhaupt erreichbar, oder ist das Scheitern vorprogrammiert? Könnte ich vielleicht auch an der Mauer vorbeigehen, um sie herum, oder muss ich mitten durch sie hindurch? Das geht selten gut.«

Scheitern sei bei jedem Menschen ein Teil der Alltagspsychologie, erzählt Wolfersdorf: »Wenn ich aus dem Nichtgelingenden lerne, kann das Scheitern etwas sehr Konstruktives haben. Aber für Menschen, die immer wieder mit einer oft aus der Kindheit stammenden Selbstentwertung zu tun haben, die losgelöst ist von einzelnen Ereignissen, kann es dann auch gefährlich werden. Wenn Wertschätzung immer von Leistung abhing, ist das ein destruktives Muster. Wer seinem eigenen Ideal-Ich nicht entspricht und sich für einen Versager hält, schämt sich. Und hält sich für nutzlos. Scheitern kann dann ein Weltuntergang sein. Solche Menschen sind extrem ungnädig sich gegenüber. Für psychisch stabile Menschen ist das Scheitern nur ein sanftes Beben auf der seelischen Richterskala. Wer eine gute Resilienzbasis hat, ist gefestigt und kann eine Niederlage auch einsortieren. Manchmal reicht schon so eine

Einsicht: Ich habe Mist gemacht, aber ich bin eigentlich ein ganz netter Kerl.«

Der Arzt empfiehlt Menschen, die sich das Scheitern sehr zu Herzen nehmen, eine Übung: »Man sollte sich vorstellen, dass man auf der eigenen Schulter sitzt und sich anschaut. Das bedeutet Augenhöhe, stellt aber auch Distanz her, die Voraussetzung für eine nüchterne Abwägung aller Umstände. Dabei muss man ehrlich mit sich sein. Wenn das nicht geht, braucht man einen Navigator von außen, der besser abschätzen kann: Was ist da eigentlich gelaufen? Dann kann ein schöner Lernprozess beginnen wie bei kleinen Kindern, die sich an einer Herdplatte die Finger verbrennen, aber daraus lernen und in Zukunft nicht mehr hinlangen.«

Manfred Wolfersdorf leitete das psychiatrische Krankenhaus in Bayreuth und hat vielen Depressiven geholfen. »Für mich ist Resilienz die Fähigkeit, Widrigkeiten und Traumata zu überstehen und sich danach weiterzuentwickeln. Wenn Patienten zu mir sagten: ›Ich möchte wieder der Alte werden‹, habe ich heftig widersprochen. ›Sie sollten der Neue werden!‹ Mein Ehrgeiz war, sie auf ein neues Niveau zu bringen. Mir ging es in der Psychotherapie um eine Entwicklung. Man kann dann auch von einer Depression profitieren, auch wenn sich niemand eine solche ernste Seelenkrankheit wünscht.«

Hatte Wolfersdorf in seinen vielen Berufsjahren mit dem nicht so resilienten Teil der Bevölkerung zu tun? Das sieht er anders. »Dass sie Hilfe brauchten, sagt nichts über sie aus. Ich habe von meinen Patienten immer eine Menge zurückbekommen. Darunter waren auch Menschen, mit denen ich befreundet hätte sein können, weil sie großartige Persönlichkeiten sind. Sie mussten manchmal Ereignisse verkraften, bei denen jeder aus den Latschen gekippt wäre.

Wenn man etwas nicht nachvollziehen kann, ist es am schlimmsten. Zum Beispiel bei einem Flugzeug, das mit den Passagieren an Bord einfach spurlos verschwindet. Oder bei einem Kind, das wie vom Erdboden verschluckt ist. Lebt es noch oder nicht mehr? Diese Ungewissheit kann Menschen kaputtmachen.«

Wenn man das Trauma als Teil der Biographie akzeptieren könne, erhöhe das die Resilienz, meint der Arzt. »Nach einer Phase der Trauer darf man nicht dauernd dagegen ankämpfen. Der Verlust darf nicht mehr so viel Kraft kosten. Es ist eine Neuanpassung, nach der es immer noch Einbrüche geben kann. Aber die Richtung stimmt.«

Haben Ärzte mehr Resilienz als andere Leute? Manfred Wolfersdorf glaubt das nicht: »Ich schätze mal, dass 40 Prozent der Ärzte Erfahrung haben mit depressiven Zuständen oder Süchten. Die Suizidzahl ist relativ hoch, weil Ärzte wissen, wie sie aus dem Leben scheiden können, sie haben Zugang zu tödlichen Medikamenten. Deshalb gibt es kaum Suizidversuche bei Medizinern.«

Helfen ist ein wunderbares Mittel, um sich wertvoll und gebraucht zu fühlen.

Auch Manfred Wolfersdorf hatte ein Trauma zu verarbeiten: »Als ich in Pension ging, platzte mir ein Aneurysma der Aorta. Zwölf Ärzte kämpften um mein Leben. Ich verlor 17 Liter Blut und litt eine Zeit lang an einer Sprachstörung. Aber jetzt ist alles wieder gut. Es war ein Geschenk, mich intensiv mit der Begrenztheit meines Lebens zu beschäftigen. Darüber denken wir an guten Tagen zu wenig nach.«

Ehrenamtlich ist Manfred Wolfersdorf jetzt an der Helferfront tätig: »Ich betreue Menschen mit allen möglichen Problemen. Und ich habe eine Depressionsambulanz. Es ist ein gutes Gefühl, dass ich gebraucht werde und kein randständiger und überflüssiger Alter bin. Das ist der gesunde Narzissmus, etwas Sinnvolles bewirken zu wollen. Andere zu stärken, stärkt einen selbst.«

9. Empathie:
Ein Perspektivenwechsel macht den Unterschied

Meine Lieblingsübung? Berge versetzen und Grenzen verschieben. Das tue ich leidenschaftlich gern. Auf dem Rad, für mich, aber auch gern für andere. Und für ein Herzensthema: Inklusion, also die Eingliederung von behinderten Menschen in die Welt der vermeintlich Nichtbehinderten.

Warum ich immer wieder in den Schuhen anderer Menschen laufe und mich für Kinder mit Handicaps einsetze

Der Grundgedanke, für den ich unermüdlich werbe: Alle Kinder sollten gemeinsam Sport betreiben, egal, ob behindert und nicht behindert. Wohnortnah, in ganz normalen Sportvereinen. Seit 2009 gibt es die »Erlebte Inklusive Sportschule« (EISs), die der Behinderten- und Rehabilitations-Sportverband Bayern ins Leben gerufen hat. Über 60 Vereine in 150 Gruppen machen mit. Reiten, Kanufahren, Segeln, Fußball, Tennis – alles ist dabei. Als Botschafterin engagiere ich mich seit 2013. Unser Motto: »Wir wollen Berge versetzen, Grenzen verschieben und für unsere Ideale der gelebten Integration einstehen.«

Gelebte Integration habe ich so erlebt: Ein Kind mit Down-syndrom, ein Kind mit ADHS, ein Kind im Rollstuhl, ein am-putiertes Kind mit Prothesen – sie alle machen Sport mit ganz normal herumtollenden Kindern. Die besonderen Kinder, wie ich sie nenne, kriegen alle eine Aufgabe zugewiesen, die ihrem Können entspricht. Wenn einer was nicht kann, bekommt er eine andere Aufgabe zugeteilt oder wird einfach Gamemas-ter. Wenn ein Mädchen beim Tischtennis den Ball nicht übers Netz bringt, wird das Netz einfach abgenommen. Der Satz »Das geht ja nicht, du bist behindert«, den haben alle in die Mülltonne geworfen. Das ist ein ganz wichtiger Lernprozess. Integration statt Separation, alle lernen voneinander. Es funk-tioniert. Wenn die Übungsleiter Feuer und Flamme dafür sind. Und Bescheid wissen, wie es geht.

Alle haben etwas davon. Die behinderten Kinder fühlen sich gut aufgenommen. Ihr Selbstbewusstsein wächst. Und die Nichtbehinderten erfahren, dass Behinderung etwas ganz Natürliches ist. Und dass ihre Sorgen und Probleme manch-mal doch gar nicht so schlimm sind. Inklusion ist eine grund-legende Idee. Niemand muss sich verstecken, niemand wird ausgeschlossen. Ich hatte so etwas wie die EISs-Gruppen nicht in meiner Kindheit, gerade beim Sport fühlte ich mich abge-hängt. So verändert sich die Gesellschaft. Der Fortschritt ist unaufhaltsam. Seit die Europäische Union Inklusion als gro-ßes Ziel verankert hat, tut sich vieles. Die größten Barrieren sind sowieso vorrangig im Kopf.

Es wird natürlich dauern, bis alles umgesetzt ist. Und wir müssen Hilfestellung geben. Wenn ein Lehrer drei Inklusions-schüler mit komplexen Behinderungen in die Klasse bekommt, braucht er einen zusätzlichen Betreuer. Sonst fühlen sich Leh-rer zu Recht überfordert, denn der Mehraufwand ist enorm. Es gibt auch Grenzen für Kinder, die hochgradig behindert sind. Es ist sicherlich kein Selbstläufer, aber der Aufwand lohnt sich. Schon in der Kita. Was Hänschen nicht lernt, lernt Hans nimmermehr: den unverklemmten Umgang mit Behinderung. Und der fehlt manchmal in Schulen. Ich kann mich noch gut daran erinnern, wie kein Lehrer einen kleinwüchsigen Buben in seine Klasse aufnehmen wollte. In einem Gymnasium im Landkreis München. Da merkt man dann doch wieder: Es muss noch viel Aufklärung betrieben werden.

Aber Inklusion beschränkt sich nicht darauf, ein paar Rampen für Rollstuhlfahrer zu bauen. Wenn ich mit Arbeitgebern spreche, werbe ich sehr dafür, dass sie lernen, Menschen mit Behinderung als große Bereicherung anzusehen. Wir wollen nicht nur toleriert, sondern auch wertgeschätzt werden. Und wir haben viel zu bieten. Das problemlösende Denken ist uns allen eigen, wir sind kreativ und belastbar. Und dass behinderte Menschen oft ganz besondere Talente besitzen, sich beispielsweise viele Autisten gut in der IT-Branche zurechtfinden, hat sich inzwischen herumgesprochen. Um die Ecke zu denken, ist unser täglich Brot. Ebenso Lösungen zu suchen und zu finden. Notfalls eben auch selbst welche zu entwickeln. Von diesen Eigenschaften können viele Unternehmen profitieren.

Mit einem Team von Behinderten und Nichtbehinderten bin ich erstmalig 2013 über die Alpen gefahren. Beim Endura-Alpentraum, einem eintägigen Radrennen, haben wir mindestens 4000 Höhenmeter zurückgelegt. Und unsere Startgelder gespendet. Damit konnten wir unter anderem einen Sportrollstuhl und eine Sportprothese für Kinder finanzieren. Ich werde nie die Augen des neunjährigen Leonard bei der Übergabe der Sportprothese vergessen. »Jetzt bin ich nicht mehr der Letzte am Ball beim Fußballspielen«, sagte er. Da geht mir das Herz auf.

Ich weiß, wo ich herkomme. Und deshalb ist es für mich eine Herzenssache, dass ich Kindern mit Behinderung zeige, was alles möglich ist. Ich möchte mich für diejenigen einsetzen, die eine Fürsprecherin benötigen. Empathie ist eine der wichtigsten Voraussetzungen für die eigene Resilienz. Wer immer nur um sich selbst kreist, wird am Ende sehr einsam sein. Wir haben mehr davon, wenn es uns allen gut geht. Und nicht nur uns selbst. Weltmarken wie adidas machen es vor. Nicht nur in ihren weltweiten Kampagnen mit Frauen, mit Behinderten, mit allen Hautfarben, mit Trans*Menschen, sondern auch in ihrem Arbeitsalltag leben sie den Grundgedanken von Diversity. Ich war selbst mal dabei und bin stolz darauf. Weil es zeigt: Das Rad der Zeit ist nicht mehr zurückzudrehen. Wir können unsere vermeintlichen Makel zeigen – nicht verschämt, sondern stolz.

Martin Sowa ist einer der Übungsleiter, der dem Behindertensport einen enormen Schub gegeben hat. In seinem Buch ... *und die Tore schießt Lore: Inklusionssport auf den Weg gebracht* zeigt der Sonderpädagoge, der den TSG Reutlingen Inklusiv gegründet hat und auch Lehrer ausbildet, worauf es ankommt. »Im Mittelpunkt steht der Mensch, und das Leben ist die Summe unserer Begegnungen. Das Leben ist ein Teppich, gewoben aus den Begegnungen mit anderen Menschen.« Das Wichtigste bei der Inklusion ist der grundsätzliche Perspektivenwechsel im Kopf, den schon Aristoteles vor 2000 Jahren vorgeschlagen hat: »Betrachte die Dinge einmal aus einem anderen Blickwinkel, als du es bisher gewohnt bist, und du wirst eine vollkommen neue Welt erblicken.« Martin Sowa hält sich für einen kreativen Spinner im Sinne von Mark Twain: »Innovationen haben immer den gleichen Weg. Erst werden sie ausgelacht, dann verhöhnt, und zum Schluss will jeder der Urheber der Idee gewesen sein.«

Und Lore? Lore ist eine 84-jährige Sportlerin mit Handicap, die sich durch langsame Bewegungen auszeichnet. Das hält sie aber nicht davon ab, beim Drei-Zonen-Hockeyspiel zur Torschützenkönigin zu werden. Man muss einfach nur ein bisschen die Regeln ändern und das Spiel kreativ interpretieren – schon ist Teilhabe möglich. Dass behinderte Menschen Großes vollbringen und ein Millionenpublikum auf sich aufmerksam machen können, zeigt auch der Fall von Serdal Çelebi. Der Blindenfußballer schoss im August 2018 das Tor des Monats, eine monatliche Wahl in der ARD mit großer Tradition. Durch eine Netzhautablösung ist der Deutsch-Türke nach und nach erblindet. Zuerst konnte er bei schlechten Lichtverhältnissen nichts mehr sehen, dann auch am helllichten Tag. Sein spektakulärer Schuss brachte ihn in die Schlagzeilen. »Blindenfußball hat mehr Aufmerksamkeit verdient, ich fühle mich als Botschafter für meine Sportart«, sagt er. Mit einer Rassel im Ball können die Spieler einschätzen, wann er auf sie zukommt. Der Rest ist Instinkt und Erfahrung, die Blindenfußballer spüren, wo das Tor steht. Und sie haben genauso viel Spaß wie sehende Spieler. Die gedankenlose Schmähung »Blinder« im Stadion, die von manchen Fans gerufen wird, wenn ein Spieler einen Fehler macht, sollte ein No-Go werden.

Respekt statt Rache:
Schwierige Menschen verstehen lernen

Ein wichtiger Teil der Empathie ist die Kunst, sich mit schwierigen Menschen auseinanderzusetzen, konfliktfähig zu sein, sie verstehen und lesen zu lernen. Dazu muss man es immerhin für möglich halten, dass der andere auch recht haben könnte. Das ist die Basis einer Verständigung. Wenn man bereit ist, Empathie zu lernen, muss man auch mal die Perspektive wechseln können. In die Beobachterrolle schlüpfen.

Ich befand mich in einer meiner schwersten sportlichen Krisen, als ich mich mit meinem damaligen Bundestrainer verkrachte. Es ging zum Teil einfach nur um Lächerlichkeiten, beispielsweise sollte ich mein Fahrrad nicht richtig geputzt haben, aber zum Teil wurde es auch richtig heftig und schlug schon fast im Mobbing um. Ich war kurz davor, all das, was ich liebe, nämlich das Radfahren, hinzuwerfen, weil ich mich nicht gewürdigt fühlte. Der Bundestrainer saß am längeren Hebel, die Macht war ungleich verteilt. Dass sich unsere Beziehung verschlechterte, war anfangs ein schleichender Prozess, der dem Umstand entsprang, dass ich als »Aktivensprecherin« des Teams Missstände adressierte. Im Team gab es viel Unmut und Probleme. Es entstand eine Kluft im Team, weil es nur noch Schwarz oder Weiß zu geben schien. Natürlich erwarb ich mir nicht unbedingt Lorbeeren beim Bundestrainer, indem ich Probleme direkt ansprach.

Er stellte mich an den Pranger. Das ging so weit, dass er mir Absicht unterstellte, als ich bei einem Rennen die Markierungen übersah und zu früh wendete. Ich erinnere mich noch genau: Die Enttäuschung über den eigenen Fehler saß mir noch in den Knochen, und höchstwahrscheinlich hatte ich sogar einen Sonnenstich, und er unterstellte mir ungerührt, ich hätte mit voller Absicht abgekürzt, um mir einen Vorteil zu verschaffen. Oder anders ausgedrückt: Betrug. Alle Betreuer im Zelt schauten mich an, als ob ich der letzte Dummkopf wäre. Es gab kein Hallo, kein Wasser, keinen, der mich in den Arm nahm und tröstete. Die Luft war schneidend. Der Krieg zwischen uns war ausgebrochen. Und ich wusste gar nicht, wie mir geschah.

Wenn er nach meinem dämlichen Fehler scherzhaft »Du Pflaume« gesagt hätte, wäre alles gut gewesen. Aber hier ging es darum, mich zu demütigen. Es war ein bitterböses Duell, das sich danach immer mehr zuspitzte und ich nicht gewinnen konnte. Ich war kurz davor hinzuschmeißen. Die Ungerechtigkeiten, die mir immer wieder begegneten, nahmen mir die Freude daran, Rennen zu fahren.

Aber dann hatte ich einen wichtigen Gedanken: Wenn du jetzt deine Sachen packst und gehst, ist das zu einfach. Und es wird dir möglicherweise immer wieder passieren, auch im Berufsalltag, dass da einer ist, der entsetzlich nervt. Will ich dann immer aufgeben? Denn der alles entscheidende Funke war immer noch in mir: Ich liebte das Radfahren nach wie vor – ohne Wenn und Aber. Und wollte ich das aufgeben, nur weil ich mit jemandem nicht mehr klarkam? Es hatte keinen Sinn, davonzulaufen und Mauern zu errichten. Besser ist es immer, Brücken zu bauen.

»Love it. Change it. Or leave it« ist ein Satz, den mir mein Ausbilder Bernd während meiner Lehre bei der Erlebnis-Akademie beigebracht hat. Auf Deutsch: »Liebe es. Ändere es. Oder lass es los.« Den Kern, das Radfahren, habe ich immer noch geliebt. Nur die Umstände waren hässlich geworden. Es wurde also Zeit, dringend etwas zu ändern.

Ich bin emotional, kein Einser- und Nuller-Mensch, wie es in der Informatik heißt. Ich habe eine emotionale Amplitude. Das heißt nicht, dass ich immer sofort ungefiltert mit meinen Gefühlen und Gedanken herausplatze. Aber ich muss mich bemühen, Konflikte sachlich zu betrachten. Was ist der andere für ein Mensch? Warum tickt er so? Warum reagiert er ganz anders als ich? Man spricht über das Gleiche, aber jeder versteht es anders. Das genaue Zuhören ist eine Kunst. Und die ehrliche

Analyse der eigenen Vorbehalte. Es ist wichtig, immer zuerst vor der eigenen Tür zu kehren, anstatt reflexartig Schuldzuweisungen zu machen. Der Blickwechsel bringt die entscheidende Erkenntnis. Man muss bereit sein, in die Schuhe des anderen zu schlüpfen. Die Brille des anderen aufzusetzen.

Durch meine Position als Aktivensprecherin wurde ich für den Trainer zum Feind, ich bekam die volle Breitseite von ihm ab. Ich fühlte mich gemobbt. Wenn man alles für den Sport gibt wie ich, erwartet man auch Wertschätzung. Die spürte ich nicht mehr. Das schlechte Gefühl nahm ich in meinen Alltag mit, in meine Beziehung. Ich konnte diesem Gefühl keinen Riegel mehr vorschieben. Es überschattete meine ganze Lebensfreude. Ich war in einem Hamsterrad negativer Gefühle gefangen. So konnte es nicht mehr weitergehen.

Ich erkannte, dass auch ich einiges falsch gemacht hatte. Ich hatte ihn immer nur wegen der Fehler adressiert. Ich überbrachte ihm die schlechten Nachrichten der anderen unzufriedenen Sportler, psychologisch eine schwierige Position. Das, was nicht passte, habe ich ihm übermittelt, das Gute habe ich nicht erwähnt. Ich hatte ihm also auch keine Wertschätzung zukommen lassen. Kein Wunder, dass es sich zwischen uns so hochgeschaukelt hatte.

Wir setzten uns zusammen. Beide Parteien waren bereit, ihr eigenes Verhalten zu überprüfen. Es war kein herzliches Gespräch, sondern sehr förmlich. Aber es war ein ehrlicher Austausch, bei dem alles auf den Tisch kam. Ohne einen anklagenden Ton. Wir einigten uns darauf, dass wir an einem Strang ziehen und nicht gegeneinander arbeiten sollten. Wir wurden niemals beste Freunde, aber wir haben konstruktiv miteinander gearbeitet.

Jahre später hat er mir einen Aha-Moment beschert: Als ich 2017 als erste beinamputierte Frau die Tour Transalp wagte, hat er mir eine persönliche Nachricht geschickt und mir für mein Vorhaben alles Gute gewünscht. Er hätte das nicht tun müssen. Aber er zeigte mir damit: Ich respektiere und schätze dich als Athletin. Als er nach sechs Jahren aufhörte, habe ich geheult. Obwohl ich lange Zeit den Wunsch nach einem neuen Bundestrainer hatte. Am Ende blieb also nicht Feindschaft, sondern gegenseitiger Respekt.

Es war ein Prozess. Ich habe gelernt, auch aus Trainersicht zu denken. Eine Schlüsselqualifikation. Der Konflikt hat mich gezwungen, mich weiterzuentwickeln. Ich habe verstanden, wie viel Kraft ich mir dadurch hatte nehmen lassen. Die kann ich heute für mich einsetzen. Konflikte müssen auf den Tisch. Proaktiv werden, nicht auf den anderen warten – das habe ich als Lektion fürs Leben begriffen. Ich wollte nie ein Opfer sein. Aber durch meine eigene Unzulänglichkeit habe ich mich fast dazu gemacht. Heute weiß ich: Love it. Change it. Or leave it.

MEIN RESILIENZ-TIPP TO GO
Verlasse deine eingefahrenen Denkmuster, geh auf andere Menschen ein und sieh die Welt aus verschiedenen Blickwinkeln. Wenn du aufhörst, dich als den Nabel der Welt zu begreifen, verstehst du sie besser und hast eine gute Chance, glücklich durchs Leben zu gehen.

Resilienz-Guide **Empathie**

Empathie ist ein Wundermittel der Menschheit. Der Wissenschaftsjournalist Werner Bartens von der *Süddeutschen Zeitung* hat viele Studien zu diesem Gefühl ausgewertet. In seinem Buch *Empathie – weshalb einfühlsame Menschen gesund und glücklich sind* kommt er zu dem Schluss, dass Empathie eine ganz automatische Reaktion ist, ein Reflex. Das Mitgefühl ist in uns Menschen verankert. Aber es gibt auch Ausnahmen und Abstriche. Je ferner ein Mensch unserem Kulturkreis ist, desto weniger nehmen wir an seinem Schicksal Anteil. Wenn in Afrika ein Flugzeug abstürzt, tangiert uns das nicht so wie ein Absturz in Frankfurt. Bei Stress, Wut, Ärger und Angst sinkt die Empathie. Und dennoch sei die Empathie ein Geschenk, dessen wir uns zu wenig bewusst seien, meint Bartens: »Anteil zu nehmen an Leben, Lust und Leid anderer ist nicht nur angenehm für jene, die spüren, dass man mit ihnen fühlt, egal, ob man bangt oder hofft. In jüngster Zeit hat sich gezeigt, dass auch die Menschen erheblich davon profitieren, die empathisch sind und sich für das Leben und Erleben anderer öffnen. Mitgefühl stärkt Körper wie Seele, macht psychisch robuster, physisch stärker und stimuliert nebenbei das Immunsystem.«

Mitgefühl ist also keine Luxusemotion, die sich Erfolgsmenschen, die ihr Leben optimieren wollen, mal nebenbei leisten. Mitgefühl trägt eine einigermaßen solidarische Gesellschaft, die nicht nur aus »Ichlingen« bestehen will. Jeder hat etwas davon, jeder wird belohnt. Spontan wirkt die Empathie am besten und setzt sich in Hilfsbereitschaft um. Wenn wir darüber nachdenken, finden wir meistens viele Gründe, uns doch nicht zu engagieren. »Warum ich?«, »Das kann doch ein anderer tun«, »Es bringt doch nichts«. Dieses Denken, das Abschieben von Verantwortung, verhindert dann das Tätigwerden. Die Alternative zum Mitgefühl ist die Gleichgültigkeit. Man stumpft gegenüber anderen ab und denkt nur an sich selbst. Damit ist jedoch das große Potenzial des

Menschseins verschwendet. Empathie hilft uns, eine erfolgreiche Gesellschaft aufzubauen.

**Empathie heißt nicht,
die Menschen darin zu bestätigen,
immer wieder in den gleichen Sumpf zu springen.**

Als Kinder seien wir alle empathisch gewesen, sagt die Business-Trainerin Monika Hein, die das Buch *Empathie – Ich weiß, was du fühlst* geschrieben hat. Ihre Grundthesen: Empathie ist erlernbar, wenn man die eigene Festplatte neu überschreibt, denn sie ist unter gelernten Schutzmechanismen verborgen. Sie erfordert die innere Bereitschaft, weich zu werden und sich selbst zurückzustellen. Empathie ist in der Erfahrung von Monika Hein kein reines Kuschelthema: »Empathie ist Schwingungsfähigkeit, sie fordert uns emotional und intellektuell heraus und will mehr von uns, als wir manchmal zu geben bereit sind. Oftmals ist sie nicht die erste Reaktion, die uns in den Sinn kommt, und sie stellt unsere Einstellungen und Verhaltensweisen in Frage. Lässt uns Risiken eingehen, öffnet unser Herz und macht uns verletzlich. Sie kann unser Leben radikal verändern und die Welt zu einem besseren Ort machen. Und sie fordert uns heraus, Gefühle genauer anzuschauen, sie anzunehmen, mit ihnen umzugehen.«

Monika Hein macht darauf aufmerksam, dass wir auch Empathie uns selbst gegenüber nicht vernachlässigen dürfen: »Wir müssen unsere Bedürfnisse kennen, zu uns so freundlich sein wie zu einem guten Freund. Sich zu lieben, das ist ein viel größerer Anspruch an sich selbst als die Selbstfürsorge. Selbstaufmerksamkeit ist etwas Elementares. Wenn ich all meine Facetten kenne, kann ich besser erahnen, wie facettenreich das Gegenüber ist. Kein Mensch kann ja so viel Empathie haben, dass er sich immer aus dem Stand heraus in den anderen einfühlen kann.«

Empathie zu haben sei nicht gleichbedeutend damit, den anderen zu spiegeln und vorbehaltlos zu bestätigen, sagt die Expertin: »Manchmal bedarf es auch der Abgrenzung, zum Beispiel gegenüber Menschen, die Energiesauger sind und immer wieder in den gleichen Sumpf springen. Der Selbstmitleidige suhlt sich im Mangel und will dort bleiben. Im Selbstmitleid gibt es keine Resilienz. Ich muss auf meine Energie achten, denn wenn sie aus dem Gleichgewicht gerät, nutzt das niemandem. Echte Empathie zeigt sich darin, dass man den Mangel benennt und Möglichkeiten zur Verbesserung und Weiterentwicklung aufzeigt.« Empathie sei auch nicht mit Mitleid zu verwechseln, meint Monika Hein: »Mitleid kommt immer von oben, es ist der falsche Kanal, um Menschen anzusprechen. Deshalb wollen Behinderte auch kein Mitleid. Man kann sie fragen, was sie brauchen, es ihnen aber nicht überstülpen. Zum Beispiel ist es auch ganz falsch, einem Stotterer das schwierige Wort vorzusagen.«

Aber Hinschauen ist immer viel besser als Wegschauen. »Mikro-Empathie« nennt Monika Hein die kleinen Aufmerksamkeiten, die das Leben reicher machen. Es ist der Appell an uns, im Alltag aufmerksamer zu sein. Barack Obama hat 2006 in einer Rede an der Northwestern University in Illinois darüber gesprochen, wie sehr wir alle Empathie brauchen: »Ich denke, wir sollten mehr über unser Defizit an Empathie sprechen – die Fähigkeit, uns in die Schuhe eines anderen zu stellen, die Welt durch die Augen derer zu sehen, die anders sind als wir. Das Kind, das Hunger hat, der arbeitslose Stahlwerker, die eingewanderte Frau, die unser Schlafzimmer sauber macht. Im Laufe deines Lebens wird es eher schwerer als leichter werden, diese Qualität der Empathie zu kultivieren. Es gibt keine Verpflichtung zum Dienst an der Gemeinschaft, keiner zwingt dich dazu, dir Gedanken darüber zu machen … Wir leben in einer Gesellschaft, die uns zu oft sagt, dass es unser Hauptziel im Leben sei, reich, dünn, jung, berühmt, sicher und gut unterhalten zu sein. In einer Gesellschaft, die diese selbstsüchtigen Impulse stärkt.«

Obama hat auch im Jahr 2020 mit dieser Analyse recht, im Trump-Zeitalter sowieso. Aber mit der Zahl der Selbstsüchtigen wächst auch die Zahl der Hinschauenden und Anpackenden. Und darauf kann man vertrauen. Der Ausdruck »Gutmensch«, der in Deutschland zum verächtlichen Schimpfwort wurde, muss wieder als Auszeichnung begriffen werden. Denn was ist denn die Alternative zum Gutmenschen? Der Schlechtmensch? Wer will den schon haben?

Rüdiger Grube:
Wie ein Hauptschüler Bahnchef wurde und Talente mit Handicap fördert

Empathie muss weitergetragen werden, davon ist der ehemalige Bahnchef Rüdiger Grube überzeugt. Wer gefördert wurde, muss selbst fördern. Er war Hauptschüler – und hilft heute benachteiligten Kindern. Grube wuchs in Armut auf, seine Eltern waren geschieden, was ihn sehr belastete: »Nach der Scheidung hatte ich das Gefühl, die Menschen im Dorf zeigen mit dem Finger auf mich. Das tat weh, denn ich wollte auch aus einer geordneten Familie kommen. Zum Glück hatte ich meine Großmutter, sie war mein Vorbild. Mit ihr bin ich morgens zum Hamburger Freihafen gefahren, um das Obst und Gemüse von unserem Hof an die Schiffer zu verkaufen.« Rüdiger Grube hatte also eine Person, der er absolut vertrauen konnte, das war der bestärkende Faktor in seinem Leben. Auch eine Negativbotschaft spornte ihn an: »Als Zehnjähriger träumte ich davon, Pilot zu werden. Als meine Tante das am Mittagstisch hörte, lachte sie mich aus und sagte, dafür bräuchte ich ein Abitur: Das schaffst du nie. Dieser eine Satz von ihr hat mich tief getroffen. Er war wie ein Dorn, der mich jahrelang angestachelt hat. Nach dem Motto: Dir werd' ich es zeigen.« Rüdiger Grube zeigt, wie man aus Schmähungen und Herabsetzung etwas Gutes machen kann: »Noch heute kann man mich mit dem Satz ›Der kann das nicht‹ zu Höchstleistungen anspornen. Ich habe mir immer wieder neue Ziele gesetzt, beispielsweise habe ich gegen den Willen meiner Eltern den Realschulabschluss gemacht.« Er erfuhr in seiner Familie aber auch positive Bestärkung: »Meine Mutter hat mir eingebläut: ›Geht nicht‹ gibt's nicht. Und wenn du immer wieder hinfällst, stehst du einmal mehr auf, als du hingefallen bist. Meinem Bruder und mir wurde nie Angst gemacht vor dem Versagen, im Gegenteil, uns wurde gesagt: Wenn du nicht über die Latte kommst, lauf noch mal los.«

Rüdiger Grube hat Resilienz bewiesen, er arbeitete sich über ein Stipendium nach oben. Das Hamburger Unternehmerpaar Walther und Annemarie Blohm bezahlte ihm sein Studium. Warum? Einfach so? Nein, er war ihnen aufgefallen. Man darf aus der Menge herausragen, man muss es sogar – wer im Leben nicht den Finger hebt, wird übersehen. »Ich hatte als Flugzeugbauer-Lehrling in einer von mir mit herausgegebenen Zeitschrift einen Artikel über Organspende geschrieben und damit die Aufmerksamkeit von Frau Blohm erregt. Die Blohms luden mich zu sich ein, in ihr Haus im reichen Blankenese. Später fragte mich Frau Blohm, was ich mal werden wolle. Na ja, eigentlich wolle ich Pilot werden, habe ich erzählt, aber ich hätte kein Geld und nicht mal Abitur. Am nächsten Tag rief mich ihr Mann Walther Blohm an und fragte: ›Kommst du mit 300 Mark im Monat aus?‹ Er hat zwei Bedingungen gestellt: Er wollte jedes Vierteljahr mein Zeugnis sehen, und in den Semesterferien musste ich bei ihm arbeiten.«

So bekam Rüdiger Grube seine Chance und arbeitete sich nach oben. Er hat nie vergessen, wo er herkommt. Deshalb gründete er eine Stiftung für Hauptschüler. Weil er an ihre Begabung und ihren Aufstiegswillen glaubt. »Ich fördere gern Jugendliche, die nicht die idealen Startbedingungen haben, aber Potenzial besitzen. Die möchte ich entdecken und ihnen das Gefühl geben: Ich bin einer von euch. Jeder kann ein Aufsteiger sein.«

Er unterstützt auch die Stiftung Off Road Kids, die Kinder in Deutschland von der Straße hilft. Über 5 000 von ihnen haben durch die Stiftung schon eine neue Chance bekommen. Was für ein Potenzial. Es sind die Ärmsten der Armen, alle mit unentdeckten Talenten, die mit etwas Förderung ein gutes Leben führen können. Jeder Mensch ist kostbar. Leider werden in unserer Gesellschaft viel zu viele unbeachtet zurückgelassen. Dabei kann jeder den wichtigen Samen pflanzen und ein Leben verändern: Ich helfe dir, den ersten Schritt zu machen – und dann gehst du deinen eigenen Weg. Weil du es kannst.

10. Liebe und Wertschätzung:
Wie Freundlichkeiten die Welt um vieles besser machen

Ich bin Romantikerin und Realistin zugleich. Eine spannende Mischung: ein Gefühlsmensch, der auch nüchtern nachdenken kann. Und deshalb sage ich: Liebe kann etwas Wunderbares sein, aber man sollte sie auch nicht überhöhen. Nur weil man in einer Partnerschaft ist, hat man Glück und Stärke nicht gepachtet. Ein Großteil der Menschen steckt in Beziehungen, die ihnen gar nicht guttun. Eine Liebe, in der sich beide auf Augenhöhe begegnen, ist ein Meisterwerk. Und sie bedeutet Arbeit, auch wenn man verheiratet ist. Viele denken, dass sie mit der Hochzeit eine Box voller schöner Dinge bekommen. Dinge, von denen sie immer geträumt haben: Liebe, Treue, Verständnis, Stärke, Vertrauen ...

Jedoch ist das Gegenteil der Fall: Zu Beginn einer Ehe ist die Box leer. Sie beginnt sich erst zu füllen, indem beide Partner die Kunst des Gebens lernen. Ohne eine Gegenleistung zu erwarten. Wir müssen die Box erst füllen, bevor wir etwas rausnehmen können. Das leuchtet eigentlich ein. Aber im Alltag, vor allem wenn Wut und Enttäuschung mitspielen, vergessen wir sehr schnell genau diesen Punkt. Wenn wir mehr rausnehmen, als wir reingeben, stellen wir irgendwann fest, dass die Box leer ist. Wer also glaubt, es am Tag der Hochzeit geschafft zu haben, und sich dann zurücklehnt, steht am Anfang vom Ende. Eine Ehe mit eingebauter Garantie gibt es nicht, auch wenn sie der einzige Vertrag ist, den man mit dem Ziel »lebenslang« abschließt.

Die Basis für die Liebe in einer Partnerschaft ist eine gesunde Selbstliebe. Ganz bei sich zu sein, mit sich selbst im Reinen zu sein, aus sich selbst heraus Glück empfinden zu können – ich bin überzeugt, dass das die wichtigste Zutat für eine Beziehung ist. Wer vom Partner erwartet, dass er seine Seele repariert, wird sich sehr schwer damit tun, Liebe zu finden. Man darf sich auch als Single »vollständig« fühlen und glücklich sein. Ich fordere sogar dazu auf. Nichts hält uns mehr davon ab, die wahre Liebe zu finden, als der unbedingte Wunsch, den Traumprinz oder die Traumprinzessin zu treffen. Auf einen Traumprinzen auf einem Schimmel habe ich jedenfalls nicht gewartet. Liebe passiert nach meiner Erfahrung einfach – in Momenten, in denen man es am wenigsten erwartet. Wenn man sich hinsetzt, dem anderen in die Augen schaut und es einfach klick macht. Man kann sich nicht dagegen wehren. So eine Liebe erfüllt den Raum. Sie ist besonders. Sie steht wie ein riesiges Ausrufezeichen über den Köpfen der beiden, die es vielleicht selbst noch gar nicht wahrhaben wollen.

Ich war auch als Single glücklich und bin immer sehr selbstständig durchs Leben gegangen. Liebe habe ich immer als »Cherry on top« empfunden, als »das Sahnehäubchen«. Mein eigenes Leben für jemand anderen aufzugeben käme mir nie in den Sinn. Ich bin überzeugt davon, dass in einer Beziehung jeder als Persönlichkeit erhalten bleiben muss. Das ist für mich die gesunde Basis jeder Beziehung.

Über mangelndes Interesse der Männer an mir konnte ich mich nie beklagen. Natürlich gab es auch die, für die ich wegen der Behinderung nicht in Frage kam. Das hat sich selten einer getraut, mir ins Gesicht zu sagen, aber ich konnte die Beklommenheit in ihren Augen sehen. Ich bin ja nicht doof. Aber das war mir auch recht. So siebte auch ich schon zu Beginn aus. Denn wer sich an meiner Prothese stört, kann für mich nicht der richtige Partner sein. Im Idealfall treffen sich in der Liebe zwei Menschen auf Augenhöhe, die einander respektieren und ihr persönliches Glück mit einem großen WIR erweitern.

Dass Frauen heute nicht mehr finanziell von Männern abhängig sind, macht uns natürlich viel freier in der Partnerwahl. Und das gilt für die ganze Gesellschaft. Das bringt Vorzüge mit sich, aber zugleich ist in meiner Generation leider auch die Bindungsfähigkeit verloren gegangen. Bei beiden Geschlechtern. Wenn etwas nicht passt, wird nur noch selten daran gearbeitet, stattdessen wird der Partner einfach ausgetauscht. In der Multioptionsgesellschaft findet man mit nur einem Klick Männer und Frauen, die sich im Internet anbieten. Die Notwendigkeit, sich wieder zusammenzuraufen, so wie es etwa bei der Generation unserer Großeltern der Fall war, ist einfach nicht mehr da. So wird über den Smartphone-Bildschirm gewischt, was das Zeug hält. Bis der perfekte Partner kommt. Leider haben wir dabei eins vergessen: Den perfekten Partner kann man sich nicht backen oder herbeiwischen. Jeder hat nun mal Ecken und Kanten. Und dass es mal kracht, gehört zu einer Beziehung dazu.

Zum Beispiel mit meinem lieben Ehemann. Manchmal habe ich eine kurze Zündschnur. Ich will Konflikte möglichst schnell besprechen, sie ausdiskutieren, er braucht hingegen erst mal etwas Distanz. Im schlimmsten Fall habe ich eine schlaflose Nacht – und er schnarcht glücklich. Aber wenn man eine Nacht darüber schläft, sieht man schwierige Themen oft in einem ganz anderen Licht. Und er ist viel ansprechbarer. Das habe ich verstanden. In der Liebe muss man sich auf den anderen einlassen. Das ist besser, als ihm die eigenen Maßstäbe überzustülpen. Mein Mann ist zum Beispiel ständig am Handy, selbst am Tag unserer Hochzeit war es so. Bis wir mit dem Auto am Standesamt angekommen waren, wurde die Zeit für Business-Calls genutzt. Das geht mir manchmal ordentlich auf den Keks. Aber er ist Geschäftsmann und muss allzeit ansprechbar sein, das habe ich quasi mitgeheiratet.

Seine Vorzüge überwiegen deutlich. Ich bin ihm sehr dankbar, dass er nicht eifersüchtig ist, wenn ich ständig mit anderen Männern trainiere und stundenlang mit ihnen auf dem Rad unterwegs bin – und das sind Jungs mit einem tollen Body. Er erwartet nicht, dass ich ihm jeden Abend um dieselbe Zeit sein Essen hinstelle. Wir arbeiten beide sehr viel und lassen uns unsere Freiräume. Ein Heimchen am Herd wird aus mir nicht mehr. Und das will er auch gar nicht. Er ist super entspannt bei meinen vielen Aktivitäten. Wir gönnen uns alle möglichen schönen Erlebnisse, bei denen der Partner keine Rolle spielt. Ich muss meinen Mann nicht überall dabeihaben. Wir kleben nicht aneinander. Und wir akzeptieren unsere Unterschiede. Sascha hat zwei linke Hände, er kann auch kein Fahrrad reparieren. Aber im Organisieren ist er genial. Er ist mein Lebensmensch, mein Fels in der Brandung, der erste Mann, dem ich mein Jawort gegeben habe. Das sagt alles.

Sascha: Liebe braucht keine Platzkarten

Den richtigen Partner zu finden, der einen immer auffängt, ist ein wichtiger Teil der Resilienz. Wenn es in der Liebe stimmt, lassen sich viele Herausforderungen leichter bewältigen. Aber es muss viel passen, wenn zwei Menschen zusammenkommen.

Beim Ball des Sports im Februar 2018 in Wiesbaden saß er plötzlich an meinem Tisch: ein gutaussehender Typ im Smoking, männlich markant, ziemlich selbstbewusst. Vorher noch nie auf dem Ball des Sports gewesen, aber weil er sich von seiner Freundin getrennt hatte – oder sie sich von ihm –, hatte er Zeit und war mit einem Freund gekommen. Eigentlich war neben mir am Tisch 58 kein Platz frei, weil ich mit einem Begleiter gekommen war, der gerade im Saal unterwegs war. Das machte ich ihm rasch und unmissverständlich klar. Wir Menschen sind manchmal so in unserem Denken gefangen und kriegen es auch hin, die größte Chance unseres Lebens abzuweisen. Aber hier siegte die Frechheit, dieser unabweisbare Typ bestand darauf, erst mal sitzen zu bleiben.

Wir kamen ins Gespräch. Er erzählte mir, dass er früher als Hotelkaufmann in Marbella, Mallorca und San Francisco gearbeitet habe. Und dass er nun eine Agentur für Moderatoren und Comedians habe. Er war offenbar kein Langweiler. Erst später erfuhr ich, dass er der Manager von Showgrößen wie Oliver Pocher und Verona Pooth war. Und mit Boris Becker ein paar Jahre lang sogar die größte deutsche Sportlegende betreut hatte. Mich kannte er natürlich nicht, die Klatschspalten und Galas waren nicht mein Revier.

Sascha hatte, das kann man so sagen, eine souveräne Ignoranz und eine selektive Wahrnehmung. Die Paralympics in London und Rio waren glatt an ihm vorbeigegangen. Meine

Prothese, die unter einem langen Kleid versteckt war, nahm er gar nicht wahr: »Ich habe aus Denise erst mal nur rausgekriegt, dass sie Radfahrerin ist. Und da befürchtete ich, dass sie ganz dicke Oberschenkel haben könnte. Wenn ich aber etwas an einer Frau anziehend finde, dann sind es schöne Beine. Deshalb wollte ich unbedingt, dass sie mal aufsteht. Ich schenkte ihr ständig Wasser nach, aber sie ging und ging nicht auf die Toilette. Später musste sie dann zu einem Fototermin, und da fiel mir auf, dass sie wunderschöne Beine hatte, aber etwas unrund ging. Als ich sie dann googelte, fand ich heraus: Sie war Paralympics-Sportlerin. Oh Mann, dachte ich mir, muss das sein? Hätte ich vorher um ihre Behinderung gewusst, hätte ich es vielleicht im Flirt gar nicht so weit kommen lassen. Da wäre sofort ein Film in mir abgelaufen, ich hatte ganz blöde Vorurteile im Kopf. Aber so hatten wir uns schon zu lange gut unterhalten, es war zu spät, um mich einfach abzuseilen. Ich spürte eine große Anziehung.«

Wir tauschten unsere Telefonnummern aus, ich gab ihm meine Karte. Dann hörten wir das Mitternachtskonzert von der Rockband Revolverheld. Er hatte genau die starke und warme Schulter, an die ich mich anlehnen konnte. Zwei Wochen später verabredeten wir uns in Berlin zum Essen. Ausgerechnet am Valentinstag. Ich war auf Durchreise ins Bahntrainingslager nach Frankfurt an der Oder, Sascha beruflich in der Stadt. An dem Abend funkte und klickte es zwischen uns. Oder wie Sascha es in seiner klangvollen Art sagte: »Es schepperte.« Irgendwie hatte Sascha offenbar einen Schalter bei mir umgelegt. Und ich fand immer mehr Gefallen an dem Mann, der so gut reden konnte, auch wenn sein Body nicht unbedingt meinen Ansprüchen entsprach. Ich war vorher meistens mit Sportlern zusammen gewesen, im Vergleich hatte Sascha eher einen Waschbär-

als einen Waschbrettbauch, er war auch kein Muskelprotz. Aber auch kein Hänfling. Mit meinen blauen Augen checkte ich ihn schnell ab. Ihnen habe ich auch den Spitznamen »Schlange Kaa« zu verdanken. Es sollte ein Kompliment sein – er war wie hypnotisiert von mir. Und ich von ihm. Seine ursprüngliche Beklommenheit gegenüber einer behinderten Frau war wie weggeblasen. Wir verliebten uns. Es fühlte sich besonders an. Für mich. Und für ihn, wie mir seine leuchtenden Augen verrieten.

Bei unserem ersten Kurzausflug als frisch verliebtes Paar auf den Wallberg am Tegernsee hatten wir dann eine ganz besondere Begegnung. Beim Spazierengehen trafen wir ein uraltes Ehepaar und baten sie, uns kurz zu fotografieren. Sie verrieten uns, dass er ihr hier vor 65 Jahren einen Heiratsantrag gemacht hatte. Und dass der Ort Glück bringen würde. Eine magische Begegnung. Wir spürten beide: die lebenslange Liebe, die gibt es wirklich. In meinem Herzen bin ich eben eine unverbesserliche Romantikerin, keine Pragmatikerin.

Dieses Erlebnis war offenbar auch eine echte Inspiration für Sascha. Wenn er sich etwas in den Kopf gesetzt hat, zieht er es auch durch. Ohne mich zu fragen, fuhr er zu meinem Vater und hielt ganz altmodisch um meine Hand an. Der sagte nur: »Meinen Segen habt ihr. Aber bist du dir auch bewusst, dass sich die Behinderung von Denise irgendwann schlechter entwickeln kann? Und sie im Rollstuhl landen könnte?« Sascha schluckte, damit hatte er nicht gerechnet. Aber für ihn war klar: Er will mich, ohne Wenn und Aber. Auch wenn es irgendwann bedeuten kann, dass ich neben ihm rolle anstatt laufe. Das ist eine seiner größten Gaben: Sascha ist ein großer Optimist und Problemlöser.

Ein halbes Jahr später kehrten wir auf den Wallberg zurück, an unseren magischen Ort. Dort machte mir Sascha dann den ersten Heiratsantrag seines Lebens. Dieser stolze Mann kniete vor mir, ich war überwältigt. So ein formvollendeter Heiratsantrag ist ein Klischee, aber wenn das Klischee so gut ist, liebe ich es. Der Kniefall bedeutet ja auch, dass letztlich die Frau entscheidet. Ein Prinzip, das mir im Leben immer gut gefallen hat.

Unsere Hochzeit fand – wie kann es anders sein – auf dem Wallberg am Tegernsee statt. Mit dem Blick auf die Gipfel der Alpen haben wir Ja gesagt. In unserem Rücken über 150 Herzensmenschen, die wir an diesem besonderen Tag dabeihaben wollten. Jeder Hochzeitsgast durfte unsere Trauringe berühren, die an einem Bindfaden hingen, und uns dabei etwas wünschen. Jeder einzelne hat uns auf unsere Reise der Ehe etwas mitgegeben. Für unseren ganz besonderen Bund fürs Leben. Ein WIR. Es war ein ganz magischer Moment. Ein magischer Tag, an dem so viel Glück zusammenkam, wie man es sich gar nicht wünschen kann. Es war der schönste Tag und zugleich die geilste Party in meinem Leben. Denn eins hatte ich mir immer gewünscht: wenn schon Hochzeit, dann bitte eine riesige Feier mit all unseren Freunden, so dass die Wände wackeln. Und wie die wackelten! Denn nach dem Jawort heizte uns die Band FreshMusicLife ein, die schon auf dem Ball des Sports gespielt hatte, auf dem das Schicksal uns einander vorgestellt hatte.

Sascha trägt mich seitdem auf Händen. Er hat sein Leben auf meinen Rhythmus eingestellt. Was nicht nur durch die Behinderung, sondern vor allem durch den Leistungssport eine Herausforderung ist. Aufmerksam ist sein zweiter Vorname. Er weiß, dass ich nicht gern spazieren gehe, da meine Füße dabei rasch schmerzen. Er schiebt meinen Rollstuhl, wenn ich mal wieder operiert werden muss. Und erledigt die Einkäufe, damit ich dann nicht noch schwer tragen muss. Er massiert auch meinen Stumpf, hat keinerlei Berührungsängste. Er nennt ihn

Stumpfi, klingt niedlicher. Der Stumpf hat mittlerweile seinen Schrecken verloren. Sascha begleitet mich auch hin und wieder zu Wettkämpfen. Alles kann, nichts muss. Und ich brate ihm als Vegetarierin auch mal ein Steak. Und liebe es, ihn zu verwöhnen. Scherzhaft sage ich immer, dass er mit der Ehe im Fünf-Sterne-Bio-Hotel eingecheckt hat.

Wir können endlos miteinander reden. Und Sascha steckt voller Geschichten, er ist kreativ, sensibel und im richtigen Moment auch ein Draufgänger. Und ich weiß, dass ich mit ihm einen gedanklichen Pingpong-Partner habe. Mit ihm kann ich mich austauschen und auf Augenhöhe messen. Wenn wir uns beraten oder austauschen, kommt es nicht selten vor, dass ich zu ihm aufschaue. Ich liebe seinen Weitblick in allen Dingen, die er anpackt. Der Versuchung, Sascha zu meinem Manager zu machen, haben wir widerstanden. Wir wollten das Private nicht mit dem Geschäftlichen vermischen. Sascha hat genug zu tun. Mit Oliver Pocher, Ilka Bessin, Giovanni Zarrella, Verona Pooth, Thore Schölermann, Lilly Becker, Jennifer Knäble und vielen mehr. Mit ihnen gestaltet er das deutsche Fernsehen aktiv mit. Ich bin stolz darauf, wie er die Karrieren seiner Schützlinge über die Jahre mitgeformt hat und welchen Einsatz er tagtäglich dafür zeigt. 24/7.

Es ist ein besonderes Gefühl, angekommen zu sein. Auch wenn wir uns oft tagelang nicht sehen, weil wir so viel unterwegs sind, sind wir unzertrennlich. Und es vergeht kein Abend, an dem wir nicht die Stimme des anderen hören, bevor wir beide einschlafen.

Wir wachen nicht täglich miteinander auf, aber jeden Morgen, den wir in den Armen des anderen liegen, genießen wir dafür umso mehr. Dann sind wir in der Nacht unzertrennlich. Fast wie siamesische Zwillinge.

Wir haben keinen klassischen gemeinsamen Alltag, das lässt unser aufregendes Leben aktuell nicht zu. Aber auch das wird kommen. Und wenn nicht, auch gut. Ich bin keine Freundin davon, einer Klischeevorstellung entsprechen zu müssen. Eins weiß ich jedoch: Mit diesem Mann bin ich bereit, bis ans Ende der Welt zu gehen. Oder sagen wir lieber zu radeln. Ich brauche keinen Beschützer, aber Sascha ist auf jeden Fall der Typ, der mir als Frau das Gefühl der Geborgenheit geben kann. Und des Abenteuers. Ich brauche beides. Er ist kostbar und besonders. Und der erneute Beweis für mich, dass ich ein wahrer Glückspilz bin. Denn ohne meine Einladung als Para-Sportlerin zum Ball des Sports wären wir uns nie begegnet. Da ist sie wieder: die Erzählung vom Glück, Pech zu haben, die sich durch mein Leben zieht. Auch für diesen Moment spüre ich tiefe Dankbarkeit.

Schon kurz nach dem Antrag war mir eins klar: Die Rede bei unserer Hochzeit muss meine beste Freundin Linda halten. Die Frau, die den Turbo in mir anwerfen, mich aber auch zur Besinnung bringen kann. Linda findet immer die richtigen Worte, egal, ob als Hochzeits- oder als Trauerrednerin, sie ist keine Kitschtante. Weil sie den Menschen in die Seele schauen kann und die sich ihr gegenüber aufrichtig zeigen.

»Gemeinsam aneinander zu wachsen im Regen wie im Sonnenschein«, das sollten wir uns versprechen. »Wenn die Sonne mal von Wolken verdunkelt wird, wird dieses Eheversprechen euch ein Fels in der Brandung sein«, sagte Linda. Auch Saschas Hartnäckigkeit hob sie noch mal hervor, mit der er mich am ersten Abend erobert hatte: »›Entschuldigung, hier ist besetzt‹, kam nicht gerade freundlich und sehr bestimmt als Antwort, als Sascha sich neben Denise setzen wollte. Er musste seinen ganzen Charme spielen lassen, um von Denise die Erlaubnis zu erhalten, zumindest dort sitzen zu bleiben, bis ihre Begleitung wiederkam. Nennt es Schicksal, nennt es Fügung, nennt es, wie ihr wollt: Die Begleitung von Denise sah, oh, mein Platz ist besetzt, und blieb bei seinen Freunden am anderen Tisch sitzen. Das Ende vom Lied: Sascha leistete Denise den ganzen Abend Gesellschaft! Dies war der Beginn von etwas ganz Großem, etwas ganz Wundervollem: der Liebe zwischen zwei Menschen, die eigentlich gar keine Platzkarten nebeneinander hatten. Ihr fandet euch, ohne euch gesucht zu haben. So brauchtet ihr nur ein klein wenig Zeit, um euch kennenzulernen, euch zu verlieben, euch sicher zu sein.«

Linda ist eine scharfe Beobachterin, sie hob hervor, was sie an uns beiden bemerkt hat: »Da ist dieses Suchen mit den Händen, ob der andere noch da ist. Die Motivation, die Kraft und die Überzeugung, dass alles gut werden wird. Der Glaube, dass jedes Problem auch gleich den Lösungsweg mitbringt. Der Mut, neue Wege zu gehen und von vorn zu beginnen. Die vielen Wunder, die niemand erklären kann. Dieses für uns unsichtbare Band, das euch beide verbindet. Und die guten Freunde und die wundervolle Familie, die euren Weg begleiten.«

Klar hatte ich da Tränen in den Augen. Das wurde wirklich der schönste Tag in meinem Leben, obwohl ich das vorher nicht erwartet hatte. Sascha und ich glauben an die lebenslange Liebe, auch wenn das heute vielen Paaren nicht mehr gelingt. Linda schenkte uns einen Dialog, den wir wirklich ernst nehmen: »Sag, Liebe, liebst du mich? Und Liebe sprach zur Liebe: Ja, Liebe, ewiglich.« Jetzt ist es an uns, die Box Tag für Tag und Jahr für Jahr mit mehr Inhalt zu füllen.

Mit Sascha habe ich sicherlich einen Resilienzriesen geheiratet, einen Mann, der gleichzeitig mein Fels und mein Strand ist. Sascha ist umwerfend, aber er ist nicht umzuschmeißen.

Dass er in meinem Leben ist, hat mir gerade noch gefehlt. Wir managen unser Leben nicht, wir leben es. Mehr Glück geht nicht. Es sei denn, wir sind irgendwann zu dritt. Zu viert. Zu fünft? Da wir beide absolute Familienmenschen sind und Sascha bereits einen Sohn hat, wollen wir auf jeden Fall Kinder. Aber das wird das nächste Abenteuer nach dem Ende meiner sportlichen Karriere sein.

Glück ist teilbar:
Werde Teil der Freundlichkeitenkette

Aber im Leben geht es nicht immer um die große Liebe, es geht auch um die kleine unspektakuläre Liebe. Um die Liebe gegenüber unseren Mitmenschen, um den Versuch, die Welt etwas freundlicher zu hinterlassen, als man sie vorgefunden hat. Das stärkt die eigene Resilienz und die der anderen. Und es beginnt mit einem Lächeln. Astrid Lindgren hat ihrer Pippi Langstrumpf dazu einen wunderbaren Satz in den Mund gelegt: »Warte nicht, bis dich jemand anlächelt, zeig den anderen, wie es geht.« Da ist was dran. Ich bin überzeugt, dass Lächeln ansteckend ist – ich weiß es sogar. Und lebe es. Und das Leben bietet einem da viele Gelegenheiten. Aus einer Verlegenheit kann eine Chance werden.

Als ich zum Beispiel nach einer anstrengenden Trainingstour mein Rad parkte und mir in einer Bäckerei einen Kaffee holen wollte, stellte ich fest, dass ich kein Geld dabeihatte. Aber der Kaffee lief schon. Ich wollte per Paypal bezahlen, aber das ging in diesem Laden nicht. Die Verkäuferin und ich, wir schauten uns an und grinsten. »Alles gut, genieß den Kaffee«, sagte sie. Und dadurch kamen wir ins Gespräch und sind einander bis heute verbunden. Da ist eine zwischenmenschliche Bindung entstanden. Ein Vertrauensverhältnis: Sie hat eine Stammkundin mehr, den Kaffee zahlte ich beim nächsten Mal. Aber so eine Geste ist mit Geld nicht aufzuwiegen.

Ich glaube an die Macht kleiner Gesten. So verblüffe ich gern Menschen, indem ich ihren Kaffee bezahle. Oder ich kaufe im Supermarkt Merci-Pralinen und schenke sie der Frau an der Kasse als Dankeschön für ihren Einsatz in der Corona-Krise. Eine sicherlich kleine Geste, die aber trotzdem durch den Moment der Überraschung viel bewirkt und ein Lächeln in das Gesicht unserer Mitmenschen zaubert. Gern verschicke ich auch Blumensträuße ohne meinen Namen auf der Karte. Ohne einen besonderen Anlass wie Geburtstag oder Weihnachten. Es ist toll, wenn man zurückgeben und Danke sagen kann und damit Freude auslöst. Und ich glaube daran, dass dieses Glück sich multipliziert. Die Saat der Freundlichkeit geht auf. Die Welt sollte netter werden, aufmerksamer, spontaner. Und nicht wir selbst sollten immer im Vordergrund stehen. Aus dem Gedankengefängnis von Kosten und Nutzen und der unseligen eiskalten Frage »Was bringt mir das?« muss man ausbrechen.

Vera F. Birkenbihl, die 2011 verstorbene Managementtrainerin, ist eine meiner Heldinnen. Sie hat von der US-Talkshow-Moderatorin Oprah Winfrey die Idee der Freundlichkeitenkette übernommen und mit dem ihr eigenen Charme weiterentwickelt. Das funktioniert so, dass jeder Mensch einem anderen Menschen fünf kleine unerwartete Freuden machen sollte: Essen teilen, für ihn einkaufen, zuhören, ein persönliches Geschenk aussuchen, einen Kaffee ausgeben. Die Idee ist, dass der Beschenkte das bei anderen Menschen in der gleichen Weise macht und so ein Kreislauf in Gang kommt. Es entsteht eine Kette der Freundlichkeiten: Je mehr mitmachen, desto mehr haben alle davon. Die Welt wird heller, die

Gesichter freundlicher. Ein wunderbarer Schneeballeffekt. Ich behaupte, dass fast jeder für so etwas empfänglich ist. Auch der Mensch, den man für einen Griesgram gehalten hat, kann sich als eigentlich liebenswerter und liebesbedürftiger Zeitgenosse entpuppen. Die grimmigsten Gesichter können sich entspannen. Geiz ist nicht geil. Großzügigkeit schon eher.

Ich finde es klasse, mein Glück zu teilen. Das sollte man nicht für sich behalten, sondern mit vollen Händen verschenken. Man wird überrascht sein, wie sehr einem die Reaktionen selbst Freude bereiten. Es kommt ja eine Menge wieder zurück, wenn man mal außerhalb seiner Blase aktiv wird. Es ist eine Gutmenschen-Theorie, aber sie ist erprobt, sie funktioniert. Wir Deutschen haben nicht den Ruf, das herzlichste Volk der Welt zu sein. Aber daran lässt sich arbeiten. Ich bin zum Beispiel eine Umarmerin. Zumindest außerhalb von Corona-Zeiten.

Und ich bin ein Mensch, der Dankbarkeit für einen der wichtigsten Werte hält. Das Leben besteht aus mehr als aus »höher, schneller, weiter, reicher«. Ich bin dankbar, dass ich mittlerweile ein sehr beschwerdefreies Leben habe, mit meinem amputierten und meinem verkrüppelten Bein. Man muss innehalten, um die Dankbarkeit zu spüren, gerade so ein Mensch wie ich, der in einer hohen Taktfrequenz lebt. In die Dankbarkeit hineinzuspüren, zu merken, was wirklich wesentlich ist, das bringt mir viel. Und tätig zu werden. Bei meinem Fahrradmechaniker stehe ich zum Beispiel gern mal zwei Stunden an der Kasse und helfe ihm, wenn der Laden voll ist. Einfach so. Gratis. Mein Dankeschön für seine Hilfe. Wer Dankbarkeit lernen will, muss hinschauen lernen. Als Schülerin durfte ich mal ein Praktikum machen und dafür einen Tag und eine Nacht in einer Klinik für MS-Kranke und Schlaganfallpatienten verbringen. Einen

Löffel heben zu können bekommt plötzlich einen ganz anderen Stellenwert. Das sind Erfahrungen, die jedem guttun. Lektionen in Demut. Hilfsbereitschaft. Dankbarkeit. Wir verfügen, in all unseren Behinderungen, über so viele Fähigkeiten. Es sind die Freuden der Normalität. Wir wissen sie auf der Suche nach dem Spektakulären oft nicht ausreichend zu schätzen.

MEIN RESILIENZ-TIPP TO GO
Überrasche jede Woche eine (un)bekannte Person mit einer Freundlichkeit und gib dein Glück somit an andere weiter! Wie wär's zum Beispiel damit, wenn du einfach spontan den Kaffee des Menschen, der hinter Dir in der Schlange steht, bezahlst – ganz egal, ob du ihn kennst oder nicht.

Resilienz-Guide **Liebe und Wertschätzung**

Wie gestaltet man eine glückliche Zweisamkeit? Was hält Paare wirklich zusammen? Rund 800 000 Menschen heiraten Jahr für Jahr in Deutschland, aber jede dritte Ehe wird geschieden, im Durchschnitt nach 15 Jahren. Was kann man tun, um nicht dazuzugehören? Es gibt vier Werte, die sich als besonders sinnbringend erwiesen haben, bilanzierte die Magazinreihe *Geo Wissen* 2016: Wertschätzung, Konfliktkompetenz, Autonomie und Selbstvertrauen. Wertschätzung ist die Basis. Eine US-Forschergruppe wies im Gehirn von langjährigen Paaren nach, dass der Anblick des Partners auch nach zehn Jahren noch gute Signale auslöste – Vertrauen, Gelassenheit, Sympathie. Diese Gefühle dem anderen immer wieder zeigen zu können, auch wenn das körperliche Begehren mit der Zeit natürlicherweise etwas nachgelassen hat, stabilisiert die Liebe.

Der zweite Wert: die Kunst, auf eine nicht verletzende Art zu streiten. Unsachliche Kritik, Rechtfertigungsspiralen, Verachtung und emotionales Sichabschotten sollten vermieden werden. Sie vergiften jede Liebe. Der US-Psychologe John Gottman fand heraus, dass eine Kränkung fünf positive Erlebnisse braucht, um wieder im Gefühlshaushalt ausgeglichen zu werden.

Bei der Autonomie ist es wichtig, dass sich jeder entfalten kann und es in der Beziehung ausreichend Freiräume gibt. Genau das stärkt die Bindung. Menschen brauchen eben beides: das Gefühl, bei jemandem gut aufgehoben zu sein, aber auch das Gefühl der unbedrohten Selbstverwirklichung. Eine gemeinsame Welt, in der jeder seinen Bereich hat: Der Schweizer Psychiater Jürg Willi bezeichnete das als »Koevolution«. Gegenseitige wohlwollende Förderung statt barscher Forderungen führt zu Reifung. Und Freiheit wird nicht als Bedrohung erlebt.

Zum Thema Selbstvertrauen fanden Psychologen der Universität Bern heraus, dass mit Beginn einer Partnerschaft das Selbstwertgefühl zunimmt. Wenn dann noch der Glaube an eine gemeinsame Zukunft dazukommt und der Wille, mit immer neuen konstruktiven Impulsen an der Partnerschaft zu arbeiten, ist die Chance groß, dass die Liebe lange hält. Auch das gemeinsame Überstehen von Schicksalsschlägen und Krisen kann Paare zusammenschweißen. Sie vertrauen einander, sie spüren die Verlässlichkeit des Partners. Selbstvertrauen, also das Vertrauen in die eigenen Fähigkeiten, ist die Basis, um dem anderen zu vertrauen, beides befördert sich gegenseitig. Ein Gefühl von Sicherheit in einer unsicheren Welt.

Wertschätzung: Warum sie direkt ins Herz geht und wichtiger als Geld ist

Für den Psychotherapeuten Reinhard Haller gibt es eine Pyramide der Bedürfnisse: Ganz oben steht die Liebe, dann kommt das Vertrauen in nahestehende Menschen, dann die Wertschätzung, darunter liegen der Respekt und die Toleranz. »Die Wertschätzung wird oft unterschätzt, dabei ist sie ein Urbedürfnis der Menschen, eine Art emotionale Muttermilch«, sagt er. »Jeder will gesehen und gelobt werden, das stärkt die Resilienz wie kaum etwas anderes. Der Mensch ist liebes- und lobesbedürftig, aber gleichzeitig immer weniger dazu fähig, anderen Menschen mit Wertschätzung zu begegnen, ihnen die drei großen Z zu geben: Zuwendung, Zärtlichkeit, Zeit.«
Reinhard Haller hat das Buch *Das Wunder der Wertschätzung* geschrieben. Wertschätzung ist für ihn kein spektakuläres Gefühl, aber ein unglaublich wesentliches und erwärmendes. »Das Wort Wertschätzung besteht zu Recht aus den Bestandteilen Wert und Schatz. Wertschätzung ist ehrlich und direkt und geht ins Herz. Ganz anders als die Maske der Coolness, die sich manche Menschen übergezogen haben. Auch

ein Smiley kann das nicht ersetzen, Wertschätzung funktioniert digital kaum.«

Mangelnde Wertschätzung sei die Ursache vieler psychischer Störungen wie Burnout und Depression und trage auch zur Kriminalität bei, meint Reinhard Haller. »Viele Menschen mit psychischen Problemen und mangelnder Emotionskontrolle klagen über zu wenig Zuwendung und Anerkennung. Dafür fühlen sie sich oft gekränkt. Da wird ganz viel Potenzial verschenkt. Leider können viele Führungskräfte nicht loben. Dabei ist den Angestellten Wertschätzung oft wichtiger als mehr Geld, Untersuchungen zufolge halten 60 Prozent ein gutes Betriebsklima für wichtiger als eine Gehaltserhöhung. Wer sich wertgeschätzt fühlt, ist auch produktiver. Chefs, die andere erniedrigen, um sich zu erhöhen, verbreiten Furcht und Schrecken, sie sind keine guten Chefs. Wertschätzung sollte keine Luxuszugabe sein, sondern die Basis von menschlichen Beziehungen. Es ist das beste Mittel für die Optimierung von Arbeitsprozessen.«

Reinhard Haller erzählt das Beispiel von einem Burnout-Patienten, den er behandelt hat. Eines Tages kam der Patient mit einer ganz anderen, aufrechten Körperhaltung zu ihm in die Praxis. »Ich fragte: ›Was ist denn mit Ihnen los?‹ Er antwortete: ›Stellen Sie sich vor, mein Chef hat mich gestern zum ersten Mal gelobt.‹« In Vorarlberg, wo der Psychotherapeut lebt, gibt es den Spruch: Nix geschimpft ist Lob genug. Genau diese emotionale Kargheit will Haller bekämpfen. Gefühle dürfen nicht verdrängt werden. Die Psychotherapie habe ja eigentlich die Aufgabe, Menschen zu stärken und unabhängiger von den Meinungen anderer zu machen, ihnen ein stabiles Selbstwertgefühl zu geben, sagt der Psychotherapeut. »Aber das gelingt vielen nicht. Deshalb ist Wertschätzung so elementar. Es ist eine Win-win-Situation, wenn Menschen andere mit so wenig Aufwand aufblühen lassen. Wertschätzung kostet nichts, nur ein wenig Achtsamkeit.«

In der Liebe sei mangelnde Wertschätzung oft der Hauptgrund für Trennungen: »Wenn man mit einem Narzissten zusammen ist, will der alle

Wertschätzung für sich. Dann heißt es immer: Hinter jedem erfolgreichen Mann steht eine Frau, die ihm den Rücken frei hält. Das ist zu wenig. Das kann nicht gut gehen.«

»›Man kann nicht allen helfen‹, sagt der Engherzige. Und hilft keinem.« Ein Aphorismus der Schriftstellerin Marie von Ebner-Eschenbach. Genau darum geht es: diese Logik zu durchbrechen. Den Einzelnen zu würdigen. Ein Zeichen gegen Gefühlskälte zu setzen. Zum Wohle aller.

Schlussgedanke:
Warum wir die Gestalter unseres Glücks sind

Heulst du noch, oder kämpfst du schon? Liegst du noch, oder stehst du schon wieder? So aufrecht, dass es sich gut anfühlt? Wie stabil kann man mit eineinhalb Beinen durchs Leben laufen? Diese Fragen habe ich mir in meinem Leben oft gestellt. Genau um diese magische Stehaufkraft, die individuell so verschieden ist, ging es in diesem Buch. Das sinnigerweise in der Corona-Zeit entstanden ist, im Zuge eines gigantischen Resilienztests für die ganze Welt. Wie belastbar sind wir eigentlich, wenn nichts mehr so ist, wie es war?

Auch ich war betroffen. Ich hatte mein Ticket für meine dritte Teilnahme bei den Paralympics gelöst. Mein großer Traum von der Goldmedaille bei den Paralympischen Spielen in Tokio, auf den ich vier Jahre lang hingearbeitet hatte, platzte 2020 – vorerst. Ich war eine der ersten Athletinnen, die eine Verlegung forderten, als die Funktionäre des IOC noch herumeierten. Ausgerechnet ich, bei der der Sport immer an erster Stelle stand, musste erkennen: Hier geht es um Größeres. Menschenleben stehen auf dem Spiel. Das ist keine Medaille wert. Das paralympische Dorf wäre 2020 ein Hotspot für das Virus geworden. Tausende von Athleten, dazu die Betreuer und Zuschauer, das wäre nicht kontrollierbar gewesen. Ein Jammer, dass die Paralympics 2021 ohne Fans aus Europa stattfinden müssen. Die Menschheit hat in ihrer Historie schon ganz andere Seuchen besiegt. Jetzt erst recht, das ist meine Mentalität. Move, learn, discover. Die »Killerbiene« fliegt weiter. Der Fahrtwind treibt mich an. Ich liebe meinen Sport, und aufgeben kommt nicht in Frage.

Corona war für mich ein harter Break. Aber deswegen muss man ja nicht aus dem Tritt kommen. Ich habe mir auf meinem Balkon ein Freiluft-Fitness-Studio aufgebaut, zur Freude meiner Nachbarn. In meiner Wohnung und im Freien habe ich einen Parcours aus Toilettenpapier errichtet, einen kleinen Slalom mit dem Rad. Mein Joke zur Toilettenpapier-Hysterie. Und Lachen hat noch nie geschadet – besonders wenn eine ganze Welt kopfsteht. Man muss sich in dieser krassen Zeit nicht verlieren, man kann sich auch finden. Neu erfinden. Das steht jedem frei.

Und nun möchte ich mit Ihnen, liebe Leserinnen und Leser, meinen Kompass für ein gutes Leben teilen. Vielleicht kann er Sie inspirieren auf dem Weg zu mehr Widerstandskraft und innerer Stärke. Hier sind sie also, meine ganz persönlichen Kernsätze der Resilienz:

1. Lebe in der Realität, so unvollkommen sie auch sein mag – und nimm sie an. Schau dich an und lerne, deine Handicaps zu akzeptieren. Sie sind ein Teil von dir, mach sie zu deinen Freunden. Bei manchen sind sie sichtbar, bei anderen von außen nicht zu erkennen. Aber man kann sie sich nicht wegwünschen. Deine Unvollkommenheit zeichnet deine Persönlichkeit und Einzigartigkeit aus.

2. Such dir Lieblingsmenschen, die dir guttun – und denen du Gutes tun willst und kannst. Diese Menschen sind dei-

ne Fixsterne bei Tag und Nacht. Im Team gewinnst du die Kraft, die dir hilft dein wahres Potenzial zu entfalten.

3. Fühl dich nie als Opfer der Umstände – sei Subjekt, nicht Objekt. Werde aktiv, spüre deine Energie und erkenne deine Möglichkeiten. Steh dir nicht selbst im Weg, behindere dich nicht durch Mutlosigkeit und Zweifel. Du bist Gestalter deines Lebens: Hauptdarsteller, Regisseur, Beleuchter und Souffleur in einem. Du hast alles selbst in der Hand.

4. Vertraue dir selbst. Du bist viel stärker und vielfältiger, als du denkst. Wenn du dir nicht vertraust, warum sollen es dann andere tun? Dein Selbstvertrauen strahlt von innen nach außen. Du bist wer. Du kannst was. Du kannst der sein, der du sein möchtest.

5. Entdecke deine wahre Leidenschaft – und dann mach dein Ding. Fälle deine Entscheidung mit aller Konsequenz und von ganzem Herzen. Nutze deine Leidenschaft als Antrieb und Motor, welche dir die Energie schenkt alle Herausforderungen auf deinem Weg zu meistern. Nur wenn du den Sinn in deinem Tun erkennst, kannst du die dazu notwendige Disziplin aufbringen.

6. Blicke mit einem Lächeln in die Zukunft. Lass deine Ängste los und löse damit deine angezogene Handbremse. Deine positive Ausrichtung öffnet dir die Augen für die Möglichkeiten und Wunder in deinem Leben. Deine Einstellung ist dein Kompass zum Erfolg.

7. Sei visionär. Träume groß. Sei klar. Setze dir Ziele. Denke in Etappen mit der Hilfe von kleinen Zwischenzielen. Verbanne Wörter aus deinem Wortschatz wie »hätte«, »könnte«, »würde«. Der Konjunktiv hält uns nur davon ab, die Gegenwart anzupacken.

8. Begreife Scheitern als Lernschritt, nicht als Katastrophe. Im Grunde ist das ganze Leben ein Abenteuer, bei dem nichts garantiert ist. Sei wie ein Kind, das wieder von vorn anfängt, wenn der aufwendig gebaute Turm zusammenfällt, und dabei nicht verzweifelt, sondern einen neuen Weg sucht. Denke wieder wie ein Kind!

Neugier, Leichtigkeit und Hartnäckigkeit helfen dir dein volles Potenzial zu entfalten. Denn wer im Leben noch nie gescheitert ist, hat am Fuße des Berges schon umgedreht.

9. Sei dir deiner Gefühle bewusst, fühle aber stets auch mit anderen mit. Sei neugierig darauf, wie deine Mitmenschen ticken. Immer wieder in den Schuhen anderer zu gehen führt zu mehr Verständnis und schützt vor sinnlosen Konflikten, die nur aufgrund von zwischenmenschlichen »Übersetzungsfehlern« passieren. Baue Brücken zu deinen Mitmenschen.

10. Wenn du happy bist: Teile dein Glück, inspiriere andere, steck sie mit deiner positiven Energie an. Liebe nicht um jeden Preis, denn Bedürftigkeit ist noch keine Liebe. Sei offen, wenn dieses Wunder bei dir anklopft, und gespannt, was daraus entstehen kann.

Die Welt ist voller ...? Bei meinen Vorträgen lasse ich die Teilnehmer diesen Satz gern mit dem ergänzen, was ihnen als Erstes in den Sinn kommt. Die bereits erwähnte Vera F. Birkenbihl hat darüber Studien durchgeführt. Die häufigste Antwort: Die Welt ist voller Idioten. Haben wir ja schon immer gewusst, oder? Nein, es gibt auch ganz andere Antworten: Die Welt ist voller Wunder. Die Welt ist voller Chancen. Die Welt ist bunt.

Die Antwort verrät unsere innere Einstellung. Erkennen wir die Welt mit all ihren positiven Seiten, werden wir leichter und glücklicher durch unser Leben gehen, obwohl wir die gleichen Herausforderungen bewältigen müssen wie diejenigen, die die Welt voller Idioten sehen. Unsere innere Einstellung entscheidet letztendlich darüber, wie wir das Leben meistern, und ob wir es zulassen, dabei glücklich zu werden. Jedoch müssen wir unsere innere Einstellung immer wieder überprüfen. Denn durch äußere Einflüsse kann unser innerer Kompass ganz schön durcheinandergeraten. Deswegen kann ich Ihnen nur raten: Stellen Sie sich diese Frage in regelmäßigen Abständen. Und hören Sie in sich hinein, wie die Antwort lautet.

Das Leben ist voller Wunder. So empfinde ich meines. Perfekt imperfekt. Wenn das Leben eine Landschaft ist, stehe ich jetzt auf einem Aussichtspunkt, betrachte alles und fühle: Es ist gut so. Das Leben ist schön. Und sicherlich auch mal schwierig. Ganz schön schwierig, sagen manche. Ich sage: Was für ein Glück, dass ich Pech hatte.

Danksagung

Es gibt Begegnungen und Menschen, die berühren und Spuren hinterlassen. Die uns auf unserer Reise ein Stück begleiten und die an uns glauben, wenn wir selbst noch nicht den Mut dazu gefunden haben. Diesen besonderen Menschen in meinem Leben will ich gerne danken:

Meinen wundervollen Eltern, die sich nie dem Schicksal ergeben, sondern immer die Initiative ergriffen haben. Die mir beigebracht haben, dass man für seine Ziele hart arbeiten muss und mit Fleiß viel erreichen kann.

Meinen lieben Großeltern für die Leichtigkeit, die sie bei jedem Krankenhausbesuch mitgebracht haben. Danke, Oma, für deinen unzähmbaren Lebensmut und Tatendrang. Du bist mein großes Vorbild!

Prof. Dr. Nerlich, der den Mut hatte, mit einem so jungen Mädchen einen nicht einfachen OP-Marathon zu bestreiten. Ohne seine Courage, sein Know-how und sein tolles Team könnte ich heute nicht auf »zwei Beinen« rumspringen.

Danke an Gerhard Lautenschlager, der mir die lästigen Physio-Stunden zweimal die Woche nach der Schule mit Hanuta und viel Humor versüßt hat.

Dem Orthopädietechniker Thomas Wellmer, dessen Beruf tatsächlich Berufung ist. Der mit mir alle Höhen und Tiefen erlebt hat. Der meine Entwicklung vom kleinen Mädchen bis zur Spitzensportlerin begleitete und mit mir in Rio an der Ziellinie stand. Ohne dich, lieber Thomas, wären diese sportlichen Leistungen nie möglich gewesen!

Linda, die mich gelehrt hat, dass nur der Himmel die Grenze ist. Die mich ermutigt hat Profiradsportlerin zu werden und immer an mein Potenzial geglaubt hat. Die sich auf dem Weg zur Goldmedaille oder zum privaten Glück die Nächte mit mir um die Ohren geschlagen hat. Die nie verurteilt, aber immer ehrlich ist. Danke, Linda, dass ich dich meine Freundin nennen darf!

Tobi, der ein junges Mädchen zu einer Weltklassesportlerin geformt hat. Der mich nie verheizt hat für kurzfristige Ziele und mit mir den Weg bis zu zwei Olympiaden gegangen ist. Das werde ich dir nie vergessen.

Meinen Weggefährten, die mich zu der Athletin gemacht haben, die ich heute bin: Heiko van Vliet, Jan Schur, Udo Hempel, Thomas Stannecker, Dominik Poethen, Thomas Hendricks und viele mehr.

Meinem aktuellen Coach Daniel Healey, der in mir das Feuer wieder entfacht hat und die letzten fünf Prozent aus mir rausholt, damit wir gemeinsam in Tokio die vier Minuten knacken. Dessen Humor, aber auch Know-how unschlagbar ist.

Ein großer Dank an Maria für ihre Ideen, Elke für die Sonderschicht im Flieger und an die starke Kraft im Hintergrund, die dieses Buch zu dem gemacht hat, was es werden sollte.

Ich danke allen fleißigen Bienen, die mir immer den Rücken frei halten: meinen beiden Agenturen Fortis und Andrea Kummer, Dirk Limburg und natürlich dem Erfinder der *Killerbee*: Tino Roßberg.

Zu guter Letzt danke ich meinen Leserinnen und Lesern. Ich hoffe, dass euch dieses Buch die Kraft schenkt, um eure ganz persönlichen Herausforderungen im Leben zu meistern. Dass ihr an jeder Aufgabe wachsen könnt und lernt im Regen zu tanzen.

Zum Weiterlesen

Werner Bartens, *Empathie: Weshalb einfühlsame Menschen gesund und glücklich sind*, Knaur 2017

Christina Berndt, *Resilienz: Das Geheimnis der psychischen Widerstandskraft*, dtv 2015

Christian Peter Dogs, *Gefühle sind keine Krankheit*, Ullstein 2019

Georg Fraberger, *Ein ziemlich gutes Leben*, Ecowin 2014

Reinhard Haller, *Das Wunder der Wertschätzung*, Gräfe und Unzer 2019

Monika Hein, *Empathie: Ich weiß, was du fühlst*, Gabal 2018

Jutta Heller, *Resilienz: 7 Schlüssel für mehr innere Stärke*, Gräfe und Unzer 2013

Wolfgang Krüger, *Freundschaft. Beginnen – verbessern- gestalten*, BoD 2015

Micheline Rampe, *Der R-Faktor. Das Geheimnis der Inneren Stärke*, BoD 2010

Robert Reng, *Robert Enke: Ein allzu kurzes Leben*, Piper 2011

J.K. Rowling, *Was wichtig ist. Vom Nutzen des Scheiterns und der Kraft der Fantasie*, Carlsen 2017

Dieter A. Sonnenholzer und Sigrid Sonnenholzer, *BaTB Coaching Kompetenz*, Sonnenholzer Beratung 2014

Martin Sowa: *... und die Tore schießt Lore: Inklusionssport auf den Weg gebracht*, Herausgeber: Modernes Lernen 2015

Matthias Steiner, *Das Leben erfolgreich stemmen*, mvg Verlag 2009

Jens Weidner, *Optimismus. Warum manche weiter kommen als andere*, Campus 2017

Chrissie Wellington, *Ein Leben ohne Grenzen*, spomedis 2013
Manfred Wolfersdorf, *Depressionen verstehen und bewältigen*,
  Springer 2011

Register